Ursula Bolender

Mein Sabbatjahr:

Weit weg und nah bei mir

Von der Freude am Zeit haben,
am Älterwerden, am Leben

tao.de

1. Auflage 2013
Autorin: Ursula Bolender
Umschlaggestaltung: Jan Bolender
Fotogestaltung: Conni Schlicht
Innenlayout: Lavinia Kamphausen
Lektorat: Bärbel Pape
Printed in Germany

Verlag: tao.de in J. Kamphausen Verlag und Distribution GmbH, Bielefeld,
www.tao.de, eMail: info@tao.de

Bibliografische Information der Deutschen Nationalbibliothek:
Die Deutsche Nationalbibliothek verzeichnet diese Publikation
in der Deutschen Nationalbibliografie; detaillierte bibliografische
Daten sind im Internet über http://dnb.d-nb.de abrufbar.

ISBN: 978-3-95529-224-9

Inhalt

Einstimmung

Irgendwo am 23. März 2012

Was ist das für ein Geräusch? Wo bin ich? Ist das Maurice, der raus möchte wie fast jede Nacht? Kurz bevor die Morgendämmerung aufzieht, spürt er das Licht kommen und wird unruhig. Er ist schon alt mein Kater, fast 18 Jahre Katerleben hat er hinter sich. Doch das muss etwas anderes sein. Ich bin ja unterwegs, erinnere mich aber an einen großen halbleeren Koffer, in dem es sich eine rotbraune Katze gemütlich gemacht hatte. Wo war das und wann?

Ich sinke zurück in den Schlaf, werde in der Frühe beim Aufwachen alles sortieren, so wie ich es seit Wochen tue: Zwischen Schlaf und Aufwachen hat sich eine Sortier- und Planungsphase eingestellt, die mir täglich hilft, die Orientierung beizubehalten, bzw. sie nach meinen nächtlichen Traumstreifzügen wieder zu finden: Wo bin ich? Wie kam ich hierher? Wer ist in der Nähe? Welcher Tag ist heute? Wie ist die augenblickliche Situation, welche Unternehmen stehen an?

So taste ich mich täglich von Neuem aus einem oft tiefen Schlafzustand, angefüllt mit Träumen, an die ich mich nur manchmal erinnere, hinaus in den Tag, wieder ein Tag, der voller Überraschungen sein wird.

Heute Morgen, am 23. März 2012 dauert es lange, bis ich mich zurechtfinde.

Die Geräusche sind anders, in mir ist ein tief vertrautes Gefühl, das ich noch nicht einordnen kann. Ich spüre auch Chaos um mich herum, ein Durcheinander, das sich aber nicht bedrückend anfühlt und ganz langsam erinnere ich mich.

Wie ein tiefes Aufseufzen erlebe ich dieses Glücksgefühl in mir: Maurice schläft in meinem erst halb ausgepackten Koffer. Kleider liegen noch unsortiert neben Taschen und Mitbringseln. Ich bin zu Hause.

Wie überrascht war ich gestern beim Auspacken gewesen, als ich all diese schönen Dinge sah, gar nicht mehr wusste, was ich so alles eingesammelt hatte an Schätzen, welch schöne Perlmuttmuscheln mich an die vielen Strände erinnern und nun so ganz anders aussehen, noch viel wertvoller, hier auf dem Teppich meiner Wohnung, weit weg von jedem Meeresstrand.

Wann und wo hatte ich sie gefunden? Das musste vor dem 23. Februar gewesen sein, denn genau vor einem Monat war es gewesen, als sich meine zweimonatige Südafrika-Reise so ganz anders entwickelte als ursprünglich vorgesehen.

Meine tiefsten Sehnsüchte und Wünsche wurden in den darauf folgenden Wochen auf eine harte Probe gestellt. So groß war in mir der Wunsch nach Einsamkeit, nach Mit-mir-allein-sein, nach einem selbst bestimmten Tagesablauf, nach Zeit zum Schreiben. Doch die Aussicht darauf, die so eindeutig gewesen war, wurde von Tag zu Tag ungewisser, Stück für Stück, Tag um Tag musste ich meine Pläne aufgeben, da anderes wichtiger und vorrangiger geworden war.

Vor einem Monat war es gewesen, als wir am späten Nachmittag von der südlichsten Spitze Afrikas, vom Kap Agulhas Richtung Nordwesten fuhren, als Ziel die Notaufnahme der Vergelegen Medi Clinic in Somerset West.

Schon seit Tagen hatte Noels zunehmende Schwäche ärztliche Hilfe erforderlich gemacht und die Zeit war angefüllt mit Arztbesuchen, die kein rechtes Ergebnis brachten. Also ins Krankenhaus und plötzlich war auch dringende Eile nötig. Abends kamen wir an in der Notaufnahme, parkten auf dem Parkplatz, den ich in den folgenden vier Wochen noch ausgiebigst kennen lernte. Man erwartete uns.

Fasziniert hatte ich unterwegs diese wundervolle Landschaft betrachtet, im Vorbeifahren all die schönen Bilder in mich aufgenommen, zum Beispiel als wir kurz vor Somerset West über den Sir Lowry's Pass fuhren, mit weitem Blick über die False Bay, die Stadt mit ihren Hochhäusern und dem endlos lang gezogenen weißen Sandstrand, gegenüber Gordon's Bay, dahinter die interessanten Gebirgsformationen rund um den Tafelberg, die Kap-Halbinsel. Unfassbar schön und ich spürte die Sehnsucht, in die Schönheit dieser Landschaft tief einzutauchen. Ich hatte noch viel Gelegenheit dazu, trotz oder sogar aufgrund der so dramatisch veränderten Lage.

Oberursel, 23. März 2012

Ich liege in meinem Bett, wieder mal ist eine Reise zu Ende gegangen und ich erinnere mich an all die Rückkehrgefühle: Venezuela im September, Bali Ende November und nun die Heimkehr nach meiner dritten großen Reise im Sabbatjahr, meine Rückkehr nach zwei Monaten Südafrika.

Drei Kontinente habe ich erlebt, drei ganz unterschiedliche Reisen unternommen und was als die Hauptauszeit geplant war, zwei Monate Südafrika, die Zeit, in der ich mich ganz auf mein Buchthema des Älterwerdens einlassen wollte, entfaltete sich ganz anders, wurde zu einem tiefen Eintauchen in alte Sehnsüchte und Bedürftigkeiten und das Thema Älterwerden wurde gelebte Wirklichkeit.

Ich bin mal wieder zu Hause, etwa sieben Wochen waren es immer gewesen zwischen den großen Reisen, ich bin da und Maurice hat während meiner Abwesenheit einen neuen Lieblingsplatz gefunden. Der Koffer ist nur eine gelegentliche Bleibe.

Mein Kater kennt das nun schon: Frauchen ist in den letzten Monaten oft mit Koffer ein- und auspacken beschäftigt. Ein paar Wochen ist Ruhe, die geheimnisvollen Gefäße sind aus der Wohnung verbannt und dann ist irgendwann wieder diese Unruhe zu spüren. Schon bevor sie die Koffer bereitstellt und nach und nach füllt, ist sie spürbar, diese leicht nervöse Energie und bald kommt der Moment, an dem Maurice sich das Ganze lieber von draußen ansieht, seinen Beobachtungsposten auf der Matte vor der Nachbarwohnung bezieht.

Irgendwann kehrt Ruhe ein, Frauchen ist weg und liebe Nachbarn versorgen Maurice.

Wann er sich dann diesen neuen Lieblingsplatz ausgesucht hat, weiß ich nicht. Am Bali-Abend, eine Woche vor meiner Abreise, hatte ich vor dem Globus einen Riesenatlas ausgebreitet, Indonesien war noch aufgeschlagen. Ich hatte meinen Gästen von meiner traumhaften Reise nach Bali erzählt, Fotos gezeigt und dann den Globus gedreht, so dass nun der Riesenkontinent Afrika zu sehen war. Drei kleine rote Herzen markieren seit dem Abend meine drei großen Reiseziele: Venezuela, Bali, das südlichste Afrika.

Ich bin zurück und friedlich schläft Maurice nun auf dem Atlas, hat Bali und halb Indonesien unter sich begraben, spürt vielleicht, dass ich mich dort am wohlsten gefühlt habe, eins mit mir und dem Leben. Gerlind hat ein Tuch untergelegt, um Bali bzw. das wertvolle Atlantenpapier vor zu viel Katzenhaar zu schützen. So liegt Maurice auf seinem Handtuch, hinter ihm erstreckt sich Afrika.

Ich bin so gerührt, habe oft in der Nacht in all den verschiedenen Herbergen auf sein Maunzen gehorcht, das dann nicht wirklich zu hören war. Wir haben kommuniziert über Tausende von Kilometern hinweg. Es gibt Verbindungen, die kennen keine räumliche Trennung. Er lag dann wohl vor dem Globus, ich in einer der zahlreichen Bed and Breakfast-Herbergen, die wir kennen gelernt hatten, und als er sich wohlig streckte, vom Regal sprang und zur Tür ging, kurz vor der Morgendämmerung, da erlebte er, dass keiner die Tür für ihn öffnete, noch nicht.

Ich lauschte auf sein Maunzen im Schlaf und sagte ihm, dass er gut versorgt sei, morgens nur etwas mehr Geduld brauche, und ich denke, er verstand, legte seinen Kopf nochmal auf Bali, den Hintern Afrika zugewandt und die Ohren gen Venezuela gespitzt. Irgendwann kommt sie wieder, aus einer dieser Ecken.

Ich bin wieder da, hab' heute früh in meiner Orientierungsphase, als ich Maurice raus gelassen hatte und mit Sicherheit wusste, wo ich mich befand, nachgezählt, wie viele verschiedene Herbergen ich in den letzten zwei Monaten kennen gelernt habe, wie viele der typischen Bed and Breakfast, kurz B&B genannt, wie viele Self-Catering-Häuser bis hin zum Manor House, unserer Luxusherberge in Somerset West.

Ich kam auf neun. Beginnend bei Michael im Braeside B&B, diese wundervollen ersten Tage unserer Reise, zusammen mit Urs, als wir in knapp fünf Tagen Kapstadt erkundeten, dann der weiße Bungalow La Baleine in Paternoster, dann nochmal Kapstadt, diesmal Cheviot Place bei James. Hilfreich bei der Orientierung ist es, dass diese Herbergen ihren Namen dem Straßennamen angleichen. Braeside befindet sich in der Straße Breaside und Cheviot Place in der Straße mit dem gleichen Namen, gerade einen Straßenzug höher.

Es folgten Onrus bei Hermanus - hier wohnten wir in einem schönen Pfahl-Holzhaus - dann Pebble Beach, unser B&B in Suiderstrand, ganz unten beim südlichsten Punkt Afrikas, Pebble Beach, benannt nach dem schönen weißen Kieselstrand.

Bis hierher verlief die Reise noch nach Plan und ich konnte schon mal mein Häuschen am Meer beziehen, *Granny's Flat*, passend zu meinem Buchthema: Das Älterwerden.

Hier würde ich dann wohnen, wenn meine Reisegefährten, hochbetagt und außerordentlich fit und abenteuerlustig, den Rückflug angetreten hätten. Drei Wochen allein mit mir, meinen Gedanken, meinem Schreibblock, den schönen blauen Toyota vor der Tür und nebenan Chris und Peta, bei denen ich sicher ab und zu abends auf ein Glas Wein vorbei schauen würde. Ich war dankbar, dass Margot eine solch außergewöhnliche und schöne Bleibe für mich ausfindig gemacht hatte, meinem Budget und meinen Bedürfnissen genau angemessen.

Die folgenden Bleiben waren nicht vorgesehen, die Reiseroute gen Westen auch nicht, auch war kein Krankenhaus vorgesehen und abzusehen war lange nicht, ob alles zu einem guten Ende kommen würde.

Ich bin wieder zu Hause, alles ist gut und der Frühling hat gerade begonnen.

Teil 1: VENEZUELA

Sieben Monate ist es her, als ich auch dieses tiefe Glück in mir fühlte, wieder da zu sein. Dieses Heimatgefühl. Das war auf meiner Westroute, im August, in Venezuela, wo vor Jahren alles begonnen hatte, alles was für mich das Thema Sabbatjahr beinhaltet.

Ich wandere zurück in meinen Gedanken, räumlich viele Tausend Kilometer, quer über die südliche Halbkugel, zeitlich einige Monate, dann einige Jahre zurück. Doch es ist nicht wirklich ein Zurückschauen, denn mehr und mehr erfahre ich, dass man beim Älterwerden eher in die Tiefe lebt, nicht mehr so sehr linear in die Zukunft oder in die Vergangenheit.

Tief innen ist alles gespeichert an gelebtem Leben, ein unendlicher Schatz liegt da vergraben. Und wie bei einem materiellen Schatz ist es wichtig, den Zugang offen zu halten, den geheimen Ort zu kennen.

Maturincito, 23. August 2011

Ich bin wieder da. Seit drei Tagen bin ich wieder hier an diesem Ort, den ich erstmals vor knapp zehn Jahren kennen gelernt habe. Es gibt Fotos von damals, wie Urs ganz interessiert diesem Mann lauscht: Wilfried Merle, unverkennbar der weiß wallende Bart, auf dem Kopf den zur Gelegenheit passenden Hut, geschmückt mit einer Blüte.

Ich selbst stehe auf diesem Foto wie verzaubert auf der Holzterrasse, auf der wir heute, fast zehn Jahre später, herzlich begrüßt werden. Weit unten das Meer, die karibische Küste Venezuelas, in der Ferne die *Isla de Margarita*, inzwischen **die** Touristeninsel Venezuelas, um uns herum wundervoll tropische Vegetation.

Ich bin wieder da an dem Ort, der mir heute wie der Dreh- und Angelpunkt zu Beginn einer neuen Lebensphase erscheint. So viel ist wieder geschehen seither und die neue Lebensphase, die damals begann, hat noch keinen Namen.

Ende 40 war ich. Als junger Mensch glaubt man oft, spätestens mit Erreichen der Jahrhunderthälfte habe das Alter begonnen. Je älter man wird, desto mehr erlebt man, dass es *das Alter* in der vorgestellten Weise gar nicht gibt. Und älter wird man ohnehin ein ganzes Leben lang.

Wenn ich den Zeitpunkt damals als neue Lebensphase bezeichne, so verstehe ich das nicht als neu von außen her betrachtet, sondern eher als eine Phase, in der mein Leben innerlich reicher und erfüllter wurde, intensiver auch, bewusster vor allem. Ich fühlte bereits erste Anzeichen der sogenannten Wechseljahre, meine Indianerschwester Bettina, die ich auf Bali wieder traf, nennt sie Wandeljahre - wie schön!

Und da war eine Aufbruchstimmung in mir, dieses bekannte Gefühl, dass es wieder Zeit wird, etwas Neuem in meinem Leben Raum zu geben.

Es sind diese Wandlungsphasen, die das Leben so reich machen, auch Zeiten der Verunsicherung manchmal, die gerne von der Medien- und Wirtschaftswelt aufgegriffen werden. Menschen sind manipulierbar, vielleicht gerade in solchen Zeiten des Suchens, wo zu selten darauf hingewiesen wird, dass alles vorhanden ist, tief vergraben im eigenen Innern, der Schatz muss nur gehoben werden.

Schon auf dem Weg zum Erwachsensein gibt es diese intensive Zeit der Verunsicherung, des Wandels, des Aufbruchs, eine Phase, in der Jugendliche so viel vorgesetzt bekommen, wie sie zu sein, wie sie auszusehen haben, was sie denken und fühlen sollen.

Dieser wundervollen Spannung, dieser Vorfreude auf das Unbekannte, diesem kribbelnden Gefühl, sich selbst ein Stück näher zu kommen, wird meist gar nicht genügend Raum gegeben. Oder man weiß nicht so recht, wie damit umgehen, mit diesem Menschen in seiner Entwicklung und hat ein straffes Schulsystem als Korsett entwickelt, das die Energien kanalisieren soll und sehr oft die Persönlichkeit eher einengt als zu ihrer Entfaltung beiträgt.

Später ist es das feste Korsett des beruflichen Alltags, das meist viel zu wenig Zeit und Raum lässt, um sich selbst näher zu kommen. Die Rolle, die man schon so gut spielt, die Identität, die sich herausgebildet hat, das Bild, das Andere von einem haben, all das sind Facetten, die die eigene Persönlichkeit ausmachen.

Doch das was unter all dem liegt, diese tiefe Gewissheit, dass es da noch mehr gibt, taucht nur gelegentlich auf, vielleicht in schmerzhaften Sehnsüchten, manchmal in Krisenzeiten, bei schweren Einbrüchen wie Krankheiten oder Verlust eines lieben Menschen durch Trennung oder Tod, eben in Zeiten, in denen man etwas aus der Bahn geworfen wird, nicht mehr so funktioniert wie alle es von einem erwarten, nicht mehr diejenige oder derjenige ist, den man doch so gut zu kennen glaubte.

Um tiefer zu fühlen, dafür sind sie gut, diese Krisen, denn oft wird gerade im ruhig und gleichmäßig ablaufenden Lebensalltag einiges übersehen. Wertvolles Potenzial wird durch all die Gewohnheiten blockiert.

In seinem von tiefer Weisheit inspirierten Gedicht *Stufen* formuliert Hermann Hesse es so:

Kaum sind wir heimisch einem Lebenskreise,
und traulich eingewohnt, so droht Erschlaffen.

In den großen Wandlungsphasen taucht es auf, dieses tiefe Lebensgefühl, diese Lust am Leben, diese tiefen bohrenden Fragen auch nach dem Sinn des Ganzen.

Nur wer bereit zu Aufbruch ist und Reise,
mag lähmender Gewöhnung sich entraffen,

so eine weitere Passage aus *Stufen.*

Diese Bereitschaft zum Aufbruch nicht nur zu spüren, sondern auch die entsprechenden Schritte zur Umsetzung zu gehen, das wird uns nicht immer leicht gemacht, bzw. wir selbst haben allerhand Gründe, nichts zu tun, um aus den gewohnten Bahnen auszubrechen.

Allerhand wird angeboten in der Welt, um uns abzulenken von dieser inneren Not, der Sehnsucht nach wirklichem Leben, die sich gerade in solchen Wandlungsphasen schmerzhaft meldet.

Auf welch' tückische Weise wird gerade jungen, noch unerfahrenen Menschen eine Scheinwelt vorgegaukelt. Wie sehr werden all die romantischen Lebensträume mit unwirklichen Versprechungen gefüttert, unreflektierte Beziehungsideale erzeugen eine Scheinwelt, wo Liebe nichts als ein Abhängigkeitsversprechen ist.

Leider lassen sich auch ältere Menschen oft auf diese Welt der Illusionen ein, erleben Emotionen und das Leben eher 'secondhand', weil es nicht so gefährlich scheint wie lebendiges Erleben.

Wie eine Droge kann die vorgegaukelte Welt des besser, schöner, klüger, reicher Seins wirken. Eine Welt, die auf Konkurrenz und Wettbewerb basiert, behält im menschlichen Denken immer noch Gültigkeit, obwohl doch überall das Scheitern zu beobachten ist, andere Werte gebraucht werden.

Auch Ratgeber in unterschiedlichster Form sind manchmal eher da, um zu verunsichern als zu unterstützen. Auch hier herrscht oft das Vergleichen, Bewerten, Beurteilen vor.

Was aber bei allem immer bleibt, manchmal nur ganz tief vergraben, ist das Gefühl, dass da tief in mir eine Instanz genau weiß, was ich für mich brauche. Was fehlt, ist meist einfach die Ruhe und Zeit, um *dahin* zu horchen, *dahin* zu fühlen. Wunderbare Potenziale sind da verborgen.

Mit der Angst vor Krankheiten, vor dem Altwerden, vor dem Nicht-mehr-jung-Sein werden Unsummen an Geld verdient und Menschen machen sich selbst unglücklich, weil sie den Zugang zur eigenen Glücksquelle tief innen nicht finden (wollen).

Und doch, immer mal wieder bricht es durch, das ursprüngliche Lebensgefühl, will wahrgenommen werden, und es gibt immer mehr Menschen, die aufwachen zu dem was wirklich in ihnen steckt, die sich befreien aus der Bevormundung der Medien und dem Anspruch der Gesellschaft, wie man sich als 50, 70 oder 90 Jährige zu fühlen hat.

Es ist eine reiche Zeit, bei allen Krisen eine so fruchtbare Zeit der unendlichen Möglichkeiten. Ein selbstbestimmtes Leben führen, mit der Möglichkeit, dieses Selbst auch noch zu erforschen, wo gab es das in den letzten Jahrhunderten?

Heute, mit fast 58 Jahren empfinde ich diese Wandlungsphasen, das älter und reifer Werden so faszinierend. Viel bewusster kann ich heute mit mir selbst sein und wundere mich, welche Fülle mir das Leben schenkt.

Zum zweiten Mal bereits habe ich mir selbst ein Jahr Urlaub geschenkt. Ich, die ich Schule, Studium, Berufs- und intensives Privatleben immer sehr verantwortungsvoll und gewissenhaft erledigt habe, bin im Juni dieses Jahres in mein zweites Sabbatjahr eingetreten und habe viel vor: Drei Kontinente werde ich bereisen, dazwischen immer etwa sieben Wochen zu Hause sein, genug Zeit, damit auch die Seele ankommt und sich dann allmählich auf die nächste Reise einstellen kann. Und schreiben will ich, mein zweites Buch wird das Thema des Älterwerdens behandeln, die Freude daran vor allem. Denn die erlebe ich gerade, davon kann ich erzählen.

Im Augenblick befinde ich mich auf der ersten Reise: Südamerika, Venezuela - und ich bin genau da, wo vor fast zehn Jahren die Idee für mein erstes Sabbatjahr entstand.

Ich hab's gespürt, damals auf der schönen Terrasse der Merles, hier oben an der Nebelwaldgrenze. Ich hab's gespürt, dieses tiefe innere Wohlgefühl, angekommen zu sein. Ich hab's gefühlt und doch noch viele Jahre gebraucht, bis ich das als mein ganz eigenes, tief inneres Gefühl erkannte.

All das, was dieses tiefe Empfinden in mir auslöste, eine wundervolle Landschaft, herrliche Sonnenwärme, dieses besondere Licht hier in der Nähe des Äquators, herzliche Menschen um mich herum, bewundernde Männerblicke auch, all das habe ich als die Quelle angesehen, aus der mein Wohlgefühl gespeist wird. Enttäuschungen waren somit vorprogrammiert, denn das Außen verändert sich.

Ich ging wieder durch weniger paradiesische Landschaften, es gab kühlere und auch graue Tage, die Menschen um mich herum sind mit ihrem eigenen Leben beschäftigt und im Alltag sind da nicht ständig bewundernde Männerblicke.

Heute, fast ein Jahrzehnt später, immer noch allein lebend, erkenne ich meine Sehnsüchte von damals noch als etwas ganz anderes. Ich erlebe dieses damalige Wohlgefühl heute viel tiefer und voller, als Seinszustand, als ein intensives Ankommen bei mir selbst, als eine innere Verbindung zu mir, zu einem Teil in mir, den zu erforschen immer schon tiefstes Bedürfnis für mich war, Bedürfnis, Wunsch und Lebensaufgabe.

Schon sehr früh wusste ich das: Bei mir selbst ankommen ist gleichbedeutend mit ankommen beim Anderen, ankommen im Leben, ankommen im Sein. Und trotz dieser inneren Gewissheit suchte ich immer wieder im Außen nach der Erfüllung, besonders nach der Erfüllung in der Liebe. Ein Partner, mit dem ich das leben kann, eine Ergänzung für das Fehlende in mir.

Doch da fehlt nichts mehr. Ich bin ganz, vollständig und unendlich dankbar für alles was geschieht.

Ich bin wieder da und erinnere mich.

Rückblicke

Vor zehn Jahren...: Carupano, 31. Dezember 2001

Sind Sie Herr Merle"? So fragte ich damals den freundlich aussehenden Mann. Ich hätte nicht zu fragen brauchen, denn längst hatte ich Fotos von ihm gesehen, erkannte ihn, den Mann mit Bart und Hut. Filme im Fernsehen, die über sein Leben erzählen, sah ich erst später.

Margot, die Initiatorin dieser Reise, war es gewesen, die diesen Herrn Merle kennen lernen wollte. Wir waren eine kleine private Reisegruppe über drei Generationen: Margot und Noel, die Älteren, durch die ich schon einiges von Afrika kennen gelernt hatte: Jene denkwürdige Simbabwe-Reise, erstes Kennen- und Liebenlernens eines so fantastischen Kontinents.

Das war meine erste große Reise überhaupt gewesen, eine Reise mit Hindernissen, besonders am Anfang, geschildert in meinem ersten Buch. Später erlebte ich Uganda. Einige Jahre hatten wir wenig Kontakt und erst Jahre später ging's wieder nach Afrika: Wüstentour in Ägypten, Reise ins nördliche Südafrika, unsere so außergewöhnliche Togo-Reise, bei der ich Bärbel kennen lernte.

Doch das war erst viele Jahre danach gewesen, nach meinem ersten Sabbatjahr, nach meinem ersten Buch, auch meine Eltern waren inzwischen gestorben, ich befand mich in einem ganz neuen Lebensabschnitt.

Dass mich uralte Strukturen, längst überwunden geglaubte Themen immer noch erwischen können, hier in diesem wunderbaren Neuland der Reife, der Weisheit, der Freiheit - das erfuhr ich dann zu Beginn des Jahres 2012, auf meiner Südafrika-Tour.

Doch zurück zum Jahreswechsel 2001/2002, der Geburtsstunde des Euro. Dass sich in diesem Moment auf der Terrasse der Posada la Colina, am 31.12.2001 ein großes Tor für viele weitere Ereignisse öffnete, ahnte ich damals nicht.

Die zweite Generation unserer kleinen Gruppe, das waren Norman, Noels Schwiegersohn und ich, dazu kamen unsere drei Jungen, Normans Tochter und Sohn und schließlich mein Sohn Urs.

Wir wohnten in Paparo bei Rio Chico, etwa 200 km östlich von Caracas. Hier hatte Margot ein Haus angemietet von einem Bekannten und wir fühlten uns rundum wohl, wollten gar nicht weiter. Das Meer, eine schöne Lagune, tropisches Klima, ein wunderbares Haus, wir hatten alles zur Verfügung und zum Glück wurde Margot – wie meistens wenn Stillstand droht – unruhig, und wir starteten in Richtung Carupano, um diesen Herrn Merle mit seinen Projekten kennen zu lernen.

Ökologischen Tourismus soll er betreiben, hieß es im Reiseführer, eine Büffelfarm mit bewohnbaren solarbetriebenen Hütten, wohltuende heiße Quellen soll es da auch geben. Viele soziale Projekte und das alte renovierte Kabelhaus in Carupano seien weiter noch zu erleben.

Meine Frage „Sind Sie Herr Merle?" kam mir dann, als ich sie ausgesprochen hatte, schon etwas naiv vor.

„Ja, was kann ich für Sie tun?" So einfach seine Antwort und er tat viel für uns in den vier Tagen, die wir auf der Halbinsel Paria, in Carupano, am Playa Medina, auf der Büffelfarm, genannt Campamento und in Agua Sana, den heißen Quellen, verbrachten. Vier Tage, die so viel Neues einleiteten.

Am Tag, als der Euro eingeführt wurde, begann mein Sabbatjahr-Fieber. Das hatte natürlich nichts mit der neuen Währung zu tun.

Ich erinnere mich an den 1. Januar 2002, als Urs Wilfried ein kleines Säckchen mit der neuen Währung überreichte. Es war der Tag, als ich sagte, ich möchte sehr gerne mal für längere Zeit hierher kommen. Wilfried war der erste, der mich auf die Idee eines Sabbatjahres brachte. Ich hatte mich nie damit beschäftigt, wusste gar nicht, dass es für mich als Gymnasiallehrerin diese Möglichkeit gibt.

Was mich vom ersten Moment an begeisterte, war gar nicht mal die Vorstellung, ein Jahr nicht unterrichten zu müssen.

Das war nicht vorrangig, denn meine Arbeit gehörte ganz selbstverständlich zu meinem Leben. Ich war immer gerne Lehrerin gewesen, doch was ich oft vermisste, das war ZEIT. Und das war der zündende Funke: Es könnte eine Möglichkeit geben, ganz viel freie Zeit zu haben, hierher zu reisen, Wilfried bei seiner Arbeit zu begleiten, all das hier ausgiebigst kennen zu lernen.

Wir standen auf der schönen Holzterrasse der Posada la Colina, auch ein Merle-Projekt, der Wiederaufbau und Erhalt dieses alten, neu restaurierten Gebäudes im typisch süd-amerikanischen Stil, mit Innenhof und weitem Blick über die Stadt Carupano, diese Stadt mit ihren alten Kolonialbauten, eine immer laute Stadt, eine Stadt am Meer, mit nicht allzu sauberem Strand, eine Stadt, die ich noch so gut kennen lernen würde in den folgenden Jahren.

Ich schaute mich um, sah Urs, meinen fast erwachsenen Sohn. In anderthalb Jahren würde er sein Abitur machen. Schon manchmal, wenn die Arbeit allzu kräftezehrend war, hatte ich mir gedacht, dass ich dann meine Arbeit etwas reduzieren würde, doch ein Jahr Urlaub, das war eine ganz neue Idee.

Kürzlich las ich am Eingang der neuen Praxis meiner Schwester diesen Satz:

Und plötzlich weiß man, es ist Zeit, etwas zu beginnen.

Genauso fühlte ich damals: Etwas Neues tat sich da auf, bzw. sollte begonnen werden. Ich brauchte keine Bedenkzeit. Ich wusste, sobald ich zu Hause war, würde ich mich damit beschäftigen: mit der Möglichkeit, ein Sabbatjahr zu nehmen.

Etwas Neues war angebrochen. Ich spürte diese Energie, die allem Neuen innewohnt, und auch hier finde ich die schönste Formulierung in Hermann Hesses *Stufen*:

Und jedem Anfang wohnt ein Zauber inne ...

Ein Zauber hatte mich erfasst. Viel später meinte ein junger Kollege, ich hätte diesen ganz speziellen Sabbatjahr-Blick. Dass dieses Fieber von Dauer ist, ahnte ich damals nicht und dass es so viel Neues in mein Leben bringen würde, auch das konnte ich nicht wissen, ... fühlen schon.

Sabbatjahr, das magische Wort war gefallen. Und das fand ich dazu im Internet:

„Das Sabbatjahr (englisch Sabbatical) bezeichnet ein in der Tora beschriebenes göttliches Gebot:

> *Und der Herr sprach zu Mose auf dem Berg Sinai: Rede mit den Kindern Israel und sage zu ihnen: Wenn Ihr in das Land kommt, das ich Euch geben werde, dann soll das Land dem Herrn einen Sabbat feiern, eine Ruhezeit. Sechs Jahre sollst Du Dein Feld besäen*

und sechs Jahre Deinen Weinberg beschneiden und die Früchte einsammeln. Aber im siebten Jahr soll das Land dem Herrn einen feierlichen Sabbat halten. Da sollst Du Dein Land nicht besäen und auch Deinen Weinberg nicht bearbeiten. (3. Mose 25,1-4)."

Erst viel später, in meinem zweiten Sabbatjahr, hatte ich diese Erklärung gelesen und wundersamerweise passt bei mir der Rhythmus. Zwischen dem ersten und dem zweiten Sabbatjahr lagen sechs Arbeitsjahre und bis zu meinem endgültigen Ausstieg aus dem Berufsleben werden nochmal weitere sechs volle Berufsjahre folgen, mindestens...

Wie meistens erkennt man im Leben die großen Zusammenhänge erst im Nachhinein, auch das eine Bereicherung des Älterwerdens und ganz gewiss auch des Alters: Das Verstehen, Begreifen, sich bewusst Werden, wie die Fäden gesponnen sind.

Die restlichen Tage verbrachten wir wieder in Paparo. Unendlich lang erschienen mir die fünf Tage, die wir auf der Halbinsel Paria verbracht hatten, so viel war geschehen, so viele neue Ideen arbeiteten in mir und heute spüre ich über all dem diese Sehnsucht nach Freiheit, nach Zeit haben, nach einem anderen Leben, wenn auch nur für eine begrenzte Zeit.

Ein Zauber hielt mich umfangen und alles was zu tun war, war die realen Schritte zu unternehmen, um die neue Idee zu verwirklichen.

Zu Hause und unterwegs, 2002 - 2004

Scheinbar gab es keine gravierenden Änderungen, als ich dann wieder zu Hause war. Die Weihnachtsferien waren beendet, ich nahm meine Arbeit des Unterrichtens wieder auf. O. war glücklich, dass ich nicht in Venezuela geblieben war. Alles lief in gewohnten Bahnen weiter, doch da war etwas Neues, das tief in mir zum Leben erwacht war.

Ich befand mich in einer Art Zwischenphase zwischen zwei Lebensabschnitten, wenn das Alte noch weiter läuft, das Neue aber schon spürbar ist. Menschen, die einen gut kennen, sehen, dass da etwas Neues geschieht.

Die herkömmliche Frage, zumindest unter Frauen, ist dann: Hast du dich verliebt, gibt es einen neuen Mann in deinem Leben? Irgendwie wird dieses romantische Liebesideal immer noch als die passendste aller Möglichkeiten eines Neuanfangs gesehen. Zumindest wird das Neue, das in den Augen des Gegenübers leuchtet, gerne an etwas Äußerlichem festgemacht.

Dabei ist es vielleicht einfach ein ganz tiefes Lebensgefühl, das da aufgebrochen ist, etwas noch nicht zu benennendes, auch für einen selbst nur fühlbar als der Zauber des Neuen.

Eine Art magischer Raum tut sich auf, oder eher ein Fenster, das einen in neue Räume blicken lässt. Oft schließen sich solche Fenster oder Räume auch wieder, wenn die erforderlichen Handlungsschritte nicht unternommen werden. Manchmal ist auch einfach die Zeit oder vielmehr die Seele noch nicht reif, den Schritt ins Neue, Unbekannte zu wagen.

Zuweilen bleiben diese wundervollen neuen Möglichkeiten auch einfach unerfüllte Träume und Sehnsüchte, die dann wie parallel zur Lebenswirklichkeit laufen: Hätte ich doch damals ... Wenn das und das anders gewesen wäre, ich den richtigen Partner gefunden, genug Geld gehabt hätte, dann, ja dann ...

Wir wissen, dass wir uns mit solchen Sätzen ein Scheinleben vorgaukeln, denn zum Leben, zum Älterwerden braucht es den Mut, Träume zu verwirklichen, neue Wege auszuprobieren und vor allem die Bereitschaft, sich den eigenen Schattenbereichen zu stellen. Es gehört zum Leben, dass wir manchmal tiefe Täler durchschreiten, gerade wenn wir uns auf einer neuen Anhöhe glaubten. Es scheint das Gesetz des Lebens zu sein, dass Werden und Vergehen recht schmerzhafte Prozesse sein können. Tiefe Lebensfreude, ein Sich-selbst-näher-kommen ist der Lohn für solche beschwerliche Wanderungen durch neue Lebenslandschaften.

Mein Ziel hatte ich klar vor Augen, als wir im Januar 2002 ins winterliche Deutschland zurückkehrten. Es war tatsächlich ein sehr extremer Winter gewesen, wochenlang Schnee, der bereits unseren Abflug an Weihnachten verzögert hatte.

Eine immer noch weiße Landschaft empfing uns, in mir war Sonne und Wärme und mein Ziel war, in naher Zukunft einige Monate in Venezuela zu verbringen.

Ich unternahm die notwendigen Schritte, Info-Papiere, Gespräch mit dem Schulleiter, Antrag und nach gar nicht so langer Zeit hatte ich die Zusage: Im Schuljahr 2004/05 würde ich nicht im Stundenplan des Gymnasiums Oberursel erscheinen.

Schon die Vorfreude auf das Neue, noch Unbekannte gibt so viel Energie. Auch wird das Leben etwas anders, wenn man die gleiche Leistung erbringt, dafür aber weniger Lohn bekommt. Irgendwie muss man die Balance finden, manche Ausgaben neu überdenken, doch dass ZEIT mehr ist als GELD, das habe ich in all den Jahren, nun sogar zum wiederholten Mal mit einem zweiten Sabbatjahr, erfahren.

Oft gibt es Menschen, die einen durch solche Wandlungsphasen begleiten und die dann später nicht mehr zum neuen Leben gehören. Treue Seelengefährten sind das, die eine Wegstrecke nur mit einem gehen. Das Bewusstsein von solchen Zusammenhängen hebt den Schmerz der Trennung nicht auf, die dunklen Täler müssen auch hier, in persönlichen Beziehungen, durchschritten werden.

Manchmal geht man auch einfach eine gewisse Lebenszeit nebeneinander und dann nimmt jeder seine eigene Abzweigung, ohne Leid, denn Kontakte bleiben. Wilfried ist solch ein Seelengefährte aus uralter Zeit, und Venezuela läutete in meinem Leben eine ganz neue Epoche ein:

Das Buch, von dem ich schon lange wusste, dass ich es irgendwann mal schreiben würde, konnte ich dort schreiben. Frei von der oft selbst auferlegten Verantwortung für Andere konnte ich meine Zeit nach meinen Bedürfnissen einteilen, genoss eine Freiheit, die tief zu meinem Wesen gehört, nach der ich mich so sehr sehne und die ich dennoch oft nicht lebte, einfach aus meinen alten einschränkenden Programmen heraus.

Später erst, auf meiner dritten Sabbatjahr-Reise, die mir dafür so viel Zeit und Raum geben sollte, spürte ich diese Sehnsucht nach Freisein so tief, dass ich nun noch besser verstehe, worum es geht in meinem Leben. Diese tiefe Freiheit in mir zu erleben, unabhängig von den äußeren Umständen, wer kann das schon. Ich bin kein Buddha, hatte aber Hermann Hesses wertvolles Büchlein 'Siddharta' mit.

Vor vielen Jahren hatte ich es gelesen und nun erschienen mir die Inhalte ganz neu. Gelebtes Leben liegt dazwischen und ich verstehe vieles anders, tiefer. Ich hatte das Buch bereits gelesen, bevor unvorhergesehene Ereignisse alle Pläne änderten. Auch Coelhos 'Aleph' hatte ich intensiv studiert, schon auf dem Flug nach Kapstadt, und auch das bildete eine gute Bewusstseinsgrundlage für das Kommende.

Doch noch bin ich bei meiner ersten Reise im zweiten Sabbatjahr und blicke zurück auf den Beginn dieses Sabbatjahr-Themas, auf die Zeit vor zehn Jahren, als der Same gesät wurde mit diesem magischen Wort: Sabbatjahr!

Ich weiß nicht, welchen Einfluss ich auf Wilfrieds Leben hatte. Ich lernte seine Familie kennen, seine Frau, die so viel geleistet hat durch dieses Auswandern, das Verlassen einer fest gefügten Ordnung, die starke Frau hinter einem großen Visionär, die Frau, die mit vielen Einschränkungen die gemeinsamen Kinder versorgte.

Die nun erwachsenen Kinder lernte ich kennen, Sabine und Christoph, inzwischen selbst Eltern. Ich erfuhr von der tragischen Geschichte um den tödlich verunglückten Thomas, lernte die Stiftung kennen, die für ihn ins Leben gerufen wurde, die Fundacion Thomas Merle, die sich vielen sozialen Projekten in den umliegenden Bergdörfern widmet und lange Jahre von dem inzwischen verstorbenen Karl Wiehn betreut wurde, mit vielen Spendengeldern von Freunden und Verwandten aus Deutschland. All das wurde so vertraut in den kommenden Jahren. Ich gehörte zur großen Familie.

„Was, ihr habt Wilfried kennen gelernt? Schon so lange will ich diesen Mann einmal kennen lernen, habe ihm auch geschrieben, doch er hat wohl so viel zu tun. Wie habt ihr ihn gefunden?" Thomas sagt das, Thomas, in dessen Haus in Paparo bei Rio Chico wir wohnten bei diesem ersten Venezuela-Urlaub.

Erst nach dieser Reise lernte ich ihn kennen und im März 2002 sitzen dann drei Männer in meinem Wintergarten, die auf unterschiedlichste Weise zu meinem neuen Lebensabschnitt gehören: Thomas, zu der Zeit Journalist und Fernsehmoderator, durch den ich dann meinen ersten und einzigen Fernsehauftritt hatte, als Denkmalpflegerin in seiner Sendung „Service Wohnen", dann Wilfried, die gute Seele der venezolanischen Halbinsel Paria und O., mein damaliger Lebensgefährte. Einträchtig sitzen sie mir gegenüber und da ich so viel männliche Aufmerksamkeit gar nicht gut aushalten kann, trinke ich etwas zu viel von dem guten Pfälzer Rotwein.

Wohin die Reise geht, weiß ich zu dem Zeitpunkt noch nicht. Mein erstes Sabbatjahr habe ich in Aussicht. Die zweijährige Ansparphase, in der ich bei voller Tätigkeit nur zwei Drittel meines Gehalts bekomme, wird bald beginnen und ich sehe vor mir ab Juli 2004 eine freie Fläche: Ein Jahr Urlaub, unfassbar!

Ein Jahr Urlaub, das heißt zu dem Zeitpunkt für mich: Zeit für Venezuela. Andere Pläne habe ich nicht. Die Zeit bis dahin ist angefüllt mit diesem Thema.

Schon im Sommer 2002 reiste ich nochmal nach Carupano, ganz allein für zwei Wochen, immer noch im Fieber des Neuen, das sich hier für mich auftat. Erst heute sehe ich, wie still und zurückhaltend O. in der Zeit meine Pläne verfolgte. Von ihm erwartete ich viel, viel Aufmerksamkeit, viel

Zuwendung und ich war mir seiner Präsenz so sicher, obwohl ich ihn nicht wirklich einbezog in all meine Pläne.

Damals, im Sommer 2002, wollte ich für mich herausfinden, ob all das nur ein Traum ist, ob ich mich in alte Sehnsüchte steigere und den Boden unter den Füßen verliere. Doch ich erlebte, dass ich in der Wirklichkeit gelandet war, ganz andere Seiten an mir entdeckte.

Ich fühlte mich frei, offen für Abenteuer, begleitete ein paar Tage ein Fernsehteam aus Caracas über die Halbinsel und lernte so all die schönen kleinen Pensionen, die *Posadas* kennen, erfuhr auch viel über die politischen Strömungen im Land bei den Gesprächen zwischendurch. Und ich tauchte ein in diese andere Welt, in die andere Sprache, in der ich mich allmählich immer sicherer bewegte.

Auch das Team um Wilfried, die Stiftung Thomas Merle, das Umweltprogramm mit neu errichtetem Gebäude lernte ich kennen. Dann die typisch südamerikanische Stadt Carupano, immer lebendig, immer laut, mit ihrem ganz speziellen Charme, all das wurde mir so vertraut und ich wusste mit Sicherheit: Ich komme wieder!

Zusammen mit Wilfried arbeitete ich eine Reise aus und im folgenden Jahr, 2003, war es so weit: Zusammen mit Kolleginnen und Kollegen bildeten wir eine kleine Reisegruppe von sieben Personen und ich fühlte mich wunderbar: Menschen das zu zeigen, was mir so ans Herz gewachsen ist, meine Heimat sozusagen...

Dass ich in den folgenden Jahren dann zweimal mit einem Großteil unseres Kollegiums in meine wirkliche Heimat, die Südpfalz fuhr, ihnen stolz mein Dörfchen an der Grenze zu Frankreich zeigte, das war die gleiche Energie, mein Reiseführer-Gen. Noch oft durfte ich das ausleben in den folgenden Jahren. Liebte ich es doch schon als Kind, bei Busfahrten am Mikrophon die Reiseteilnehmer zu unterhalten und zu informieren...

Noch viel geschieht in diesem Jahr 2003: Heirat meiner Schwester, Tod unserer Mutter. Etwas Neues hatte begonnen in meinem Leben, und vieles musste innerlich abgeschlossen werden.

Als ich dann 2004/05 für drei Monate in Venezuela bin, habe ich Zeit und Ruhe, all das aufzuschreiben. Viele emotionale Turbulenzen gehören dazu, zu diesem Prozess des Aufarbeitens, des Anschauens alter Themen. Immer wieder taucht sie auf, diese ungestillte Sehnsucht, diese Bedürftigkeit und immer noch suche ich im Außen nach Erfüllung, obwohl ich doch längst weiß, dass sie dort nicht zu finden ist.

Fünfmal war ich in Venezuela in jenen Jahren zwischen 2001 und 2005, dann gab es eine längere Pause. Wilfried traf ich bei seinen Deutschland-Besuchen, meist wenn er im März zur ITB (Internationale Touristenbörse) nach Berlin flog und Frankfurt als Zwischenstopp hatte.

Die überraschende Reise mit O. im Mai 2005 war mein vorerst letzter Besuch in Venezuela. Der Alltag hatte mich wieder und nun, sechs Jahre später, im August 2011, bin ich wieder da, wohne oben beim Haus der Merles und Urs und ich werden empfangen wie altvertraute Freunde. Ich weiß, dass wir das sind, Uralt-Vertraute über die Zeit hinweg.

Einige Jahre sind vergangen seither, vieles hat sich geändert in meinem Leben, O. ist nicht mehr da, taucht aber immer mal wieder auf in meinen Gedanken und Träumen. Die Sehnsucht in mir bleibt, fühlt sich jedoch ganz anders an. Sie geht mehr in die Tiefe, zu einem Teil in mir, den ich mehr und mehr leben kann: Meine Unabhängigkeit, meine Selbständigkeit, besonders in emotionaler Hinsicht, mein Erwachsensein, eine tief empfundene Liebe, die nicht mehr so sehr gebunden ist an bestimmte Äußerlichkeiten, die einfach mehr und mehr spürbar ist als Wesensanteil.

Ich kehre zurück zu meinem zweiten Sabbatjahr, Beginn meiner Reisetrilogie.

Reisepläne

Wieso eigentlich wieder Venezuela? Wie kam es dazu? Und wieso dann Bali, und schließlich Südafrika? Wie kam es zu dieser Reisetrilogie für mein zweites Sabbatjahr? Beim ersten Sabbatjahr war der Auslöser diese Begeisterung für Venezuela, speziell für die Halbinsel Paria. Nun, beim zweiten Sabbatjahr war es der Wunsch, ein zweites Buch zu schreiben, eine Fortsetzung sozusagen.

„Was tust du noch hier?" fragte mich eine Kollegin, als ich nach Pfingsten 2006 ins Lehrerzimmer trat.
„Geh heim und schreib', ich möchte weiter lesen ..."

Mit Begeisterung hatte Ellen über die Feiertage mein erstes Buch gelesen und der Bann war gebrochen, denn etwas unsicher war ich mir schon gewesen, als die ersten Kolleginnen und Kollegen auf mein Buch aufmerksam wurden und sich nun am Wochenende in meine nicht ganz alltägliche Lebensgeschichte vertieften.

Es tat gut, viele positive Rückmeldungen zu bekommen. Es gab auch andere Meinungen, doch das ist nachvollziehbar. Schließlich zeige ich mich und genieße die Aufmerksamkeit, weiß auch, dass man sich nicht langweilt beim Lesen. Das schürt allerhand Emotionen, vielleicht auch Neid.

Wichtig für mich war, dass durch mein Buch viele Gespräche ausgelöst wurden, so viel menschlicher Kontakt entstand, eine wohltuende Ehrlichkeit und Nähe, gerade auch bei Lesungen und ich kam dahin, wo ich meinen Platz im Leben sehe: Zu den Menschen, zu ihren Lebensthemen, zu den Möglichkeiten, die in jedem schlummern und die oft überlagert werden von alten verkrusteten Verhaltensmustern. Ich kam zur Liebe und schon immer hatte ich gerne geschrieben.

Es würde ein zweites Sabbatjahr geben und ich würde mein zweites Buch schreiben, wann, das würde sich zeigen. Auch hier hatte ich gelernt, dass der Moment sich immer zeigt und man weiß dann einfach, dass die Zeit reif ist. Ich begann mit der nächsten Ansparphase im Schuljahr 2009/10 und von da an war auch die Frage in mir, wo ich diesmal meinen Platz zum Schreiben haben würde ...

Eher zufällig ergab sich meine Reisetrilogie, zu-fallend eben.

Venezuela würde diesmal nicht mein Haupt-Schreibort sein. Das wusste ich. Und doch sollte Venezuela dabei sein als Reiseziel, eine Art Wertschätzung dieses Moments, wo sich so viel geändert hatte in meinem Leben, der Einstieg in das Leben einer Sabbatical-Woman. Wer hatte den Begriff mal für mich kreiert?

Und auch mein Sohn Urs war beteiligt an der Entscheidung für Venezuela. Gerne wollte er nach fast zehn Jahren die bekannten Orte noch einmal besuchen. Und da Thomas zu der Zeit in seinem Haus in Paparo weilte, verlief unsere Anfahrt wie damals: Zuerst Paparo, Thomas holte uns am Flughafen Caracas ab, zwei Tage später Carupano und von da gleich zu unserem Hauptstandort: Maturincito.

Es ist so schön, an Orte zurück zu kommen und sich selbst in seiner Entwicklung zu erleben. Ich bin hier, zusammen mit Urs, und sehe mich am gleichen Platz vor zehn Jahren. Recht unreif empfinde ich mich rückblickend, recht empfänglich für Verehrung und offensichtliche männliche Sympathie.

Doch auch diese Unreife, immerhin spreche ich von einer damals fast 50jährigen Frau, ist ein Anteil von mir und immer wird man mit fortschreitendem Reifen zurückliegende Lebensphasen neu beurteilen. Das ist Leben, das ist Wachsen, das ist erwachsen werden. Und das ist das Schöne am Älterwerden.

Es geht nicht um Bevormundungen anderer, nicht um Besserwisserei, auch wenn man es manchmal besser weiß, erfahrener ist als Jüngere, sondern es geht immer nur um das eigene Wachstum, die eigene Bewusstwerdung.

Oberursel, Mai 2011

„Du hast gar keinen Artikel für die Schulchronik geschrieben", meint Dieter eines Tages.
„Ich werde über mein Sabbatjahr schreiben", sage ich, „nächstes Jahr, wenn ich wieder zurück bin von meinen Reisen."
„Schreib doch vorher, sag' uns, warum Du ein Jahr Urlaub von der Schule machst."

Und so entsteht Anfang Juni folgender Artikel:

Wer hat heute schon Zeit? Gedanken zu meinem Sabbatjahr

Noch knapp drei Wochen, dann beginnt mein Urlaub.

Na ja, könnte man sagen, noch knapp drei Wochen, dann beginnen eben die Sommerferien. Was ist so besonderes daran, das ist normal für Schüler und Lehrer, einmal im Jahr sechs Wochen Ferien, meist ist es etwas weniger, je nachdem welche Verpflichtungen man noch hat in der Schule, welche Nachprüfungen und Vorplanungen anstehen, aber es ist eben die große Lücke zwischen zwei Schuljahren, ein paar Wochen kein Unterricht, in der Regel für uns Lehrer auch die einzigen Ferien, in denen keine Korrekturberge wartend auf dem Schreibtisch liegen. Also gar nichts besonderes, jetzt Anfang Juni an diese längere Auszeit zu denken, sich zu freuen darauf ...

Für mich ist es ganz anders in diesem Jahr, denn in knapp drei Wochen beginnen für mich nicht nur die Sommerferien, sondern mein Sabbatjahr! Ein Jahr Urlaub von der Schule, ein Jahr frei verfügbare Zeit, ein Jahr, in dem alle Ordner, Bücher, Formulare etc., alles was mit Schule zu tun hat, aus meinem Gesichtsfeld verbannt sein werden, wohlgeordnet in Regalen in meinem Keller.

Nichts wird an Schule erinnern, dabei hat mir Schule doch schon immer Spaß gemacht. Vom ersten Schultag an, damals in der „Volksschule" in meinem Heimatort in der Südpfalz:

Als kleine Erstklässlerin saß ich zusammen mit weiteren drei Klassen in einem Raum und kam mit der Botschaft nach Hause: „Schule ist so schön. Ich werde mal Lehrerin."

Auch wenn das Leben manchmal ganz anders verläuft als man sich das irgendwann vorgestellt hatte, so bin ich diesem Vorsatz treu geblieben. Vier Jahre lang war dieser Klassenraum ein Ort, an den ich gerne ging, ich liebte meine Lehrerin und war froh, dann nicht in den Raum eine Treppe höher zu müssen, wo die Klassen 5 bis 8 von einem nicht allzu freundlichen Lehrer unterrichtet wurden.

Die nächste Station war das Gymnasium, auch hier ging ich gerne hin, blieb die wissbegierige, fleißige Schülerin. Dann folgte das Studium der Romanistik und Anglistik, erst in Mainz, dann in Gießen, Referendariat in Frankfurt und schon bald meine erste feste Stelle. Meine erste Unterrichtsstunde nach dem Referendariat begann ich mit dem wunderbaren

Gefühl: Jetzt bin ich endlich Lehrerin und darf allein unterrichten. Der Druck der Ausbildungszeit, mit all den beobachtenden Menschen im Hintergrund war vorbei, ich freute mich auf Schule, diesmal als Lehrerin.

Woher kommt dann diese Freude auf ein Jahr schulfreie Zeit, wo doch alles so aussieht, als sei Schule ein wichtiger Teil von meinem Leben? Vielleicht ist gerade das der Grund: Mein Beruf ist ein wichtiger Teil von meinem Leben, aber er ist nicht das ganze Leben. Immer entfaltet sich das eigene, private Leben ja parallel zum Berufsleben und da gibt es dann manchmal die Zeiten, wo man sich einfach mehr Zeit wünscht, um diesem anderen Lebensbereich mehr Aufmerksamkeit widmen zu können, die Zeit, wenn die eigenen Kinder klein sind, die Zeit, wenn die Eltern auf Hilfe angewiesen sind, in Zeiten ganz persönlicher Krisen.

Immer ist es irgendwie das Thema ZEIT, das zu kurz kommt.

So auch im Lehrerberuf: Wir haben einfach nie genug Zeit, denn längst geht es für uns Lehrer nicht mehr nur um all das, was direkt mit dem Thema Unterrichten zu tun hat. So viel mehr ist gefragt und wird gebraucht: Beratung, Coaching, die perfekte Kommunikation mit all den unterschiedlichen Gremien, eine ausgedehnte Datenverwaltung, alles genauso wichtig wie das Gespür für Gerechtigkeit, ein hohes Maß an Feinfühligkeit. Milde und Strenge sollen in ausgewogenem Maß zum Einsatz kommen, so viele Einzelaspekte, die unseren Beruf ausmachen, ein Beruf, der dennoch einen ganz großen Vorteil hat: Wir sind immer am „Puls der Zeit" und zwar einfach durch die Tatsache, dass wir es ständig mit der Entwicklung von Menschen zu tun haben, eben nicht nur mit ihrer Bildung, sondern ganz besonders auch mit den entsprechenden Reifeprozessen.

Und darum ist es auch so wichtig, dass die eigene Entwicklung, die ganz persönlichen Reifeprozesse nicht außer Acht gelassen werden. Und genau da fehlt es dann oft an der Zeit. Es bleibt zu wenig Zeit für all das, was man noch tun könnte an Beratung, Zuwendung, Unterstützung, oder einfach zu wenig Zeit, um über all das oder gar sich selbst zu reflektieren.

Als ich vor zehn Jahren zum ersten Mal von der Möglichkeit eines Sabbatjahres hörte und mich für diese Idee begeisterte, geschah das aus einem ganz anderen Grund: Ich hatte etwas kennen gelernt, das mich so sehr begeisterte, dass ich einfach Zeit benötigte. Es war in Venezuela, wo mir der Vorschlag gemacht wurde, doch mal länger herzukommen, in den Sozialprojekten, die ich dort kennen gelernt hatte, mitzuarbeiten. Mir war zu diesem Zeitpunkt gar nicht bewusst, wie sehr ich eine Auszeit brauchte, wie gut mir das tun würde, etwas, was mich in tiefstem Herzen berührt, dort mitzuhelfen, wo Hilfe gebraucht wird, einfach anzugehen, ins Tun gehen, anstatt das auf ein ungewisses Später zu verschieben.

Ich hab's ausprobiert, damals, vor sieben Jahren, war ein Jahr lang mit ganz anderen Dingen beschäftigt als dem so wohlbekannten Alltag, und ich freute mich nach einem Jahr, in die Schule zurückzukehren, weil sich mein Lebenshorizont unglaublich erweitert hatte, ich viele Aspekte in meinen Beruf integrieren konnte, eine ganz neue Freiheit im Umgang mit den mir anvertrauten Schülern entfaltete. Es hat mir gut getan und ich wusste: Ich werde es wieder tun!

Nun ist es wieder so weit: In knapp drei Wochen beginnt mein zweites Sabbatjahr. Ich verlasse die Schule für ein Jahr, um auch dieses Mal etwas ganz Anderes zu tun. Es wird wieder darum gehen zu reisen, zu schreiben und um vieles andere, von dem ich jetzt noch gar nicht weiß, was es sein wird.

Und ich werde zurückkehren mit ganz neuen Möglichkeiten im Gepäck. Viele Ideen sind in mir, sie brauchen Zeit zum Reifen, ich werde sie haben, diese Zeit, und dann kommt wieder der Moment, wo ich rückblickend feststellen werde: Es war viel mehr als ich jemals erwartet hätte, ich habe mir selbst etwas ganz Wunderbares geschenkt: Zeit! Zeit für mich, Zeit für Andere, Zeit für das Wesentliche ... und darauf freue ich mich.

Oberursel, Juni 2011

Ja, ich freute mich auf dieses Jahr, freute mich auf die Reisen, freute mich auf einen anderen Lebensrhythmus und auf all das Neue, was sich immer entfaltet, wenn man gewohnte Pfade verlässt. Und ich genoss es, zunächst einfach nur zu Hause zu sein. Man braucht erst mal Ferien, um richtig Urlaub machen zu können.

Wie oft nimmt man die ganze Alltagshektik mit in die Urlaubszeit, ist auch dort getrieben von einem gewissen Leistungsdruck, was man alles gesehen und erlebt haben will. Man will die freie Zeit gut nutzen und wie oft hat man am Ende das Gefühl, es fehle immer noch ein wenig Zeit.

Ich hatte das Privileg, zunächst keine großen Pläne zu haben, bzw. meine geplanten Reisen lagen noch in weiter Ferne. Gerade die Sommerferien wollte ich zu Hause verbringen, meine Urlaube würden immer außerhalb der Ferien liegen.

Ein neuer Lebensrhythmus stellte sich bald ein und ich begann mein Sabbatjahr mit der für mich ganz wichtigen Vorbereitung: Dem Ordnen, Sortieren und besonders Wegpacken der eindeutigen Schulthemen. Was sicherlich oft ein großes Thema zu Pensionsbeginn ist, das Sichten der Unmengen an schulischem Material, das sich bei jedem Lehrer ansammelt, erledige ich in Zwischenetappen:

Damals, vor 15 Jahren, beim Wechsel vom Abendgymnasium zum Gymnasium Oberursel gab es bereits einen großen Schnitt: Das Sortieren all der schulischen Dinge und die Entscheidung, das was nicht mehr gebraucht wird, auch wegzugeben, wegzuwerfen, wie auch immer, eben nicht für irgendwelche eventuelle Gelegenheiten, die ohnehin nie kommen, aufzuheben.

Die meisten Menschen erleben es als Bereicherung, wenn sie sich von Altem trennen, was dennoch oft gar nicht so leicht ist. Es gibt so viele Rechtfertigungen für das Aufheben von Dingen, vorrangig die, dass man sie ja noch einmal brauchen könnte. So werden Regale, Schränke und Räume gefüllt mit Dingen, die vielleicht nochmal Verwendung finden könnten und wichtige Freiräume, die man wie die Luft zum Atmen braucht, gehen verloren.

Kommt dann tatsächlich mal wieder etwas von diesen längst ausgesonderten Dingen zum Einsatz, so wird das gerne als große Rechtfertigung für all den anderen unnützen Kram genommen: Wie gut, dass ich das Buch nicht weggegeben, den Artikel nicht weggeworfen, die Hose nicht in den Kleidersack gegeben habe. Natürlich wäre man auch ohne das Alte ausgekommen. Vielleicht hätte sich etwas ganz Neues entfalten können, wenn nicht immer wieder das Alte Verwendung finden müsste.

Da ist es schon von Vorteil, wenn man ein funktionierendes Flohmarktteam hat, das ab und an zur nächsten Vorstellung ruft: Alles einpacken, wir sind mal wieder da, bringen die Dinge an die Frau oder den Mann - all die kleinen Dinge, die man nicht einfach wegwerfen oder zum Sperrmüll geben will. All die Dinge, die man selbst nicht mehr haben will, andere aber vielleicht gerne, oft mit ganz neuen Einsatzmöglichkeiten. Transformation nennt man das, die Umwandlung von einem in einen anderen Seinszustand.

So kann das Flohmarktgeschehen zu einer spirituellen Erfahrung werden, ganz nah am Menschen, mitten im Leben. Und die Gespräche, die wir Frauen miteinander führen, die Freude, die wir teilen, manchmal auch Trauer, die allein sind einen Flohmarkt-Samstag schon wert.

Mein zweites Sabbatjahr stand unter einem ganz anderen Stern als das erste, wusste ich doch, worauf ich mich freuen konnte: Auf das Unbekannte, was bei aller Planung in so einem freien Jahr geschehen kann.

Schon die Wochen davor war so viel geschehen:

Zuerst die 700-Jahr-Feier in meinem Heimatort Schweighofen, bei der ich es genoss, alte Bekannte wieder zu treffen. Ein ganzes Dorf war auf den Beinen, hatte unglaublich viel an Vorbereitung geleistet, um seine Gäste zu begrüßen, mit Live-Musik in den offenen, schön gestalteten Bauernhöfen, mit einem großen Rahmenprogramm.

Meine Schwester hatte Urs und mich in die Planung mit einbezogen und so bedienten wir einen Abend lang am Bier- und Getränkestand des Kulturvereins Schweighofen, begleitet von einer tollen Band, die vor allem die Jüngeren anlockte.

Auch meine alte Jugendliebe tauchte auf am Bierstand, stellte mir seine Frau vor. Zum Unterhalten blieb keine Zeit, zu viele durstige Kehlen waren zu versorgen...

Gut geübt konnte ich dann eine Woche später zum Oberurseler Hessentag starten. Eine Woche Ausnahmezustand in Oberursel. Was ich in meiner alten Heimat im Kleinen erlebt hatte, präsentierte sich nun hier im ganz großen Stil und es war schön für meine Sechstklässler und mich, dass wir unseren Garten namens UrLi als Basislager hatten.

An einem Tag sah es dann aus, als sei der Hessentag ins UrLi verlegt worden: Roswitha kam mit der Tanzgruppe aus Lomonossow und bald tanzten die russischen Tänzerinnen und Tänzer, die Schülerinnen und Schüler nebst Gartennachbarn und Gästen und natürlich die Lehrerin miteinander zu den flotten Klängen des *Bajan,* zu Deutsch 'Knopfakkordeon'.

Norbert Wiegand, unser emsiger Schulfotograf, der beim Hessentag überall auftauchte, war auch im UrLi dabei, genauso wie unser netter Garten-Nachbar, der das

Geschehen von seinem Balkon aus fotografierte. Somit ist auch dieser Tag als Teil des Hessentag-Geschehens dokumentiert.

All das bildete einen schönen Auftakt für mein Sabbatjahr. Auch die Verabschiedung der Abiturientinnen und Abiturienten, für mich der Abschied von einer sehr netten Tutorengruppe, fiel in diese Zeit. Ausnahmsweise fand die Veranstaltung diesmal zum Ferienbeginn statt. Der Hessentag hatte es bewirkt, es hatte keine Möglichkeit vorher gegeben.

Das reguläre Schulleben, aus dem ich mich für ein Jahr verabschiedete, war somit schon vorher aufgebrochen. Toll war das! Passend fand ich.

Halbinsel Paria, August 2011

Diese Venezuela-Reise ist wie das Schließen eines Kreises. Wir sind zum Anfang zurückgekehrt. Urs und ich laufen zusammen durch Carupano, gehen in die Panaderia, wo es den leckeren Kuchen gibt, verbringen ein paar Tage am Playa Medina, leben vorwiegend oben in Maturincito, besuchen die höher gelegene Cerbatana am Rande der Nebelwaldgrenze. Und wir haben so viel Zeit...

O. taucht unvermutet auf. Ich bin dabei, mit Margot zu verreisen. Wir warten auf den Zug, der schon da sein müsste. Das Gleis ist noch leer, nur wenige Menschen sind da und ich gehe nochmal zurück, um nachzusehen, ob es Hinweise gibt auf eine Zugverspätung. Da steht O., kam wohl gerade an, wie immer mit Rucksack. Ich freue mich, ihn wiederzusehen, nach so langer Zeit. Wir umarmen uns herzlich und er bittet mich, mit ihm zu kommen. Ich muss doch zurück zu Margot. Vielleicht fährt unser Zug gerade ein. Ich kann sie nicht einfach so im Stich lassen. Im Grunde gehören wir doch zueinander, meint O., es war doch nie anders. Wieso diese Trennung? Wir küssen uns, es fühlt sich gut an mit ihm. Doch ich gehe zurück zu Margot. Unser Zug kommt nicht, wir verlassen das Bahnhofsgebäude und etwas verwirrt wache ich auf, das Traumgeschehen ist noch ganz präsent.

Was war das? Warum geistert O. immer wieder durch meine Träume? Ich gebe mich dem schönen Gefühl hin, das die Begegnung im Traum in mir hervorrief. Immer sind es gute Gefühle, wenn ich von O. träume. In der Realität war es oft anders. Es gab schwierige Zeiten, immer wieder diese Unfreiheit in mir, das Unvermögen, ich selbst zu sein, immer wieder die Sehnsucht danach, von ihm gesehen zu werden, die Sehnsucht nach mehr Zuwendung, mehr Zärtlichkeit.

Seit wir getrennt sind, nach neun Jahren Liebesbeziehung, kehrt mehr Ruhe ein in mir. Die Sehnsucht erlebe ich mehr als ein ewiges Sehnen nach Erfülltsein, nach Ganzheit in mir selbst. Bei mir selbst ankommen, das empfinde ich als Lebensziel, nicht mehr das Fehlende durch einen anderen bekommen, sondern es in mir selbst finden.

Ich weiß nicht, was der Traum bedeutet. Tags zuvor hatte ich viel an meinen letzten Venezuela-Urlaub gedacht, die sechste und vorerst letzte Reise war die mit O. gewesen, 2005, als wir diese extreme Krise überwunden und uns wiedergefunden hatten. Ich denke, auch wenn im Traum der Zug nicht kam, geht es doch um das Thema des Weitergehens.

Margot, die Ältere, vielleicht als Bild für mein eigenes Älterwerden, wartend, weil das Ziel, die Abfahrt, noch etwas im Ungewissen liegt. Der männliche Anteil in mir, verkörpert durch meinen letzten Partner, ist so präsent, so wohltuend, dennoch nicht vorrangig zu beachten, kann erst mal außer Acht gelassen werden.

Bisher waren es eher Männer gewesen, die mich in neue Lebensphasen begleiteten. Ralf damals, derjenige, der nach Oberwiddersheim gekommen war, um „das Ganze zu entmystifizieren". Neben vielem anderen war er ein wichtiger Anschubser gewesen, das gemeinschaftliche Leben zu verlassen. Auch er ist ein Gefährte aus uralter Zeit, mit dem es noch etwas zu erlösen gab. Zwei Jahrzehnte zuvor war es Hari gewesen, der mit seinem Satz „Du gehörst doch zu uns" eine ganz neue Richtung in mein Leben brachte. Die Sabbatjahrphase war durch Wilfried eingeleitet worden.

Erstmals habe ich das Gefühl, inzwischen die feste Gewissheit, nun, mit 58 Jahren, ganz aus eigenem Antrieb in eine neue Lebensphase eingetreten zu sein.

Dass ich in dieser Phase des Alleinlebens intensiven Kontakt zu meinem inzwischen erwachsenen Sohn habe, ist sicher hilfreich. Urs jedoch begleitet mein Leben seit 30 Jahren und hat in dieser Zeit seine eigenen Umbruchphasen gehabt, früher natürlich oft parallel zu mir, wie damals, als wir gemeinsam die Gemeinschaft verließen.

Die Hoffnung, dass da irgendwann der passende Begleiter in mein Leben käme, einer der nicht nur passt, sondern auch bleibt, spitzte sich nochmal zu mit meinem fiktiven Hochzeitsdatum:

Vor vielen Jahren, zu einer Zeit, als ich wie so oft in meinem Leben ohne Partner war, legte ich spaßeshalber ein Datum fest, in weiter Ferne sollte es liegen: Ich werde am 20.10.2010 heiraten, erzählte ich in einer Runde und viele erinnerten mich ab und zu daran, als die ersten Jahre des neuen Jahrtausends allzu schnell ins Land zogen.

Als dann das Jahr 2010 begann, für mich und Lisa mit Tanz im Frankfurter Jazzkeller, war auch das ein Thema. Als dann gar ein möglicher Kandidat auftauchte, erzählte ich auch ihm davon ... na ja, das war's dann und in dem Jahr war es auch, dass ich diese Art von Sehnsucht aufgegeben habe, bzw. sie hat sich verändert.

Mit einem wachsenden Verhältnis zu mir selbst reift auch mein Verhältnis zu Männern, wird entspannter. Selbstliebe, das muss es sein, nicht Selbstverliebtheit. Die habe ich erlebt, wenn bewundernde Männerblicke mich trafen. Selbstliebe erreicht einen ganz anderen Punkt, tief innen, da wo wir verbunden sind mit anderen, mit der Erde, mit dem Universum, mit allem-was-ist.

So viele Täler müssen durchschritten werden, so viele Tränen geweint, so viele dunkle Tage ausgehalten. Und dann wird überall die Möglichkeit angeboten, es nicht zu tun, den Tiefgang nicht zu wagen, das Leben nicht so ernst zu nehmen.

Ich denke, im Bereich von Liebesbeziehungen und Sexualität geschieht hier noch die gefährlichste Täuschung, weil man da ja genau das zu bekommen scheint: Das Einswerden, das Verschmelzen, das Verstanden werden auch, das Geliebtwerden eben ... Ohne eine tief entfaltete Selbstliebe wird die Erfüllung nie von Dauer sein. Mit Selbstliebe ist Liebe überhaupt erst möglich.

Einen wundervollen Text möchte ich hier einfügen, der mich durch viele Lebensphasen begleitet hat. Lange hatte ich ihn nicht mehr gelesen, dann im November auf Bali von meiner Indianerschwester Bettina wiederbekommen.

The Invitation

Es interessiert mich nicht,
wie Du Deinen Lebensunterhalt verdienst.
Ich will wissen, wonach Du Dich sehnst und ob Du es wagst, davon zu träumen, der Sehnsucht Deines Herzens zu begegnen.

Es interessiert mich nicht, wie alt Du bist.
Ich will wissen, ob Du riskierst wie ein Narr auszusehen -
für die Liebe, für Deine Träume,
für das Abenteuer lebendig zu sein.

Es interessiert mich nicht,
welche Planeten im Quadrat zu Deinem Mond stehen.
Ich will wissen,
ob Du das Zentrum Deines eigenen Kummers berührt hast:
ob es Dich geöffnet hat
oder ob Du Dich verraten gefühlt, Dich zurückgezogen
und aus Furcht vor weiterem Schmerz, Dich verschlossen hast.

Ich will wissen, ob Du den Schmerz aussitzen kannst,
meinen oder Deinen,
ohne zu versuchen, ihn zu verstecken,
abzuschwächen oder zu verfestigen.

Ich will wissen, ob Du mit der Freude sein kannst,
meiner oder Deiner,
ob Du ausgelassen tanzen kannst
und Dich von Ekstase erfüllen lässt,
von Kopf bis Fuß,
ohne uns anzuhalten, vorsichtig zu sein, realistisch zu sein,
und uns an die Grenzen des Menschseins zu erinnern.

Es interessiert mich nicht,
ob die Geschichte, die Du erzählst, wahr ist.
Ich will wissen,
ob Du jemanden enttäuschen kannst, um Dir treu zu bleiben,
ob Du ertragen kannst, des Betruges angeklagt zu werden,
und nicht Deine Seele betrügst.
Ich will wissen, ob Du ehrlich sein kannst
und somit vertrauenswürdig bist.

Ich will wissen, ob Du Schönheit sehen kannst,
auch wenn nicht jeder Tag ein schöner Tag ist,
und ob Du Dein Leben aus SEINER Präsenz schöpfst.

Ich will wissen, ob Du mit Fehlschlägen leben kannst,
Deinen oder meinen,
und trotzdem am Ufer eines Sees stehen kannst
und „JA" schreien kannst zum silbernen Mond.

Es interessiert mich nicht zu wissen,
wo Du lebst und wie viel Geld Du hast.
Ich will wissen,
ob Du nach der Nacht voll Schmerz und Verzweiflung,
müde und völlig zerschlagen,
aufstehen kannst, um für die Kinder das zu tun, was zu tun ist.

Es interessiert mich nicht,
wer Du bist und wie Du hierher kamst.
Ich will wissen,
ob Du mit mir im Zentrum des Feuers stehen wirst,
ohne zurück zu weichen.

Es interessiert mich nicht,
wo oder mit wem, oder was Du gelernt hast.
Ich will wissen, was Dich innerlich aufrecht hält,
wenn alles abfällt.

Ich will wissen, ob Du mit Dir allein sein kannst
und Du in den einsamen Momenten
Deine Gesellschaft wirklich schätzt.

(Oriah Mountain Dreamer, Indian Elder)

Maturincito, Sonntag, 28. August 2011

Rechts oben hat sich etwas gebildet, was nicht im Fluss der Energie ist, rechts oben im Zahnfleisch des Oberkiefers. So eine Ungereimtheit, die ständig die Aufmerksamkeit auf diese Stelle lenkt. Das ist es, was Schmerzen machen, was Krankheit ist: Die Aufmerksamkeit wird zu einem bestimmten Körperteil gelenkt.

Die gängige Art damit umzugehen ist oft die, den Schmerz zu bekämpfen, ihn möglichst schnell weg zu bekommen, damit die Aufmerksamkeit sich wieder anderen Dingen zuwenden kann. Allzu verständlich ist das. Wer hat schon gerne Schmerzen?

Eigenartig, diese Ausdrucksweise: *Habe* ich wirklich die Schmerzen. Gehören sie so zu mir wie ein Besitz? Oder gehören sie nicht vielmehr zum Bereich des Seins? Doch wie drückt man das dann aus: Ich *bin* Zahnschmerzen?

„Geht ja gar nicht", würde Conni in ihrem unverwechselbaren Tonfall sagen.

Ich *bin* die Schmerzen, das würde man wohl empfinden, wenn der Schmerz einen ganz erfasst, alles nur noch Schmerz zu sein scheint.

Zweimal habe ich das erlebt, dieses Gefühl, nur noch aus körperlichem Schmerz zu bestehen, einmal verbunden mit einer tiefen Trauer, ein andermal gefolgt von einem unbeschreiblichen Glücksgefühl. Das eine war im November 1980, Fehlgeburt hieß es, welch merkwürdige Bezeichnung wieder.

Das zweite schmerzhafteste, tiefgreifenste und schönste Erlebnis überhaupt, das war die Geburt meines Sohnes im Januar 1982, ein Erlebnis, von dem Frauen immer wieder erzählen, dass heftigster körperlicher Schmerz von einem überwältigendem Glücksgefühl abgelöst wird.

Andere schmerzhafte Situationen habe ich erlebt: Tod meiner Eltern, Trennungen, die sehr weh taten, doch das ist etwas anderes. Emotionaler Schmerz scheint sich auf einer anderen Ebene abzuspielen als physischer Schmerz.

Bei emotionalem Schmerz geht die Aufmerksamkeit viel mehr nach außen. Der Verlust eines geliebten Menschen bringt das eigene Leben durcheinander. Nichts ist mehr so wie es vorher war. Da ist eine Lücke entstanden, die so schnell nicht geschlossen werden kann.

Und doch: Meist spürt man auch beim Verlust eines Menschen schon ein ahnungsvolles Sehnen, ein zartes Gefühl des Glücks. Beim Tod meiner Mutter habe ich das am intensivsten erlebt: Die Trauer, der Schmerz waren genauso präsent wie ein tiefes Glücksgefühl, vielleicht eher als Dankbarkeit zu benennen, dass sie es geschafft hatte. Dadurch dass ich den Sterbeprozess so nah miterleben durfte, konnte ich vielleicht auch etwas von dem erspüren, was ihre Seele als Befreiung erlebte, die Geburt in etwas für uns hier nicht Fassbares, eine Ahnung des Ewigen ...

Bei meinem Vater stellte sich dieses tiefe Glücksgefühl ein, als ich im Flugzeug saß, heim gerufen von einer Klassenfahrt. Da war der emotionale Schmerz sehr tief gewesen, als ich von Mutter am Telefon erfuhr, dass Vater gestorben war.

Und doch empfand ich einige Stunden später diese wohltuende Gewissheit, dass es gut ist, so wie es ist, dass seine Seele erlöst ist vom physischen Leiden. Er selbst, seine Seele, schien über die Wolken vorbei gekommen zu sein, um mich zu trösten.

Tiefer emotionaler Schmerz kann einen innerlich fast zerreißen, besonders wenn man sich macht- und hilflos fühlt, doch er öffnet meist auch ein Tor zu etwas Neuem. Trost kann diese Gewissheit einem erst dann geben, wenn man selbst durch das Tal gewandert ist, wenn Hoffnung spürbar wird, man erfährt, dass das Leben weitergeht.

So wie es bei körperlichen Schmerzen die schnellen Tröster in Form von falsch verstandener Medizin geben kann: Tabletten, Spritzen, was auch immer, damit es nicht mehr weh tut - so gibt es auch ein großes Angebot für den emotionalen Schmerz, Tröster in Form von Ablenkung zum Beispiel. Trost in Form von Nicht-Wahrnehmung. Das sind nicht die wirklichen Helfer. Ich liebe den Text 'The invitation' genau aus diesem Grund, weil dort so klar ausgedrückt wird, dass wir unsere Täler selbst durchschreiten müssen...

Die Zahnschmerzen sind stärker geworden, rechts oben weiterhin. Ich kann genau spüren, wo die Entzündung sitzt. Es ist angeschwollen. Ich weiß, worum es geht, doch beim letzten Zahnarztbesuch genügte mir die vorübergehende Erleichterung durch eine Behandlung des Entzündungsherdes. Der Empfehlung, den problematischen Zahn zu ziehen, wollte ich nicht Folge leisten. Ich wollte das nicht annehmen: Die Schmerzen waren weg, warum sollte ich einen Zahn opfern und damit eine langwierige Behandlung einleiten.

Der Zahnarzt als der Fachmann hatte vorausgesehen, dass die Entzündung wiederkehren würde, ich hab' es nicht so recht geglaubt und bin wieder einmal bei einem meiner Lieblingsspielchen angekommen: Hättest du doch...

Auch wenn ich mich immer wieder übe im Thema Loslassen, auch wenn ich weiß, dass das ein Satz ist, bei dem man sich nie lange aufhalten sollte, so tauchen solche unsinnigen Gedanken immer wieder auf und rauben Energie, so im Augenblick:

Hätte ich auf den Zahnarzt gehört, hätte ich mich auf die Behandlung eingelassen, dann säße ich jetzt nicht hier an diesem traumhaften Ort mit schmerzendem Zahn.

Es gibt auch hier einen wunderbaren Text über das Urteilen, in dem es darum geht, dass man ja nie weiß, wofür etwas gut ist. Sag' nie, das sei gut oder schlecht, sag' nur was ist. Das kann ich: Mein Zahn tut höllisch weh. Doch ich seh' nichts Positives daran, es fällt mir schwer, diesen Schmerz *nicht* zu beurteilen...

Cerbatana, 29. August 2011

Heute war ich auf einer kleinen Privatexkursion hier oben beim Nebelwald. Winfried Meier ist hier, Botaniker von der Uni Freiburg, teilweise in Caracas lebend, vor Jahren als 'loco del avila' bezeichnet, der Verrückte von Avila, dem Hausberg Caracas'. Dort stiefelte er über einen Zeitraum von drei Jahren durch die artenreiche Natur. Seine Dissertation handelt von diesem Thema und bei unserem Spaziergang erfahre ich, dass die Vegetation von Paria so besonders ist, weil sie eigentlich der einer karibischen Insel entspricht und nicht der des venezolanischen Festlands.

Paria ist die Halbinsel im Norden, auf der ich mein Venezuela-Fieber ausleben konnte, Paria, die Heimat der Merles, Paria, das ich erstmals kennen gelernt hatte auf der Expo, im Jahre 2000 in Hannover.

Nur für einen Tag waren O. und ich nach Hannover gefahren, leider erst gegen Ende der grandiosen Ausstellung.

Wir waren uns einig, dass wir sonst nochmal gekommen wären bei diesem vielfältigen und so ansprechenden Angebot.

Nur einige wenige Stationen schauten wir uns an, die aber sehr intensiv. Der tolle blütenförmige Pavillon hatte es uns beiden angetan. Venezuela präsentierte sich hier.

Ich selbst hatte bisher wenig vom südamerikanischen Kontinent kennen gelernt: Drei Wochen Ecuador, Peru und Bolivien, mehr nicht. Und doch spürte ich schon damals eine tiefe Verbundenheit zu diesem Kontinent, besonders zu den Indios in Peru. Diese Reise lag zeitgleich mit meinem Eintauchen in frühere Leben und bekam daher eine besondere Bedeutung.

Mit Venezuela hatte ich mich noch nicht befasst. Die Ausstellung, die wunderbare Gestaltung des Blütenpavillons, die gefiel mir, und Paria wurde als ganz besonderes Kleinod vorgestellt. Auch Wilfried war zu der Zeit in Hannover, wie ich viel später, als wir uns bereits sehr gut kannten, erfuhr.

Damals auf der Expo verließ ich den Pavillon eher als ich eigentlich wollte. Ich bin mir sicher, die Menschentraube, die sich bei der Paria-Ecke gebildet hatte, umringte Wilfried. Es war noch nicht die Zeit unseres Kennenlernens, Venezuela war noch kein Thema für mich, Paria ein unbekannter Name und den Pavillon verließ ich, weil ich fürchtete, O. könnte schon auf mich warten.

Obwohl ich recht zügig durch die Ausstellung gegangen war, hatte ich das Gefühl, mich zu lange dort aufgehalten zu haben. Merkwürdig war das, gar nicht nachvollziehbar und heute sehe ich, dass ich mehr als vier Jahre später genau dieses Gefühl hatte in Bezug auf O.: Ich bin zu lange in Venezuela geblieben.

Längst wissen wir, dass unser Unterbewusstsein wesentlich tiefer reicht als unser lineares Zeitverständnis. Wie oft fühlen wir Situationen und Ereignisse vorweg, wissen mehr als unser Verstand analytisch begreift und irgendwann bekommen wir den Gesamtzusammenhang geliefert.

Im Oktober 2000 verließ ich den Expo-Pavillon, wartete draußen eine ganze Weile, ärgerte mich, dass ich so unsicher war und er sich die Zeit nahm, die er brauchte. Jahre später nahm *ich* mir die Zeit, die ich brauchte, um Venezuela kennen zu lernen, etwas mehr auch als ursprünglich vorgesehen.

Erst bei meinem zweiten Venezuela-Besuch erfuhr ich, dass Wilfried entscheidend beim Aufbau des Pavillons und der Vorstellung Venezuelas auf der Expo mitgewirkt hatte, zusammen mit seinem Team. Wir schwammen im Pool der Colina, hoch über Carupano, Maria und ich. Sie, die als Biologin an der Universität Caracas arbeitete, erzählte mir von all dem und besonders von der Aufregung, als es vor der Expo recht kühl wurde und all die empfindlichen Pflanzen einzugehen drohten. Alles lief gut, doch der Aufwand war enorm gewesen.

Carupano, 30. August 2011

Der Schmerz hat mich fest im Griff. Die Hälfte unseres Venezuela-Urlaubs ist vorbei und ich muss zum Zahnarzt - wieder eine neue Erfahrung.

Ein großer klimatisierter Raum mit drei vergitterten Türen, die in die jeweilige Praxis führen. Ich setze mich in die Nähe der Tür zur *dentista.* Halb neun Uhr morgens ist es, um neun Uhr soll die Sprechstunde beginnen. Elisabeth wird inzwischen noch etwas erledigen und bald wieder hier sein, um eventuell auftretende Unklarheiten zu klären – schließlich taste ich mich mit meinen Sprachkenntnissen erst langsam wieder vor.

Fast pünktlich um neun Uhr erscheinen drei Frauen, eine etwa in meinem Alter, zwei Jüngere. Während eine von den Jüngeren das Eisengitter aufschließt, ist eine junge Frau, die nach mir kam, schon aufgesprungen und redet auf die Frau ein, offensichtlich die Zahnärztin. Jetzt lasse ich die Tür, die Zahnärztin und auch die sich Vordrängende nicht mehr aus den Augen.

Auch die *abuela* (Großmutter), die mit ihrem Enkel gekommen ist, die einzigen, die bereits vor mir da waren, redet inzwischen mit der *dentista*. Geduldig geht diese auf die Gespräche vor der Praxistür ein, ein sympathischer Zug – auch wenn ich wie in Hab-Acht-Stellung da sitze, um nur ja nicht übersehen zu werden. Trotz Zahnschmerzen muss ich innerlich lächeln: Mein uralt-kindliches Thema, die Angst, übersehen zu werden. Ein Programm, das ich nun endlich loslassen könnte.

Also stehe ich auf, stelle mich, immer noch vor der Praxistür, als *amiga* von Elisabeth Merle vor und weise auf den Anruf vom letzten Abend hin. Sie weiß, worum es geht und winkt mich gleich in den Behandlungsraum, zusammen mit dem Jungen und seiner Großmutter. Es ist gut, hier Menschen zu haben, die auch eine Zahnärztin zu ihrem großen Bekanntenkreis zählen. Ich fühle mich gut aufgehoben.

Zuerst befragt mich die junge Frau, macht Notizen. Später sehe ich, dass meine Rechnung auf 'Ursula Deutsch' ausgestellt wurde, falsche Zeile beim Abschreiben aus dem Reisepass, scheint hier öfter vorzukommen, wie mir Sabine Merle später bestätigt.

Als ich zum Zahnarztstuhl geführt werde und mich etwas verunsichert nach der Zahnärztin umdrehe, sagt diese lächelnd etwas von *confidentia.* Ja, Vertrauen habe ich schon, doch ich möchte natürlich mein Anliegen der Chefin vortragen.

Ich versuche zu erklären, dass ich nur eine gewisse Beruhigung für den entzündeten Zahn brauche, keine aufwändige Behandlung. Das würde ich dann zu hause einleiten. Zum Glück schaltet die von mir als Assistentin eingestufte junge Frau die Chefin ein, beide verstehen, doch um ein Röntgenbild komme ich dennoch nicht herum.

Da kommt Elisabeth, bekommt einen Platz zugewiesen und als sie nochmal erklärt, was ich ihr aufgetragen hatte, freue ich mich, dass beide bereits alles verstanden haben. Nun erfahre ich auch, dass beide Zahnärztinnen sind, Mutter und Tochter, die nebeneinander in einem Raum arbeiten.

Inzwischen sind wir sieben Personen in dem kleinen Raum. Ich sitze auf dem hinteren Zahnarztstuhl, direkt daneben, hinter einer dünnen Trennwand, der Junge. Während die Tochter meinen Zahn röntgt, direkt vor Ort, wird neben mir schon eifrig gebohrt. Die dritte Frau, nun als Assistentin für beide Zahnärztinnen identifiziert, macht notwendige Handreichungen.

Am Schreibtisch sitzen die beiden Patienten-Begleiterinnen: Die *abuela* für den Jungen und für mich Elisabeth, die *amiga*. Eine recht heimelige Atmosphäre, hier beim Zahnarzt, am Morgen, mitten in der schon lange zum Leben erwachten Stadt Carupano.

Antibiotika und Schmerzmittel soll ich nehmen, ich, die ich doch so gerne meine Anti-Pharmazie-Haltung vertrete, die jegliche Medikamente erst mal ablehnt. Ganz brav schlucke ich in den folgenden Tagen das Verordnete, versuche nur die vorgeschriebenen Pausen zwischen den Schmerztabletten von 6 auf 8, 10 und schließlich 12 Stunden auszudehnen. Heilfroh bin ich, etwas zur Hand zu haben, um diese unangenehmen Schmerzen zu dämpfen.

Dieser Venezuela-Urlaub ist wie ein Zuhause-Sein, ein Wiedersehen, sich Wieder-Erinnern, sich austauschen. Abends sehen wir uns gemeinsam den einen oder anderen der zahlreichen Filme über diese Auswandererfamilie an, lernen die Geschichte nochmal im Detail kennen, besonders Urs, der ja erst zum zweiten Mal hier auf Paria ist.

Venezuela, das war wie das Schließen eines Kreises, ein wieder Heimkommen, ein herzliches Aufgenommenwerden in diese Familie und ich weiß nun auch, woher dieser emotionale Aufruhr damals im ersten Sabbatjahr rührte, bis hin zu dem Moment, an dem ich länger bleiben wollte, O. völlig durcheinander brachte, weil es da jemand anderen gab in meinem Leben ...

Es war das alte Programm: Das Gefühl, gesehen und verehrt zu werden, die Gewissheit, dazu zu gehören, anerkannt und gar geliebt zu werden. Wie oft stört es mich bei Erwachsenen, dieses kindliche: Schau, was ich schon alles geleistet habe in meinem Leben. Seht her, was über mich gesagt wird, wie wertgeschätzt ich werde.

Es stört mich, es ärgert mich. Ich kann solches Verhalten bei Erwachsenen nicht wertfrei zulassen. Das heißt, es dockt da noch etwas an bei mir, ich scheine selbst Anteile davon zu haben.

Bitter ist das, wenn man Verhaltensweisen bei anderen entdeckt, die einem so gar nicht gefallen und inzwischen aber weiß, dass der Andere nur ein Anteil von mir selbst ist.

Gesehen werden, anerkannt und geschätzt, als höchstes Gut *geliebt* werden – es ist die Sehnsucht eines jeden Menschen und doch ist es ein nicht erlöstes kindliches Verhalten. Es ist das Kind, das spricht, auch wenn der Mensch längst erwachsen ist.

Gerade mit dem Eintreten in die zweite Jahrhunderthälfte eines Menschenlebens scheinen all die unerlösten Schatten nochmal verstärkt an die Oberfläche zu kommen. Je mehr Energie gebraucht wird, um all dieses Unerlöste, Blockierende zu nähren, desto weniger frei fließt Lebenskraft.

Je klarer man sich die alten Programme anschaut, Bewusstsein darüber entwickelt, sie löst, desto mehr Räume öffnen sich. Wunderbares Potenzial darf sich entfalten, die Persönlichkeit gewinnt an Tiefe, an Ausstrahlung, der Mensch wird erwachsen.

Im Grunde genommen ist es so einfach: Erlöse das Kind in Dir, umarme die jugendliche Variante, tritt ein in das, wofür Du ursprünglich gedacht warst. Sei wer du bist!

Und wie sieht es dann aus, das erwachsene Verhalten? Sicher geht es ganz wesentlich um *Anerkennung,* ganz bestimmt ist *Wertschätzung* wichtig, doch vielleicht sollte man sich viel mehr davon selbst geben, nicht als übersteigerten Egoismus, sondern als tiefe Achtung vor dem eigenen Selbst.

Ohne spirituelle Entwicklung, ohne eine tiefgreifende Bewusstseinsentwicklung, ohne die Auseinandersetzung mit den einschränkenden Programmen, die wir in uns tragen, ist wirkliches, bereicherndes Erwachsensein nicht möglich.

Dabei ist es gleichgültig, eben von gleichem Wert, wie man sich dieser Bewusstwerdung des eigenen Selbstes nähert. Das Leben bietet genug Lernmöglichkeiten an, manchmal auch über anstrengende Umwege wie Krankheiten, Krisen, etc.

Es gibt sie, diese wunderbaren älteren Menschen, die allein durch ihren Lebensweg, durch das bewusste Annehmen ihrer Lebensthemen eine solch' wundervolle Ausstrahlung haben, dass es Freude macht, sich mit ihnen zu unterhalten, in ihrer Umgebung zu sein.

Auch wenn dieses Potenzial der Älteren nicht immer in der Öffentlichkeit gelebt wird, so erlebt man es zumindest sehr oft im familiären Umfeld, wo stolze Großeltern den Enkelkindern gegenüber eine tiefe Liebe entwickeln, loslassen von der Anspannung, die bei den eigenen Kindern noch eine zentrale Rolle gespielt hat.

Mehr und mehr wird es auch in der Gesellschaft gesehen, welch wertvolles Potenzial ältere Menschen zu bieten haben. Doch es soll nicht um den Nutzen hier gehen: Die 'großen Eltern', die gerne als Babysitter eingesetzt werden, ältere Ehrenamtliche, ohne die unsere Gesellschaft tatsächlich 'alt aussehen' würde. Das ist nur die eine Seite der Medaille.

Was ganz oft übersehen wird, ist der tiefe Wert der Selbstliebe: Dass man genau so viel weitergeben kann wie man sich selbst gibt. Wie oft wird er zitiert, der Bibelspruch:

Liebe deinen Nächsten wie dich selbst.

Und wie viel wurde schon darüber geschrieben und gesprochen über dieses große Thema des Sich-selbst-Liebens.

Wie geht das? Sicherlich ist hier nicht das 'Jetzt nehme ich mich selbst mal wichtig' gemeint, das irgendwann überall in Ratgebern, besonders für Frauen, auftauchte. Männer scheinen das schon in die Wiege gelegt zu bekommen, das sich wichtig nehmen. Doch das ist es nicht, was mit Selbstliebe gemeint ist.

Was Selbstliebe ist, weiß nur, wer sie tief in sich fühlt, ab und zu verweilt an diesem geheimen inneren Ort, der eigenen Kraftquelle, der ganz persönlichen Tankstelle für Lebensenergie.

Es ist wie ein Ankommen, ein Heimkommen zu sich selbst, ein ganz ganz tiefes Geborgenheitsgefühl, wo nichts mehr fehlt. Meist ist es kein beständiger Zustand. In der Regel sind das nur Momente, wo man an dieses Erfülltsein gelangt, doch man spürt es, wenn jemand aus diesem Bewusstsein der Selbstliebe lebt.

Solche Menschen sind DA, sind präsent, sind dem anderen Menschen gegenüber achtsam und aufmerksam. Sie sind in Verbindung. Egoismus bedeutet Trennung. Das Ego will besser, schöner, erfolgreicher, klüger und reicher sein. Der sich selbst liebende Mensch lebt aus einem Kern, wo er mit anderen verbunden ist, gleich-wertig.

Für die Freude am Älterwerden ist Selbstliebe eine ganz wesentliche Voraussetzung, Selbstliebe als ein tiefes spirituelles Erleben. Und ohne dieses Erleben, ohne die eigene spirituelle Entwicklung ist frohes Altwerden nicht möglich.

Der sich selbst liebende Mensch ist stolz auf das, was er ist, nötigt andere nicht, ihm Anerkennung zu geben. Wie oft geraten wir als Erwachsene in dieses Spiel, dass wir Anderen die spürbar erwartete Anerkennung geben und uns dabei unwohl fühlen. Das liegt daran, dass wir in diesem Moment in die Kindrolle gehen, brav die Erwartung von Mama und Papa erfüllen. Die größte Herausforderung ist es, das was mich am Gegenüber stört, als mein Eigenes zu sehen und daran zu arbeiten.

Mein Sohn ist da ein Supercoach für mich. Gerade auf meinen Sabbatjahrreisen, bei denen er mich teilweise begleitete, erfuhr ich das immer wieder:

„Und was macht das mit dir? Wo hast du selbst diese Verhaltensweisen?"

Sich beklagen über andere lässt er nicht zu, wie wunderbar von ihm! Und wie herausfordernd oft für mich!

Auch Michel Foucault war dabei in Venezuela. Ein großartiger Mensch, der über Themen spricht, die hochaktuell sind. Über die Gesellschaft, die den Menschen allzu oft aus seiner Eigenverantwortung entbindet.

Über vieles können wir sprechen, während Urs an seiner Uni-Hausarbeit bastelt. Einige Bücher hat er mitgebracht, das Foucault-Buch lesen wir parallel. Ich erinnere mich an den französischen Philosophen, schätze ihn sehr und hatte während meines Studiums Texte von ihm gelesen. Und nun schreibt mein Sohn eine Arbeit über ihn.

Wir sind auf Paria in Venezuela, wohnen in einem tollen Haus an der Nebelwaldgrenze. Maturincito heißt der Ort. Und wir sprechen über Themen, die mich selbst während meines Studiums so brennend interessiert haben. Es ist wunderbar, wie die Lebensfäden gesponnen sind. Was zu mir gehört, wird immer wieder auftauchen. Seien es Menschen, seien es Gedanken, seien es noch zu erledigende Themen. Alles kommt zur rechten Zeit.

Playa Medina, 2. September 2011

Playa Medina, da bin ich wieder. Am schönsten Strand Venezuelas, in einer traumhaften Bucht gelegen, oft dargestellt als Hingucker bei Touristenwerbung. So sanft sind die Wellen hier, ausgiebigst kann ich schwimmen. Ich liebe das Schwimmen im Meer, vor allem, wenn nicht ständig Wellen mein ruhiges Dahingleiten unterbrechen. Das geht hier, wundervoll ist das.

Da bin ich wieder, wie so oft in den letzten Jahren, Playa Medina durfte bei keinem Venezuela-Urlaub fehlen. Da bin ich, zusammen mit Urs, wie damals am 1. Januar 2002, als wir in einem alten amerikanischen Straßenkreuzer hierher kamen.

Wilfried hatte keines seiner Autos zur Verfügung und hatte für uns solch ein Taxi bestellt, das unsere Drei-Generationen-Gruppe, bestehend aus sieben Personen, über den recht holprigen Zufahrtsweg zum Medina-Strand brachte.

Damals waren wir noch Unbekannte, heute werden wir begrüßt wie alte Freunde, begrüßt von Vincente, dem attraktiven Verwalter, den Wilfried als kleinen Dorfjungen kennen gelernt hatte, zu einer Zeit, als der Zufahrtsweg hierher gebaut wurde. Heute ist er zusammen mit Louis Besitzer der Anlage und sie kann sich sehen lassen, hat ihren Charme als besonderes Kleinod bewahrt.

Verliebt hatte ich mich schon beim ersten Besuch in diesen Ort. Dass ich dann genau an diesem Ort, in einem Strandhaus am Meer, fünf Jahre später einen Großteil meines ersten Buches schreiben würde, ahnte ich nicht. Doch wenn ich die Fotos von damals ansehe, dieses Strahlen in meinen Augen wahrnehme, so glaube ich auch hier wieder, dass unser ganzes Wesen oft viel mehr weiß, als der Verstand zulässt.

Einmal, das war im Sommer 2002, bei meinem zweiten Venezuela-Besuch, erlebte ich hier das, was man gerne in Superlativen beschreibt - den schönsten Sonnenuntergang meines Lebens! Sicherlich klingt solch eine Beschreibung schon deshalb klischeehaft, wie eine abgedroschene Phrase, weil man diese Erlebnisse nicht wirklich mit etwas anderem vergleichen kann.

Sie sind einzigartig und diese Einzigartigkeit ist eher ein Seinszustand, eine Präsenz im Leben, die so uneingeschränkt gültig ist, dass es keine Bezüge zu anderen Erlebnissen dieser Art gibt. Es ist wie es ist, sagt die Liebe.

Es war ein Zauber, der so unwirklich war und jetzt, viele Jahre später, sitze ich zusammen mit Urs hier am abendlichen Strand, erlebe einen wunderschönen Abendhimmel und erinnere mich an damals. Ein Zauber war das gewesen, kurz nachdem die Sonne in einem fantastischen Rot über dem Meer untergegangen war. Vor mir entfaltete sich ein Farbenspiel, das überirdisch schön war.

Auch heute ist der Himmel wunderschön rötlich gefärbt, eine interessant beleuchtete Wolkenformation verändert ständig ihr Aussehen, wenige Menschen sind noch am Strand.

Damals war ich die einzige Besucherin in der Anlage, bestehend aus sieben schönen Strandbungalows. Es gab Vincente und seine Helfer, die im Restaurant arbeiteten, doch hier draußen war ich allein, saß einfach nur da, weil es ein solch außergewöhnlicher Sonnenuntergang gewesen war. Doch dann geschah etwas, in der halben Stunde zwischen Tag und Nacht, in der hier am Äquator so kurzen Zeit der Dämmerung, das war das eigentliche Erlebnis für diesen Tag:

Eine unglaubliche Landschaft breitete sich vor mir aus, ein Farbenspiel aus Rot, Orange, Violett und all die fantastischen Zwischentöne. Ich verlor mich in diesem Bild und der Himmel wurde zu einer weiten Prärielandschaft, wo man Reiter und Bäume erahnen konnte. Es war so real, dieses Bild und doch unwirklich, einer dieser Momente, die sich tief einprägen ins Bewusstsein, ein Moment des absoluten Hier und Jetzt, wo man einfach nur da ist, komplett und ganz im Augenblick.

Alle Sinne sind offen, das Herz weit, verbunden mit allem, ein Teil des Ganzen. Kein abgespaltenes Ich mehr, verloren im Universum, sondern eins: **Ich bin!**

Diese Momente bleiben, sind unvergleichlich, unvergesslich, sind gespeichert - und, wie ich inzwischen weiß, nicht nur in diesem einen Leben. Die Zeit steht still.

Obwohl es heute anders war, war dieses einmal Erlebte in mir vorhanden, das tiefe Gefühl des Einsseins, des Angekommenseins, der Freude, des Glücks.

Das ist das Schöne an diesen mystischen Momenten im Leben: Dass sie nicht verloren gehen, dass da kein Bedauern ist. Die Gewissheit, der Wahrheit, dem Wesen des Lebens ganz nah zu sein, ist da und das Erlebnis wird immer mal wieder auftauchen, oft verbunden mit dem Zurückkehren an den Ort des Erlebens wie heute bei mir.

Immer werden solche Glücksmomente mit dem Thema der Zeit in Verbindung gebracht: Die Zeit steht still. Ein zeitloser Moment. Ein Funken Ewigkeit.

Sobald wir wieder in der Zeit landen, scheinen wir rausgeworfen aus diesem Moment. Ein Mysterium, das Thema Zeit. Und das Erleben solcher Momente scheint mit dem Älterwerden intensiver zu werden, häufiger. Vielleicht nehmen wir das Leben einfach auch bewusster wahr.

Kann man ein solches Erlebnis mit jemandem teilen, wie damals in Südtirol, so ist das ein gemeinsamer ewiger Moment. Das ist wirklich eine Liebe, die ewig hält, auch wenn es keine Kontakte in der Zeit mehr gibt, so wie bei

Hermann und mir geschehen. Ich weiß nicht, wo und wie er lebt. Der zeitlose Moment damals in Telfes, der bleibt in unseren Seelen gespeichert.

Letzte Tage in Venezuela, September 2011

Was gab es noch auf dieser Venezuela-Reise? Urs beim Friseur, Zitat: „Wenn mein Leben schon nicht so geradlinig läuft, dann muss die Frisur wenigstens sitzen".

Es gibt viele solcher Sätze, Urs' Lebensweisheiten - und schon als er noch Kind war, hatte ich ein kleines Büchlein angelegt, um so manche Aussagen festzuhalten. Heute notiere ich mir bei unseren Gesprächen gerne bestimmte Sätze, in denen so viel Weisheit steckt, die mir selbst wieder ein neues Tor zum Verständnis einer Situation öffnen. Oder ich genieße einfach den Humor in den spontanen Bemerkungen.

Ich bin sicher, auch darum geht es beim Älterwerden: Dass wir auf unsere Jungen hören. Dass wir genauer hinhören, was sie zu sagen haben. Immer ist der Zorn und die Wut der Jugend, genauso wie die Trauer, der Schmerz oder gar die Verzweiflung auch aus dem Unverständnis zwischen den Generationen entstanden, dem Gefühl der Jungen, von den Alten nicht ernst genommen, nicht verstanden und im Endeffekt nicht geliebt zu werden. Auch hier gibt es ein treffendes Zitat von Urs.

Wir waren auf dem Rückweg vom Märchenfest bei Ursula Curtius, aus Fleckl bei Bayreuth kommend. Einige Tage hatten wir bei ihr verbracht, ihr geholfen bei all den unzähligen Dingen, die bei diesem alljährlich stattfindenden Ereignis zu bewältigen sind. In drei Tagen würden wir nach Venezuela fliegen.

Wir waren guter Dinge und wie immer bei solchen langen Autofahrten hatten wir Zeit, um über all die für uns wichtigen Themen zu sprechen.

Diesmal ging es um diese so schwierige Zeit der Pubertät, wo Jugendliche sich oft völlig unverstanden fühlen und die Erwachsenen das emotionale Chaos allzu oft abtun, eben mit solchen Begriffen, die der Lebensphase einen Namen geben, wie die Diagnose einer Krankheit: Er/sie ist halt in der Pubertät, so wie die Frau später in den Wechseljahren ist und der Mann seine Midlife-Crisis hat. Bezeichnungen, die das Ausmaß einer solchen Lebensphase, das enorme Potenzial, das darin liegt, herunterspielen, verharmlosen.

Das wird schon vorüber gehen und bald ist der Mensch wieder normal, sprich, dieses großartige Wesen Mensch wird sich wieder einfügen in eine sehr fragwürdige menschliche Ordnung und den gesellschaftlichen Normen entsprechen.

Mein kluger Sohn sagte dazu, sich selbst an diese schwierige Zeit erinnernd: „Du kommst nicht zu deinen Eltern durch. Du kannst nicht vermitteln, was dich trennt. Und die Heilung liegt im Verständnis füreinander."

Und während ich das hier aufnotiere, glaube ich unseren Vater zu hören mit einem seiner Lieblingssätze: „Dem ist nichts mehr hinzuzufügen."

Abschied von Maturincito, Abschied von Carupano, Abschied vom Kabelhaus. Zum ersten Mal bei meinem Abschied von Paria ist da nicht diese Gewissheit in mir, dass ich wiederkommen werde. Vielleicht ist der Kreis tatsächlich geschlossen.

Vor dem Abflug von Caracas aus erleben wir noch ein besonderes Highlight: Mochima, diesen grandiosen Naturpark mit den unterschiedlichen Stränden, die man nur mit dem Boot erreichen kann. Luis-José, seine Frau Elsie und Sohn Sebastian fahren mit uns nach Cumana, wo wir am nächsten Morgen in Richtung Caracas starten werden. Sie nutzen diese Extra-Tour als kleinen Familienausflug und wir sind bestens betreut, nehmen Abschied von der venezolanischen Küste, wieder mit einem wunderbaren Sonnenuntergang.

Mein dreimonatiger Aufenthalt im ersten Sabbatjahr hatte auch mit einer Tour gen Westen geendet, im Januar 2005 war das gewesen und mein letztes Wochenende in Venezuela verbrachte ich auf Araja, der anderen Seite der Halbinsel.

Die Überfahrt mit dem Schiff von Cumana aus, die trockene, rote Erde der Halbinsel, das große Fort, der schöne Abend im abgelegenen Quartier, mit den jungen Venezolanern,

Freunde von Wilfrieds Kindern, die uns begleiteten und die allesamt wunderbare Musiker zu sein schienen.

Am Abend nämlich, vom Sonnenuntergang bis tief in die sternenklare Nacht, sangen sie zur Gitarre. Es war ein wehmütiger Abschied für mich nach drei Monaten, in denen so viel geschehen war. Ich gab mich dem wohltuenden Gesang und den Gitarrenklängen hin, träumte und kam in tiefen Frieden mit mir selbst.

Caracas, 8. September 2011

Heiner hat Geburtstag heute, wird 59. Mein Bruder, mir immer ein Jahr voraus. Ich schreibe noch eine Karte, sie wird eine Weile brauchen.

Schon morgens, mit der ersten Maschine, kamen wir aus Cumana hier an, haben nun einige Stunden Zeit, treffen Thomas, der uns gerne noch ein paar Tage in sein schönes Haus eingeladen hätte. Doch unser Urlaub geht zu Ende, auch auf die von ihm vorgeschlagene Stadtbesichtigung haben wir keine Lust. Die Gedanken sind auf zu Hause gerichtete. *Hasta luego,* auf Wiedersehen in Deutschland.

Urs' Laptop bleibt noch ein paar Tage in Carupano, vergessen im Casa del Cable. Wie gut, dass schon bald nette Besucher aus Deutschland kommen, das wichtige Arbeitsgerät mit über die Meere bringen.

Meine erste Reise im Sabbatjahr geht zu Ende, mit Air Portugal geht's zurück über Lissabon und in Frankfurt gibt es schon einige Aufregung, weil ich nicht genau hinterlassen habe, mit welcher Fluglinie wir kommen. Lisa und Nicole holen uns ab, pünktlich, am richtigen Terminal und ich werde es bei den nächsten Flügen besser machen, genaue Infos geben. Es stehen ja noch zwei große Reisen auf dem Programm ... mindestens!

Zwischenstation, 21. Oktober 2011

Herbstfest im UrLi. Kürbissuppen-Fest!
Ein wunderbar vielfältiges Buffet, bereichert und vervollkommnet durch all die mitgebrachten Gaben.

Am Laptop laufen die Fotos von meiner ersten Sabbatjahr-Reise: Venezuela!

Ich freu' mich auf die nächste Reise: Bali!

Christa kann nicht beim Fest dabei sein, schickt eines ihrer so passenden Gedichte:

herbstgeist lässt sein gülden Band über urlis sphären gleiten

währenddessen ursis hände

kürbissuppen zubereiten

ein fest der herzen soll es werden

ich seh euch lachend aus dem fernen

frankfurt

ich befind mich grad im endspurt

alte mächte loszuwerden

will doch leuchten hier auf erden

schön zu wissen von den andern

die auch auf wahrem wege wandern

dann bin ich nicht ganz allein

ursi wirft ein ast hinein

in das lagerfeuer groß

was erzählt von gaias schoß

es knarrt das holz, die herzen schmiegen

sich an

egal ob frau, egal ob mann

ja trau dich – sieh …

den menschen, der jetzt bei dir steht

und spüre nach, was da entsteht

***das** ist es was wir immer suchen*

ein hoch aufs leben

reicht den kuchen

und lasst die gläser zart erklingen

bringt euer licht in lichte schwingen

erzählt mir wie es damals war

am 21.10. ……. in urlis lebens-bar!!

Teil 2: BALI

Tejakula, Gaia Oasis, 31. Oktober 2011

Und wieder sitze ich am Strand, wieder rauscht das Meer, wieder ist die Sonne gerade untergegangen und wieder werde ich ganz nah beim Wellenrauschen einschlafen.

Der Strand ist nicht so schön wie vor zwei Monaten, nicht so weiß, nicht so sanft und traumhaft glatt wie bei meiner letzten Reise. Es ist anders hier im Norden Balis: Schwarzer Sand, steinig, etwas dunkel wirkt das Meer dadurch, jetzt in der Abenddämmerung vor allem.

Und ich bin allein hier. Vor zwei Monaten, am Playa Medina, waren andere dabei: Urs, Wilfried, Alicia, nachmittags ein ganzer Familienclan, die den Tag mit uns verbrachten. Und ich kannte das schon, genoss das Wieder-da-Sein am Traumstrand Playa Medina. Heute bin ich Tausende von Kilometern weiter östlich, damals etwa 12 Grad nördlich, heute 12 Grad südlich des Äquators.

Und alles hier ist neu für mich...

Bali, das Ziel meiner zweiten großen Reise im Sabbatjahr.

Für vier Wochen wird Gaia Oasis mein Zuhause sein, eine wunderschöne, sehr liebevoll gestaltete Anlage an der Nordküste Balis. Ein Zentrum, das mit einer Vision aufgebaut wurde, das Treffpunkt sein soll für Menschen, die Ruhe suchen, Menschen, die auf dem Weg sind zu einem bewussteren, zu einem spirituell orientierten Leben.

Um halb zehn Uhr morgens fuhren Lisa und Ulli gestern bei mir zu Hause vor, um mich zum Flughafen zu bringen. Tags zuvor gab es schon dieses überraschende Abschiedsfrühstück beim Frisör. Ellen hatte sich das ausgedacht und leckeren Lachs serviert. Mitten im Salon ließen wir es uns gutgehen und meine Haare wurden nebenbei auch noch kostenlos bearbeitet.

Dann am Abend kam Conni und wir holten gemeinsam die beiden Avocado-Pflanzen und das Orange-Bäumchen aus dem Garten nach Hause, damit sie nicht erfrieren, während ich den balinesischen Sommer genieße. Und Conni übernahm gleich noch das online Einchecken.

So viel war in der Woche vor der Balireise geschehen, so viel Schönes und so viel Zeit hatte ich, Zeit um zu überlegen, was noch zu tun ist, was ein-, was wieder auszupacken ist. Allerhand sortierte ich aus, so dass ich mit ganz wenig hier ankam, leichtes Gepäck für eine außergewöhnliche Reise.

Etwas kribbelig war es mir vor dieser Reise. Erstmals kostete ich das so richtig aus: Reisefieber hatte ich, und als Gert, mein Nachbar, beim Abschied meinte, ob es nun losgehe, sagte ich ihm, dass es für mich ist wie in der Schwangerschaft: Irgendwann wird man ungeduldig, will das sehen und erleben, worauf man sich schon so lange freut.

Nur wer Zeit hat, kann das auskosten, dieses Kribbeln des Reisefiebers, vielleicht sollte es eher heißen, wer sich die Zeit gönnt.

Immer mehr erlebe ich, welch wunderbares Geschenk das ist, was ich gerade erlebe, wie wundervoll mir das Leben eine große Portion Glück zu Füßen legt: Ich habe alle Zeit der Welt für so viel außergewöhnliches Erleben.

Venezuela – Bali – Südafrika, so meine Reisetrilogie. Ich bleibe auf der südlichen Halbkugel und bin nun bei dem überaus besonderen Ziel angelangt: Das mir noch ganz Unbekannte, die Reise, die ich erst mal ganz allein antreten werde. Schon beim Zwischenstopp in Kuala Lumpur genoss ich das, das ganz-allein-reisen, mich um niemanden kümmern, nur auf mich gestellt zu sein.

Somit wird es auch kein bekanntes Gesicht geben beim Abholen am Flughafen Denpasar, sondern ein Heer an Namensschildern, durch das ich mich vorwärts taste. *Ursula Bolender*, da ist es schon, ein nettes Gesicht dahinter, mein Fahrer. Es kann losgehen. Im Auto gibt es zuerst ein kühles erfrischendes Tuch. Ich werde diese zusammengerollten Tüchlein in den folgenden Wochen noch oft genießen können. Dazu gibt es ein gekühltes Wasser.

Es ist meine weiteste Reise. Erstmals bin ich mehr als 11000 km weg von zu Hause, fahre mit meinem balinesischen Chauffeur, der noch nie von der Insel weggekommen ist, gen Norden, etwa drei Stunden dauert die Fahrt, auf der ich viel erfahre von der Religion hier, der Kultur, der Bedeutung der Familie.

Wir verständigen uns auf Englisch und als ich als Trinkgeld dann 100 000 statt 10 000 Rupien gebe, ist das zwar ein Versehen, doch warum sollte mein erster Betreuer hier auf Bali nicht mal knapp 10 Euro bekommen für solch eine unterhaltsame Fahrt. Ab da achte ich allerdings etwas genauer auf die Nullen, denn gleich beim ersten Umtausch war ich Millionärin geworden und das darf ruhig eine Weile so bleiben.

Gaia Oasis, Dienstag, 1. November 2011

Life is a gift that keeps on giving

Am zweiten Tag erst wird mir bewusst, wie außergewöhnlich dieser Platz hier ist. Wunderbar liebevoll ist alles angelegt, mein Strandhaus ein Traum an Farben und schöner Gestaltung. Blüten überall verteilt, orangene Vorhänge, zart fließende Stoffe, das Bett mit einem Baldachin aus wehendem weißen Moskitoschutz umgeben, das Außenbad - ein kleines Paradies für sich.

Und jeden Tag liegt auf dem Bett ein neuer Spruch, eine Lebensweisheit, befestigt an einem kleinen Fächer aus Palmblättern, auch dieses Geschenk geschmückt mit einer Blüte. Heute geht es um das Geschenk, das das Leben überhaupt ist. An manchen Tagen habe ich die Sätze notiert und werde sie hier einfügen.

Täglich gehe ich zum Schwimmen, oft zweimal am Tag. Warm ist das Meer, ruhig, und man gelangt leicht über die rundpolierten dunklen Kieselsteine ins Wasser.

Lisa, die Gaia Oasis schon einmal erlebt und genossen hat, hatte mich informiert: Schuhe brauche man fürs Wasser, Schwimmschlappen sozusagen und so kommen endlich mal die weißen Netzschläppchen von Margot, die schon so lange im Schrank lagen, zum Einsatz. Beinahe wären sie mit in die Flohmarktkiste gekommen, wo alle Sachen landen, die länger nicht in Gebrauch waren. Nur beinahe, jetzt sind sie von großem Nutzen. Der Meeresgang ist einfach dadurch.

Ein ganz neues Erlebnis ist das für mich, so zu leben wie jetzt: Ohne das Gefühl, ich hätte etwas oder jemanden im Stich gelassen. Zu Hause war es noch da, beim Vorbereiten, das eigenartige Gefühl: Kannst Du einfach so verschwinden?

Am stärksten war das Gefühl des 'Jemanden-im-Stich-lassen' in Bezug auf Maurice, meinen alten roten Kater. Dabei habe ich mit ihm das Glück, dass meine lieben Nachbarn ihn von Anfang an ins Herz geschlossen und in ihre Wohnung gelassen haben. Dort hat er seinen speziellen Gastplatz auf extra ausgelegtem Tuch und schläft oft viele Stunden in der Nachbarwohnung.

Die Menschen, die mir nahe sind, Menschen, die ich liebe, sind selbständig, kommen ohne mich aus. Zumindest sah das bei der Balireise so aus.

Dass das überhaupt möglich ist, ich ein Jahr Urlaub vom Beruf mache, durch die Welt reise, dabei nicht das Gefühl habe, mich aus irgendeiner Verantwortung zu stehlen, das hat jedoch weniger mit der Selbständigkeit anderer als mit meiner eigenen Selbständigkeit zu tun. Eine Unabhängigkeit, die ich über viel innere Arbeit gewonnen habe.

Viele alte Muster mussten da angeschaut und aufgelöst werden: Die falsch verstandene Verantwortlichkeit zum

Beispiel, das Zuviel an Arbeit und Sorge, entstanden aus dem Bedürfnis, die Brave und Liebe zu sein, immer und zu jeder Zeit. Dieses Muster war wohl noch nicht geknackt, denn Bali war nur ein tiefes Durchatmen, bis alte Geschichten mich einholten.

Jetzt, Anfang November, genieße ich es jedenfalls, auf dem Liegestuhl direkt am Meer zu liegen, ein schönes Buch zur Hand, einen balinesischen Kaffee. Ich tue im Grunde nichts – genau wie Bärbel es vor einem Jahr prophezeit hatte, als sie mir diese Karte schenkte mit dem aufgedruckten Spruch:

Was tun Sie? Nichts.
Ich lasse das Leben auf mich regnen. (Rahel Vamhagen)

Daneben hatte sie geschrieben „Ursel im Sabbatjahr".

Ich hatte die Karte als Motiv genommen für die Einladung zum diesjährigen Sommerfest im Juni 2011, am Tag der Zeugnisausgabe, für mich der Beginn meines zweiten Sabbatjahres.

Und nun tue ich genau das: NICHTS – und Bärbel, die mir die Botschaft schenkte, als ich mittendrin war im ganz-viel-Tun, wird in 13 Tagen hier sein und ebenfalls NICHTS tun. Vielleicht werden wir aber auch etwas das Land, die schöne Insel erkunden. Doch auch das gehört zu dem großen NICHTS, denn es ist ein Tun ohne Muss, ohne große Vorplanung, ohne selbst oder gar von anderen auferlegten

Zwang, ein Tun in Freiheit, selbstbestimmt, voller Leichtigkeit, wie es die tanzende Frau auf der Karte symbolisiert, mein Motiv für dieses Sabbatjahr.

Ich hab' die im Regen tanzende Frau mit. Sie tanzt vor mir auf dem Brillenputztuch, das ich neben meinem Schreibblock ausgebreitet habe. Es ist ein Geschenk von Tanja, meiner schönen jungen Kollegin, die mal zu mir sagte:

„Wenn ich älter bin, möchte ich so sein wie du."

Wow, eine tolle Anerkennung, ausgesprochen von einer wunderbaren jungen Frau.

In den Sommerferien kam sie vorbei im UrLi und überreichte mir dieses kleine Reisepräsent. Zufällig hatte sie es in einem Laden entdeckt und sich an meine Sommerfest-Einladung erinnert. Nun reist es mit, das außergewöhnliche Brillenputztuch und erinnert mich, worum es geht in diesem Sabbatjahr, ein Jahr, das noch allerhand Überraschungen bereithielt. Doch die Grundtendenz bleibt, die Freiheit, die Leichtigkeit...

Der beste Teil vom Leben heißt das Buch, das ich mir aus dem kleinen Bibliotheksangebot hier herausgegriffen habe, ein leicht lesbarer schöner Roman, geschrieben von einer australischen Schriftstellerin, Liz Byrski, über eine Frau, die sich entschließt, ein Jahr auszusteigen aus ihrem gewohnten Alltag, eine Frau etwa in meinem Alter.

Erst beim Lesen wurde mir bewusst, worum es da geht, dass ja hier auch mein Thema bearbeitet wird. Sich für ein Jahr aus dem gewohnten Alltag ausklinken, das stößt auf viel Unverständnis in ihrer Umgebung.

Das hatte ich nicht erlebt, Unverständnis oder gar Opposition gegen meine Entscheidung. Schon daran sehe ich, in welcher persönlichen Freiheit und Unabhängigkeit ich lebe.

Auch die drei besten Freundinnen dieser Frau werden von der Idee, mal etwas ganz anderes zu tun, angesteckt. Es ist ein leicht lesbarer Roman mit so viel Tiefgang und das Buch machte nachher die Runde bei uns Frauen.

Als ich den Titel las, dachte ich an den Spruch „Das Beste kommt zum Schluss", ein Satz, den ich nie so recht verstanden habe. Warum soll man mit dem Besten bis zum Schluss warten?

„Ich heb' mir das Beste immer bis zum Schluss auf", sagte meine Cousine mal zu mir, als wir zusammen Nachtisch verzehrten. Wir waren Kinder, und obwohl die um ein Jahr ältere in meinem Leben ganz oft die Rolle der es-besser-Wissenden spielte, wusste ich, dass das für mich nicht stimmig ist. Wenn ich den Schokoladenpudding zuerst esse und die Himbeersoße, die mir am besten schmeckt, bis zum Schluss aufhebe, dann bin ich vielleicht satt und kann das Beste dann gar nicht mehr genießen.

Ich weiß nicht mehr, um welchen Nachtisch es ging, aber ich erinnere mich genau an den Ort, an dem mir diese Lebensweisheit bewusst wurde. Wir saßen am Küchentisch meiner Tante, den leckeren Nachtisch vor uns.

So oft in meinem Leben kam mir dieser Moment wieder in den Sinn und heute verstehe ich, was mir damals schon ahnend bewusst war: *Genieße das Beste, solange du Lust darauf hast. Heb' dir im Leben nichts auf für ein eventuelles Später.*

Wie oft erleben Menschen das nicht mehr, das Beste zu tun, etwas, was sie immer vor sich hergeschoben haben.

Meine beiden Sabbatjahre sind aus dieser Energie entstanden: Mein erster Gedanke damals war, ich müsse wohl warten, bis ich nicht mehr im Beruf stehe, könnte als Pensionärin dann für längere Zeit nach Venezuela reisen. Dabei war klar, dass JETZT der Zeitpunkt war. Meine Begeisterung war am 1. Januar 2002 entflammt und bis zu meiner Pensionierung würde es noch eine Weile dauern.

Auch wenn man hier unzählige Bedenken und Einwände erheben kann: Nicht jeder kann sich ein Sabbatjahr erlauben, nicht jeder hat die Möglichkeit, ein Jahr Urlaub zu machen, usw., so bietet das Leben immer viel mehr Möglichkeiten als man zunächst glaubt. Jeder erfährt das irgendwann, wie sich neue Tore öffnen, manchmal leicht, manchmal über schwerste Krisen, die auf neues Terrain leiten und Möglichkeiten werden sicht- und lebbar, von denen man vorher keine Ahnung hatte.

„Wenn nicht jetzt, wann dann" sang mir Christa beim Sabbatjahr-Sommerfest vor, meine liebe Christa, die den Nagel immer auf den Kopf trifft und mir oft solch' liebenswerte Texte dichtet. „Wenn nicht jetzt wann dann", sangen *de Höhner* beim Oberurseler Hessentag in der Roncalli-Show und wir stimmten voller Freude mit ein.

Man sollte sich das Beste nie bis zum Schluss aufheben, sondern den Stier bei den Hörnern bzw. das Sabbatjahr beim Schopfe packen.

Freitag, 4. November 2011

Discover your center and you will be deeply at rest

Heute ziehe ich um. Ich kenne das ja schon, ziehe ja nur nach nebenan, so wie damals, als ich in eine kleinere Wohnung zog, von der Nummer 61 in die 57.

Es war kurz vor Beginn meines ersten Sabbatjahres gewesen. Unsere finanziellen Reserven waren durch die zweijährige Ansparphase erschöpft. Urs würde sein Studium beginnen und ausziehen. Eine kleinere Wohnung, nur für mich, war angedacht, und wurde mir auch bald fix und fertig serviert. Der Umzugstag war ein schöner Sonnentag im Mai, viele Helfer waren da, auch einige von Urs' Geschwistern waren gekommen und wir trugen einfach alles von einer Wohnung in die andere.

Umzüge sind ja auch immer Abschiede. Sogar heute, hier auf Bali, wo ich von einer Haushälfte in die andere ziehe, empfinde ich das so, verabschiede mich von all den schönen Dingen um mich herum, vor allem von den leuchtend orangenen Vorhängen. Einen Sarong im gleichen Farbton habe ich mir gleich am ersten Tag hier gekauft. Einen zweiten in grün dann am nächsten Tag und mein neues Zuhause hat farblich passend dazu zartgelbe Vorhänge. *Ocean Bliss* heißt mein neues Heim, Nummer 2A, zuvor war ich in *Dakini* untergebracht, Haus 2B.

Beim Umzug in die Nummer 57 damals, unsere dritte Wohnung in Oberursel innerhalb von neun Jahren, war eigenartiges passiert: Wieder mal hatten wir eine - von O. eingeleitete - Auszeit in unserer Beziehung. Ich hatte die schmerzlichste Phase überwunden, war voller Vorfreude auf all das Neue: Neue Wohnung, Sohn zieht aus, ein Jahr Urlaub vom Beruf, Venezuela vor allem ... und da taucht O. auf, tags zuvor in der alten Wohnung, nimmt Abschied mit mir und es ist schön, dass er da ist.

Doch ich weiß gar nicht, ob ich das noch will in meinem neuen Leben. Er hilft beim Umzug, wie er es versprochen hatte und bleibt. Wie selbstverständlich ist er wieder da, jetzt in der kleinen Wohnung, in der auch Urs zunächst noch wohnen wird. Er wird ja die Wohnung hüten, sich um Kater und Pflanzen kümmern, wenn ich in Venezuela bin.

Ob ich das noch will, dass O. wieder da ist in meinem Leben, das für mich zu fühlen, gestand ich mir gar nicht zu. Was ich fühlte, war diese schmerzende Sehnsucht, wenn er nicht da war. Sobald er da war, tat es nicht so weh.

Welche Täuschung! Die Sehnsucht hat gar nichts mit ihm zu tun. Sie ist einfach vorhanden, tief in mir, wie in jedem Menschen, die Sehnsucht nach dem Anderen. Durch Nähe, Zusammensein, Liebe, Sexualität wird der Hunger ab und zu gestillt, doch die Bedürftigkeit bleibt. Niemals kann ein anderer die eigene Sehnsucht stillen.

Noch drei Jahre sind wir zusammen und schließlich hat O. dann den Mut zum endgültigen Abschied. Ich weiß, dass es die richtige Entscheidung ist.

Auch hier direkt an der Balisee, dem Meer an der Nordküste Balis, bei wunderbarer Wärme und einem so tiefen Gefühl des bei-mir-selbst-angekommen-Seins taucht O. immer wieder in meinen Gedanken auf, ein Seelengefährte eben. Er hat sich nie darauf eingelassen, dass wir Freunde bleiben ... schade!

Entdecke das Zentrum in Dir, und Du wirst tiefen Frieden finden, so ähnlich die Übersetzung meines heutigen Spruches. Wie wahr!

Ich bin umgezogen in die andere Haushälfte, richte mich häuslich ein in *Ocean Bliss.* Ganz besonders gefällt mir der Schreibtisch: Eine große Glasplatte auf vier rustikalen Holzpflöcken. Hier werde ich viele Abende mit Blick auf Palmen und Meer schreibend verbringen.

Samstag, 5. November 2011

Compare yourself to noone
and you will realize all that you are

Es gibt immer wieder Momente in meinem Leben, an denen ich denke, wenn alles was war und geschah nur dafür notwendig gewesen wäre, um mir dieses Jetzt zu schenken, diesen Augenblick, dieses Erleben, dieses Glück, dann war alles genau richtig.

Doch dieses Vergleichen, Aufrechnen, Abwägen ist im Grunde nicht mehr wirklich Teil meines gegenwärtigen Lebens. Jetzt, kurz vor meinem 58sten Geburtstag, denke ich meist nicht mehr so, ich bin nur immer wieder sehr verwundert, erstaunt, beglückt über das, was das Leben mir gerade schenkt.

Ich sehe mich als einen Menschen, der von morgens bis abends arbeitet, sich stets in der Verantwortung fühlt, dass es meinen Lieben oder einfach den Menschen um mich herum gut geht. Und dann erlebe ich mich hier an der Nordküste Balis, Tausende von Kilometern weg von zu Hause, in einem wunderschönen Haus, nur wenige Meter vom Meer, lass' es mir gutgehen, genieße meine Freiheit, bestimme selbst, wie mein Tag jeweils aussieht.

Und auch das bin ich, auch das ist mein Leben. Vielleicht bin ich mehr ich selbst als je zuvor. Alles fügt sich ineinander und ich kann es geschehen lassen. Das sind Momente, wo das Leben zeigt, wie es sein kann.

Dann gibt es wieder Erlebnisse, die einem zeigen, was noch zu tun ist. All das gehört zusammen, ist Leben - so reich, so vielfältig, so spannend.

Und was genau ist so schön daran, an meinem Leben im Moment, hier in Gaia Oasis?

Da ist die schon erwähnte völlig freie Entscheidung über den Tagesablauf. Mein ganz eigener Rhythmus bildet sich heraus. Mit dem Übungsprogramm der *Fünf Tibeter* beginne ich den Tag. Als Sonderprogramm gehört bei mir ein abschließender Kopfstand dazu.

„Wie hast du den gelernt?" fragte mich meine Schwester einmal. Ich weiß es nicht, irgendwann konnte ich frei auf dem Kopf stehen, bleibe einige Minuten in der Position und spüre dieses schöne Gefühl, dass die Balance von der eigenen Körpermitte gehalten wird. Eines der vielen guten Ergebnisse eines nicht so alltäglichen Lebens, unseres gemeinschaftlichen Lebens mit Hari, Thema meines ersten Buches.

Weiter gehört zu meinem Tagesablauf das Schwimmen im angenehm warmen, sehr salzhaltigem Meer, Schwimmen oder auch einfach treiben lassen auf dem Rücken und in die Wolken schauen, herrlich!

Dann zum Frühstück vorab einen reichhaltigen Früchteteller: frische Ananas, Mangos, Papaya, Melonen und Bananen, die eine ganz andere Innenfarbe haben als die bei uns erhältlichen. Entsprechend anders ist auch der Geschmack, intensiver, frisch, sonnengereift. Auch frischer Fruchtsaft gehört dazu. Ein vortreffliches Restaurant, hier in Gaia Oasis, am Abend dann das vielfältige Buffet mit Gemüse, das direkt im zugehörigen Bergresort *Abasan* angebaut wird.

Als ich den Ort ein paar Tage später kennen lerne, erinnert mich die Anlage an Wilfrieds Garten hoch oben in Maturincito beim Nebelwald, eine kleinere Variante dort, aber von der Vegetation und der Vielfalt der Kräuter und Nutzpflanzen her schon vergleichbar.

Und ich habe Zeit, so viel Zeit - Zeit zum Lesen, Träumen, Schreiben natürlich, Zeit, nach und nach die Umgebung und auch die Menschen hier kennen zu lernen. Ich komme mir vor wie ein Stein, der hier ins Wasser geworfen wurde und nun allmählich immer weitere Kreise zieht:

Gaia Oasis ist das Zentrum. Die ersten Kreise, das sind das Meer, die Anlage hier, dann die nähere Umgebung, bald der Ort *Tejakula*. „Ort des Lichts" heißt Tejakula übersetzt, das gefällt mir.

Zum Tagesablauf gehören auch immer wieder Massagen, ein himmlisches Erlebnis. Schon beim Betreten der Wellness-

Oase fühle ich mich in einen Wohlsein-Zustand versetzt. Wunderbar gestaltete Räume, sanfte Musik, freundliche Balinesinnen. Vor jeder Massage gibt es dieses wohl duftende kühle Tuch, mit dem man sich wunderbar erfrischend abreiben kann. Dazu im kleinen Tässchen mit Deckel einen herrlich gesüßten Ingwertee.

„Nun musste ich 82 Jahre alt werden, um einmal die Füße gewaschen zu bekommen“, meinte Ursula Curtius. Doch das war bei meiner zweiten Balireise, ein halbes Jahr später. Viel war inzwischen geschehen, anders verlaufen als ursprünglich geplant.

Auch mir hat bisher noch niemand die Füße gewaschen, zumindest nicht so: achtsam, liebevoll, nicht weil sie schmutzig sind, sondern als Ritual. Erst danach geht's dann zur Massage: Hände, Füße, Schulterbereich oder am liebsten eine schöne balinesische Ganzkörper-Massage, bei der man alles um sich herum vergisst. Die Gedanken gehen auf Reisen.

Bali, wie kam es überhaupt dazu?

Am Stammtisch in Frankfurt, unserem allmonatlich stattfindenden 'Spirituellen Stammtisch', von Doris ins Leben gerufen, wurde öfter davon erzählt. Lisa und Stefanie schwärmten davon, kennen Menschen, die das mit aufgebaut haben: Gaia Oasis, im Norden Balis bei Tejakula gelegen.

Es klang nach genau dem Ort, den ich suchte, um in Ruhe mein zweites Buch zu schreiben. Das Sabbatjahr rückte näher und meine Pläne wurden konkreter. Südafrika, das klang auch verlockend, zumal Margot und Noel wieder wie jeden Winter dort sein würden, viele Kontakte und sogar ein Auto vor Ort haben.

Irgendwann war klar: Die längste Reise, der zeitlich längste Aufenthalt, das würde Südafrika sein. Doch Bali, Gaia Oasis, diesen Ort zu erleben, das wollte ich nicht aufgeben und ein Besuch bei Wilfried Merle auf Paria in Venezuela, ein Wiedersehen nach sechs Jahren, war auch fällig.

Mit Beginn des Jahres 2011 war ich mit der konkreten Planung beschäftigt, dieses Jahr, das mir durch die schöne Zahlenkombination so nah ist, für mich am 20. 11. Geborene sozusagen mein Geburtstags-Jahr. Ich wurde aktiv und überraschte meine Freundinnen damit, dass ich schon gebucht hatte.

Drei große Reisen, als erstes Venezuela, zusammen mit Urs, dann einen Monat Bali und schließlich zwei Monate Südafrika, die Zeit, in der ich dann vor allem Zeit für mich haben würde, Zeit für mein Buch. Es kam anders, wie so oft im Leben, und die Reise-Trilogie war damit noch nicht beendet.

Als ich im Sommer 2009 mit Hannelore in Indien gewesen war, hatte ich *Eat, Pray, Love,* geschrieben von Elizabeth

Gilbert und inzwischen weltweiter Bestseller, als Reiselektüre mit. Auch das war mit ein Anstoß für Bali als Reiseziel, auch wenn ich mich heute entschieden habe, Ketut Lyer, den Schamanen, der in ihrem Buch eine große Rolle spielt, nicht aufzusuchen wie zu Beginn der Reise noch geplant.

Damals in Indien war nochmal einiges an alten Geschichten in mir aufgewühlt worden. Ich fühlte mich wohl in der positiven Ashram-Energie, doch es ist nicht zu vergleichen mit diesem Ganz-mit-mir-allein-auf-Bali-Sein. Und inzwischen freue ich mich auch, wenn Bärbel kommt, wir dann einiges zusammen unternehmen werden. Es sei denn, sie braucht nach ihrem Umzugs- und Geschäftsaufgabe-Stress einfach nur Ruhe. Auch das würde dann passen.

Hier läuft einem nicht die Zeit davon. Es ist wie ein Innehalten, ein Zusammensein auch mit Menschen, die genauso die Ruhe und das Loslassen schätzen. Allmählich lernen wir uns kennen, die anderen Gäste, die hier nach Gaia Oasis kommen, manche zum ersten Mal wie ich, manche zum wiederholten Male, weil sie Paten hier sind, zum Gründungsteam gehören, das sich jetzt im November teilweise hier trifft.

So erfahre ich mehr über die Hintergründe, über die Absicht, über die Probleme bei der Umsetzung auch, über die Lösungen, die nur in einem stabilen Miteinander, in klarer, offener Kommunikation gefunden werden können.

Ich erinnere mich an meinen heutigen Spruch, dass ich mich mit niemandem vergleichen soll, um all das, was ich bin, leben zu können.

Dazu habe ich hier die besten Voraussetzungen, vor allem so viel Ruhe, so viel Zeit, so viel Wärme, um tief einzutauchen in meine Gedanken, meine Gefühle - beste Bedingungen, um das zu finden, was mich selbst ausmacht.

Was ich greifen möchte in meinem Schreiben über das Älterwerden, was ich begreifen möchte, ist die Antwort auf die Frage: Wieso erlebe ich mich so oft als junge Frau? Woher rührt dieses Gefühl, das auch andere Menschen, mit denen ich über dieses Thema Alter spreche, so oft haben, das Gefühl, jung zu sein?

„Being old, that's only in your head“, sagte etwa drei Monate später Adrienne in Kapstadt zu mir.

Angeregt hatten wir uns über mein Buchthema und vieles mehr unterhalten, nachdem wir im gleichen B&B abgestiegen und uns kennen gelernt hatten. Adrienne ist ein paar Jahre älter als ich und empfindet genau das: Dieses Jungsein, diese Power, die eher zunimmt als abnimmt, wenn man bereit ist, alte Geschichten loszulassen, damit Neues möglich ist.

Adrienne ist die Tochter von Harry Belafonte und steht ihrem Vater an Ausstrahlung in nichts nach, auch wenn sie nicht so in der Öffentlichkeit steht. Natürlich war ich auch stolz, als Michael, unser Hotelier sich zu uns gesellte und wir durch ihn erfuhren, mit wem wir uns unterhielten.

Dass wir so schnell ins Gespräch gekommen waren, lag an dem Buch, das Urs an der Waterfront gekauft hatte: *God is not a Christian* von Desmond Tutu. Genau mit ihm, dem Friedensnobelpreisträger und Bischof Desmond Tutu würden Adrienne Belafonte und ihre Mitreisende Karen Steele sich am nächsten Tag treffen.

Beide leben in den USA, sind aber hier in Südafrika engagiert in einem groß angelegten medizinischen Projekt, für das sie namhafte Promoter brauchen.

In unserem Gespräch erfahre ich, dass die Prinzipien der West Virginia School of Osteopathic Medicine, Arbeitsstelle von Adrienne und Karen, auch in Südafrika anerkannt werden sollen. Der wichtigste Faktor ist das Prinzip der Einheit von Körper, Geist und Seele und das Bewusstsein, dass der Körper ein hohes Potenzial an Selbstheilungskräften hat, die unterstützt, gefördert und nicht, wie es in der herkömmlichen Medizin allzu oft geschieht, geschwächt und unterdrückt werden sollten.

Adrienne würde anschließend weiterreisen zu einem großen spirituellen Festival in Johannesburg und wir unterhielten uns auch darüber, über unsere Haltung zu dieser spannenden Zeit, in der wir leben.

Da beide Frauen die spirituelle Entwicklung als wesentliche Bereicherung des Älterwerdens ansehen, hätten wir noch Gesprächsstoff für weitere Abende gehabt. Doch es war unser letzter Tag in Kapstadt - vorerst.

Diese Reise, mein Südafrika-Erlebnis ist aber jetzt noch nicht dran. Noch sitze ich an einem anderen Ozean, auf Bali, an der Balisee, meinen Schreibblock in der Hand und sinniere über mein inneres Jungsein, auch wenn ich manchmal ganz schön alt aussehe.

Irgendwo las ich einmal, dass uns Menschen, die verstorben sind, als junge Menschen begegnen, als Menschen um die 35, wenn wir sie sehen, in spirituellen Erfahrungen zum Beispiel. Oft kommt mir das in den Sinn, wenn ich diesem Gefühl des Jungseins nachgehe, besonders präsent hier auf Bali, wo ich mich mir selbst so nahe fühle.

Vielleicht ist es einfach das spirituelle Selbst, das man fühlt und nicht die älter werdende Verpackung, die sich natürlich auch bemerkbar macht, besonders wenn man keine Zeit hat für dieses in sich Nachspüren, wenn man keinen Raum hat, in dem man sich selbst begegnet, ganz tief innen.

Vielleicht ist das erwachsene spirituelle Selbst dieser jugendliche Kern, den in der Regel Menschen wahrnehmen, die an ihrer Entwicklung arbeiten, die mit dem Älterwerden ihre Themen und Programme unter die Lupe nehmen, ihre Schatten durchlichten, so nannte ich es in meinem ersten Buch.

Damals war mir allein durch die Begleitung des Sterbens meiner Mutter so viel klar geworden, war ich so tief eingetaucht in das Wesenhafte, das uns alle verbindet.

Es tut gut, bei sich selbst anzukommen, diesen Kern in sich aufzuspüren, der jenseits der uns bekannten Rollen liegt, die wir im Laufe unseres Lebens angenommen haben. Es fühlt sich wunderbar an, sich immer weniger von außen bestimmt zu fühlen, es ist bereichernd, mehr und mehr die innere Stimme wahrzunehmen und auf sie zu hören.

Von da aus, von innen her, wird auch die Arbeit am Außen eine andere Selbstverständlichkeit. Innere Arbeit verändert das Außen.

Ältere Menschen, die ihre innere Lebendigkeit bewahrt haben, sind schöne Menschen, gewinnen an Ausstrahlung, sind sich des Lebens und auch des Wunderwerks, das unser Körper ist, bewusst. Man erfährt es, wenn man sich mit ihnen unterhält, man spürt es an sich selbst, wie man sich verändert, wenn man aus diesem Innen, aus dem eigenen Kern spricht und handelt.

Es ist Abend geworden. Ich sitze an meinem schönen Schreibtisch, kann die Palmen draußen nur noch als leichte Bewegung im Wind erahnen, höre das Meer rauschen, lege meinen Stift zur Seite und gehe zum Abendessen, barfuß über das Gras, vorbei am Swimming Pool ins erleuchtete Restaurant.

Das Gespräch ist schon in vollem Gange.

„Und als ich mich gerade damit abmühe, den herausragenden Nagel mit einem Stein reinzuschlagen, kommt dieser nette Mann und fragt, ob er mir helfen kann ...".

Die uralte Geschichte von dem Mann mit dem Hammer, dem Mann als Helfer, Retter, eben fürsorglich. Dazu das Glitzern in den Augen der Frau, die dieses Erlebnis schildert. Während ich noch mit dem Bild des zu reparierenden Holz-Liegestuhls beschäftigt bin, sind schon ganz andere – unausgesprochene – Themen dran. Um den Liegestuhl geht es nicht wirklich. Es geht um das Thema Aufmerksamkeit, diese kindliche Bedürftigkeit, gesehen und gehört zu werden.

Ich glaube, ich bin durch diese Phase durch, diese fast kindliche Freude, wenn ein Mann helfend und freundlich eingreift. Der Mann, der die Frau sieht, die eine nicht allzu effektive Lösung für das handwerkliche Problem gefunden hat. Vielleicht hätte sie es sogar selbst besser gewusst, doch das Gefühl, dass der Retter naht, scheint die eigenen Fähigkeiten noch allzu oft auszublenden.

Wie oft bin ich selbst in diese Rolle geschlüpft - die der hilflosen, den Mann bewundernden Frau. Mein Sohn mag diese Seite an mir gar nicht, erkennt das falsche Spiel und meinte einmal, als wieder ein möglicher Kandidat aufgetaucht war: Der ist ja ganz in Ordnung aber warum machst du dich gleich wieder so klein? Das saß, ich hatte es nicht einmal bemerkt, mein altes Rollenverhalten. Das kleine Mädchen, das vom Vater, dem ersten Helden in seinem Leben, gesehen und beachtet werden will.

Wir Frauen scheinen da häufig ein Riesendefizit zu haben, inzwischen wird es ja auch in vielen therapeutischen Richtungen thematisiert: Der erste Mann in unserem Leben, unser Vater, hat uns nicht seine ungeteilte Aufmerksamkeit geschenkt.

Das kleine Mädchen, das gesehen werden will, sitzt immer wieder unterm Küchentisch und weint, weil der geliebte Vater so fern ist. So war mein Schlüsselerlebnis und manches Mal wird es mir bewusst, wenn dann solche Geschichten erzählt werden und ich das wahrnehme, dieses Glitzern in den Augen der Frau, wenn Mann auftaucht, sogar seine Hilfe anbietet.

Wilfrieds „Was kann ich für Sie tun?" damals bei unserer ersten Begegnung ging in genau diese Richtung. Endlich war da jemand, der sich auskannte, der es sichtlich genoss, wie ich erst später merkte, als Helfer, als Retter da zu stehen.

„Suchst du immer noch nach dem Traumprinzen?" meinte O. einmal, als ich ihn mit meinen Sehnsüchten, meinem niegenug-bekommen wohl heftig nervte. Darum geht es, das herauszufinden, was diese Erlösung durch den Prinzen eigentlich bedeutet. Immer wieder verfallen wir in alte

Projektionen, machen uns klein oder spielen eine Rolle, anstatt uns als das zu zeigen, was und wer wir sind: Erwachsene Frauen, die die Lebensmitte überschritten haben, die turbulente Zeiten erlebt, Krisen bewältigt und Kinder großgezogen haben, die aber auch immer wieder auf das Muster des nie-genug-Aufmerksamkeit-Bekommen hereinfielen und nun da durch sind.

Wir sollten damit aufhören, in Verzückung zu geraten, wenn der Mann mit dem Hammer zur rechten Zeit am rechten Ort ist. Es ist seine Aufgabe, uns zu helfen, aber wir brauchen nicht dahin zu schmelzen vor Bewunderung.

Und wenn mich das dann nervt, na ja, dann hat auch da wieder etwas angedockt bei mir. So frei wie ich das gerne hätte, bin ich davon wohl doch nicht. Wie gut, dass wir Spiegel sein dürfen füreinander, wie schön, dass es die anderen Menschen gibt. Wieder eine Lektion gelernt.

Sonntag, 6. November 2011, kurz nach Sonnenaufgang

When your heart speaks take good notes

Bei Hermann war das anders. Unsere Begegnung war frei, so innig und tief, ein spirituelles Erleben. Seine Offenheit, diese Herzenswärme, die sich in seinen strahlenden Augen spiegelten, berührten mich tief und ich wollte mehr davon haben, freute mich auf jede Begegnung, genoss jede Minute des Zusammenseins. Ich glaube, er war wesentlich stabiler in seinem emotionalen Gleichgewicht. Er verschenkte seine Liebe an die Menschen, mit denen er sprach, und er sah unsere Begegnung immer als ein ganz besonderes Geschenk.

Unsere Leben liefen getrennt voneinander weiter und ich weiß nicht, wie und wo er jetzt lebt. Wir hatten viel über das Thema Loslassen gesprochen und das haben wir auch getan: Wir ließen einander los und es ist gut so. Ob wir uns mal wiedersehen, wer weiß. Unsere Seelen haben sich erkannt, wir haben keine Dramen aufzulösen.

Ich bin sicher, es gibt immer mehr Menschen, die nicht nur biologisch, sondern auch emotional/spirituell erwachsen werden. Bisher erlebe ich das vorwiegend in unseren Frauenrunden, zu denen auch vereinzelt Männer sich gesellen. Die Gräben sind nicht mehr so tief, bzw. wir bauen keine Behelfsbrücken mehr.

Sicher wollte O. das gerne: Als Mensch geachtet werden und mir als Mensch begegnen. Doch der Unterschied zwischen Mann und Frau ist eben nicht nur ein biologischer. Als Frau hat man eben erst mal mehr weibliche Anteile und ist mit dem Älterwerden dabei, die männlichen Aspekte mehr und mehr zu entwickeln. Beim Mann ist es in der Regel umgekehrt und es ist so spannend, was es da alles zu entwickeln gibt, wenn man sich aus den alten vorgegebenen Mustern und Konditionierungen löst.

Ein ungeahntes Feld an Entfaltungsmöglichkeiten tut sich da auf und ganze Berufszweige leben davon, wenn Menschen all diese Anlagen verkümmern lassen. Nicht gelebte Potenziale sind sicher ein wesentlicher Faktor für ein marodes Gesundheitssystem.

Entweder man schaut sich seine Themen an, ist bereit, sich dabei auch helfen zu lassen oder gewinnt Klarheit einfach durch Ehrlichkeit und Offenheit, eine Bewusstheit, die nicht gelehrt wird an unseren Schulen und Universitäten, nicht genug zumindest. Oder aber man agiert all die nicht gelebten Möglichkeiten auf körperlicher Ebene in Form von Krankheiten aus, holt sich die so dringend benötigte Aufmerksamkeit, die Zuwendung, über das persönliche Leid.

Ein sehr heikles Thema, denn wenn jemand die Diagnose einer unheilbaren Krankheit bekommt, ist es schwer, nicht der gesellschaftlich erwarteten Norm entsprechend Mitgefühl, oft noch in der Form des Mitleidens, zu zeigen, sondern auf Hintergünde aufmerksam zu machen.

Bei aller medizinischen Versorgung wird es vor allem darum gehen, die Fehlentwicklung anzuschauen, herauszufinden, warum z.B. die Zellen ein Eigenleben führen, nicht mehr im Gesamtsystem funktionieren.

Gerade diese intensive Phase zwischen dem Nicht-mehr-jung-sein und dem Noch-nicht-alt-sein ist häufig geprägt von gesundheitlichen Problemen. Hier läuft etwas grundlegend verkehrt: Krankheiten, körperliche Schwächen werden als notwendige Begleiterscheinungen des Alters akzeptiert. Vielleicht ist aber gerade die Einstellung zum Älterwerden die Ursache für all diese Einschränkungen.

Es gibt heute schon so viel Information über die Themen, die sich hinter Krankheiten verbergen, nicht als Schuldzuweisung, sondern als Tatsache, der man sich stellen kann und auch sollte. Klare Worte, für das Ego nicht immer angenehm, spricht hier Christiane Beerlandt in ihrem monumentalen Werk *Der Schlüssel zur Selbstbefreiung – Psychologischer Ursprung von 1100 Erkrankungen.*

Wechseljahre sind eine Zeit, in der ein Perspektivenwechsel stattfindet: Ich nehme mich nicht mehr so sehr von außen war, bin nicht mehr vom Urteil anderer abhängig. Durch Aufräumen vieler alter Programme und Blockaden in mir wird der Weg zur Quelle, zum eigenen Kern, immer freier und dadurch zugänglicher. Mehr und mehr nehme ich mich von innen her wahr. Damit verändert sich alles.

Die Anderen sind ein Teil von mir, denn auch in ihnen gibt es diese Quelle, diese Anbindung an alles-was-ist. Dort sind wir eins und die Vielschichtigkeit des Lebens, die Buntheit der Schöpfung, die wunderbaren Unterschiede im Menschsein, all das trägt zu einer wachsenden Lebensqualität bei.

Es ist ein Geschenk, als Mensch hier auf der Erde dabei zu sein, an diesem Projekt einer wachsenden Bewusstwerdung teilhaben zu dürfen.

Und jetzt geh' ich ins Meer, auch wenn es schon acht Uhr ist - Frühstückszeit. Ich gehe ins salzhaltige Wasser und werde die Balisee schwimmend genießen, Mutter Erde im Aspekt des Wassers.

Vom Meer zurück, geduscht, geschönt, bin ich bereit für einen weiteren Tag.

Später an diesem Sonntag

Ich glaube, alle Frauen finden sich selbst schön.

Dieses berühmte *Meerjungfrauenvirus*, das Frauen immer befällt, wenn sie etwas an sich auszusetzen haben, sich zu dick, zu dünn, zu alt, zu faltig, zu grau, zu lockig fühlen, ich glaube, das ist eher eine Unzufriedenheit, die aus der Betrachtung von außen resultiert.

Ich sehe mich mit den Augen der Anderen, ich sehe mich mit den Augen der Medien, der Gesellschaft oder ich sehe mich selbst nur mit meinen eigenen, nach außen gerichteten Augen. Vor allem sehe ich mich im Vergleich zu anderen. Ich sehe mich nicht von innen, von meinem

Wesen, von meiner Einzigartigkeit her. Tief innen ist *frau* sich ihrer Schönheit bewusst.

Im Sommer 2006, nachdem mein erstes Buch veröffentlicht war, lernte ich Sandra Heim kennen, freie Journalistin, die eine kleine Reportage in einem Frauenmagazin über mich schreiben wollte. Wir freundeten uns schnell an, auch hier war es wie ein Wiedererkennen nach langer Zeit, viel altes Erleben teilen wir miteinander, meine Indianertochter und ich.

Sandra hatte ihr erstes Buch geschrieben, *Das Meerjungfrauenvirus* und hatte die Idee, ihre gut recherchierten Thesen über diese weibliche Unzufriedenheit mit dem eigenen Äußeren an einem praktischen Projekt zu studieren, bzw. besonders jungen Frauen zu mehr Bewusstheit mit sich selbst, unabhängig von Klischeevorstellungen, zu verhelfen.

So kam es zu dem Projekt der *Butterflies* und ein Jahr lang trafen wir uns regelmäßig, 11 Mädchen im Alter von 15 und 16 Jahren, Schülerinnen von mir, Sandra, die Mitdreißigerin und ich, die Älteste im Team, um das 'Meerjungfrauenvirus' in uns aufzuspüren, uns all die Fremdbestimmung bewusst zu machen und ich denke, besonders hilfreich dabei war, dass wir ehrlich miteinander waren. Drei Generationen und immer wieder dieses Thema! Den Höhepunkt bildete eine große Fotoausstellung im Rathaus.

Auch wenn das Projekt damals zu einem Ende kam, hat es sicherlich einiges verändert im Denken und Fühlen nicht nur der Beteiligten. Schönheit ist eine Lebenseinstellung, nicht messbar, nicht vergleichbar.

Wie oft erleben wir es, dass wir einen Menschen kennen lernen, der uns nicht als besonders gut aussehend oder attraktiv erschienen war und während wir uns unterhalten, beginnt dieser Mensch zu leben. Er wird ein anderer, verändert sich, sein Wesen wird sichtbar, die Besonderheit gerade dieses Menschen zeigt sich. Die Präsenz unserer Begegnung, die Kommunikation, der Austausch, hat den Menschen in ihm geweckt, diesen universellen, schönen Wesenskern.

Warum sind Babies so unbeschreiblich schön? Warum geht uns das Herz auf, wenn solch' ein kleines Wesen uns anschaut? Es ist der Blick aus tiefstem Innern heraus, aus dem Selbst, dem Kern, ohne Kontrolle, Urteil oder Wertung.

Es ist so selten, dass wir Erwachsene uns vorbehaltlos mit diesem Wesensblick anschauen. Wir scheuen uns, so offen zu sein, fürchten Verletzungen. Geschieht es dennoch, so wird allzu schnell interpretiert, meist als ein 'sich verlieben'. Vielleicht hat mich nur jemand unendlich liebevoll durch die Fenster seiner Seele, die Augen, angeschaut. Es genügt, das dankbar anzunehmen. Ob sich daraus mehr entwickelt, wird sich zeigen.

Hat man Zeit für sich, Zeit, tief einzutauchen in das eigene Selbst, Zeit auch für den Körper, seine Pflege, sein Wohlsein, so fühlt man diese Schönheit von innen. Dann strahlt man sie aus, diese Schönheit, die unabhängig ist von der Anzahl der Lebensjahre, sogar unabhängig vom „Aussehen", eben dem Außen sehen.

Kurz vor meiner Balireise hatte ich dieses wunderschöne Erlebnis, das ich für mich als „Erleuchtung im Fitnessstudio" bezeichne. Es war Sonntagvormittag. Ich war mit meinem Zirkeltraining beschäftigt, bei dem in genau festgelegtem Ablauf und Zeittakt an verschiedenen Geräten einzelne Muskelgruppen trainiert werden.

Mein Blick fiel auf die jungen Frauen, die gegenüber auf den Steppern fleißig und sportlich arbeiteten. Mir wurde bewusst, dass ich wohl an diesem Morgen die einzige Ältere war hier bei *Lady Fit.*

Ich versuchte, mich mit den Augen dieser jungen schlanken Mädchen und Frauen zu sehen und merkte, dass ich mich gar nicht so verschieden empfand von ihnen. Wie kam das? An meiner Figur und meinem Aussehen konnte das nicht liegen, denn ich kann mich objektiv beurteilen und gehe nicht umsonst hierher. Einige Kilos sind da zu viel, einige Muskeln zu schlapp und auch mein Gesicht ist nicht mehr das einer jungen Frau. Und doch war da dieses tief beglückende Erleben, das in mir auftauchte, während ich ans nächste Gerät ging.

Plötzlich war mir bewusst, woher dieses Wohlgefühl kam, diese Nähe zu all den schönen jungen Frauen. Ich erlebte all diese Anteile in mir: Ich habe die 20, 30 und 40 Jährige in mir, ich kenne all diese Facetten und nur die Lebensphasen, die ich noch nicht selbst durchlebt habe, bekommen dann diese Projektion. So meint man als junger Mensch, 50Jährige seien uralt und für meine 90jährige Freundin Margot bin ich immer die junge Frau, auch wenn ich bald 60 bin. Der Reichtum des Älterwerdens sind auch die gelebten Lebensjahre.

Ich trage all diese Anteile in mir, bin die Jugendliche, die junge Frau, die junge Mutter, die reife Frau und nun eben die schon etwas ältere Frau. Wie schön ist das, wie viel kann sich da noch entfalten an neuen Anteilen. Ich freu' mich darauf, liebe mich in all diesen Facetten und dazu gehören eben auch die nicht so schönen Anteile, genauso wie die nicht so glücklichen Lebensphasen. Das macht das Leben aus.

Richtig beglückt verließ ich an diesem Sonntagvormittag das Fitnessstudio und weiß, dass sich an diesem Tag ein neues Tor zum Jungsein im Alter in mir aufgetan hatte.

Noch bewusster kann ich diese Anteile nun oft abrufen in mir: Die 18Jährige, die mit tollem Abitur und bestandenem Führerschein glaubt, die Welt erobern zu können; die Studentin, die alle Türen offen sieht und sich auf unbekannte Wege traut, weil sie durch einen bewussteren Umgang mit dem eigenen Körper, durch intensives Yoga vor allem, einen ganz neuen Zugang zu sich selbst bekommt. Die junge Mutter, die ihr Glück nicht fassen kann, als sie ihren Sohn im Arm hält. Die reife Frau, die nicht müde wird, an Liebe zu glauben, auch wenn sie viele Umwege nimmt.

Und dann die Frau, die ich geworden bin. Die 58Jährige, die reist, die Zeit hat, die Neues kennen lernt und die es genießt, auf unterschiedlichen Kontinenten immer wieder neuen Lebensgeschichten zu lauschen. Ein Menschenleben kann so reich sein.

Sonntag, 6. 11. 2011, abends

Es gibt Zeiten in der menschlichen Entwicklung, in denen diese Wesensanbindung leichter ist, zugänglicher, und oft sind das genau die Phasen, wo so viel Ablenkung angeboten wird. Ob Krankheit, Verlust eines Menschen, schwere Lebenskrisen oder einfach die Turbulenzen, die solche Wandlungsphasen wie Pubertät oder Wechseljahre mit sich bringen. Hier liegt die größte Chance zur Veränderung.

Der Schmerz des anders Seins, der Schmerz eines Verlustes kann einen so viel näher zu sich selbst bringen. Gute Zeiten, neue Lieben bergen manchmal die Gefahr, sich wieder in Projektionen zu verlieren.

Ich befinde mich gerade in einer „guten Zeit". Ich erlebe diese Zeit allein und das ist so wesentlich für mich im Moment. Natürlich bin ich nicht wirklich allein. Da sind die Menschen, die zu mir gehören, die mir wichtig sind, doch da ist niemand, der mein Leben ganz nah mit mir teilt. Das schafft Freiräume, ein weites Feld für neue Möglichkeiten des Denkens und Fühlens.

Montag, 7. November, kurz nach Sonnenaufgang

Dive deeply within with each God-given braeth

Ich geh' ins Meer, um zu denken.

„Gehst du schon zu Bett?" fragte Mutter manchmal, wenn ich mich aufmachte, die Treppe hoch zu meinem Zimmer, den Wasserkessel mit heißem Wasser in der Hand, denn aus dem Wasserhahn floss nur kaltes Wasser.

„Ich muss noch denken" sagte ich und ich erinnere mich nicht, dass jemand etwas komisch dabei fand. Vielleicht habe ich das auch gar nicht so oft ausgesprochen. Ich weiß aber noch sehr genau, dass ich schon als Kind gerne früh zu Bett ging, um zu denken. Ich wollte mit mir allein sein, nicht ständig abruf- und einsetzbar, wie es damals üblich war. Ein Gefühl, das ich so verinnerlicht habe, dass ich auch als Erwachsene immer wieder diese Nischen brauchte, meine geheimen Plätze, wo ich allein und in Ruhe nachdenken konnte.

Hier auf meiner Balireise bin ich allein, kann viel nachdenken. Immer wieder, wenn ich den etwas schwierigen Einstieg über den steinigen Strand geschafft habe, kommt mir dieser Satz in den Sinn: Ich gehe ins Meer, um zu denken.

Die Ruhe des Meeres, die gleichförmigen Wellenbewegungen, meine eigenen ruhigen Bewegungen, wenn ich in die

Bucht hinaus schwimme, lassen meine Gedanken zur Ruhe kommen. Das ist es eher: Die Gedanken zur Ruhe bringen, hinter dieses ratternde Gedankengewirr zu kommen, nicht mehr zu denken, sondern zu sein.

Als Kind liebte ich es, über den Begriff Ewigkeit nachzudenken. Ich meinte, ich müsse das Ende doch irgendwo finden. Ewig, das geht doch nicht und ich dachte mich in den Schlaf, kam zur Ruhe und war an meinem Traumort sicher gut aufgehoben.

Ich denke also nicht wirklich beim Schwimmen, zumindest nicht im herkömmlichen Sinne. Ich lasse meinen Gedanken freien Lauf, lasse sie fließen wie die Wellen sich kräuseln. So paradiesisch schön ist das, beruhigend, erfrischend.

Tief in mich selbst abtauchen, mit jedem von Gott geschenkten Atemzug, so empfiehlt es mein heutiger Tagesspruch.

Eine Woche später zeigte mir Bärbel, die angekommen war, ein Foto, das sie von mir aufgenommen hatte beim Schwimmen: Weit draußen in der Ferne, ein Punkt im Wasser.

„Das bist du", sagte sie. „Ich hab' dich im Auge behalten, als ich merkte, wie weit du draußen warst."

Die Boje war eigentlich immer meine anvisierte Grenze. Doch zum Denken brauchte ich an dem Tag wohl mehr Raum.

Samstag, 19. Mai 2012, wieder Bali, wieder Gaia Oasis

Kurz vor einem erneuten Umzug, diesmal hoch ins Bergresort will ich noch ein wenig Weiterarbeiten an meinem Manuskript, bin wieder auf Bali, wieder in Gaia Oasis gelandet, ganz eigenartig, wie das Leben so spielt und ganz wunderbar, dass ich hier mein Buch beenden kann.

Ich bin beim Abtippen meiner handschriftlichen Aufzeichnungen, fünf vollgeschriebene Schreibblöcke sind es geworden, neben vielen Extra-Aufzeichnungen, die ich zusammentragen und einfügen werde. Ein halbes Jahr ist vergangen und ich muss umziehen, weil hier ein Seminar für Paare stattfindet, scheint ja gerade auch mein Thema zu sein, nicht in der Realität, da bin ich glückliche Solistin, aber im Kopf, beim Sortieren. Besonders wenn ich so sehe, was ich vor einem halben Jahr aufgeschrieben habe.

Die beiden Wochen vor meinem Geburtstag waren angefüllt mit Gedanken zum Thema Beziehung. Der Liebe in mir, der Sehnsucht spürte ich nach und merkte, wie wenig sie mit dem Anderen zu tun hat, wie sehr es eine Sehnsucht nach mir selbst ist.

Charlie Chaplin wird dieser wundervolle Text über die Selbstliebe zugeschrieben. An seinem 70sten Geburtstag soll er ihn verfasst haben und schon zweimal habe ich ihn vorgelesen, an einem 70sten Geburtstag eben. Ich möchte nicht bis dahin warten mit der Selbstliebe und wir sollten das auch nicht.

Als ich mich selbst zu lieben begann

Als ich mich selbst zu lieben begann,
habe ich verstanden, dass ich immer und bei jeder Gelegenheit zur richtigen Zeit am richtigen Ort bin
und dass alles was geschieht richtig ist –
von da an konnte ich ruhig sein.
Heute weiß ich: Das nennt man VERTRAUEN.

Als ich mich selbst zu lieben begann,
konnte ich erkennen, dass emotionaler Stress und Leid
nur Warnungen für mich sind,
dass ich gegen meine eigene Wahrheit lebe.
Heute weiß ich: Das nennt man AUTHENTISCH SEIN.

Als ich mich selbst zu lieben begann,
habe ich aufgehört, mich nach einem anderen Leben zu sehnen und konnte sehen, dass alles um mich herum
eine Aufforderung zum Wachsen war.
Heute weiß ich: Das nennt man REIFE.

Als ich mich selbst zu lieben begann,
habe ich aufgehört, mich meiner freien Zeit zu berauben,
und ich habe aufgehört,
weiter grandiose Projekte für die Zukunft zu entwerfen.

Heute mache ich nur das, was mir Spaß und Freude macht,
was ich liebe und was mein Herz zum Lachen bringt;
auf meine eigene Art und Weise und in meinem eigenen Tempo.
Heute weiß ich: Das nennt man EHRLICHKEIT.

Als ich mich selbst zu lieben begann,
habe ich mich von allem befreit,
was nicht gesund für mich war,
von Speisen, Menschen, Dingen, Situationen und von Allem,
das mich immer wieder hinunterzog, weg von mir selbst.
Anfangs nannte ich das Gesunden Egoismus,
aber heute weiß ich: Das ist SELBSTLIEBE.

Als ich mich selbst zu lieben begann,
habe ich aufgehört, immer recht haben zu wollen;
so habe ich mich weniger geirrt.
Heute habe ich erkannt: Das nennt man DEMUT.

Als ich mich selbst zu lieben begann,
habe ich mich geweigert, weiter in der Vergangenheit zu leben und mich um meine Zukunft zu sorgen.
Jetzt lebe ich nur noch in diesem Augenblick,
wo ALLES stattfindet.
So lebe ich heute jeden Tag und nenne es BEWUSSTHEIT.

Als ich mich selbst zu lieben begann,
da erkannte ich,
dass mein Denken armselig und krank machen kann.
Als ich jedoch meine Herzenskräfte anforderte,
bekam der Verstand einen wichtigen Partner.
Diese Verbindung nenne ich heute HERZENSWEISHEIT.

Wir brauchen uns nicht weiter vor Auseinandersetzungen, Konflikten und Problemen mit uns selbst und anderen fürchten, denn sogar Sterne knallen manchmal aufeinander und es entstehen neue Welten. Heute weiß ich: DAS IST DAS LEBEN.

(Charlie Chaplin)

Gaia Oasis, Dienstag, 8. November 2011

Be the change you want to see in the world

Wie viel mehr könnten Frau und Mann sich geben, wenn in ihrer Begegnung nicht sofort dieses Unerlöste mitschwingen würde, das Sich-etwas-einverleiben, wie Christiane Beerlandt es nennt. Es gilt, dieses wundervolle spirituelle Selbst in sich aufzuspüren. Das ist die Freude am Älterwerden, das ist das, was mit „Mensch, werde wesentlich" gemeint ist, und das ist es, was WEIT hinausreicht über das berauschende Gefühl, von jemandem geliebt und verehrt zu werden.

Ältere Menschen, die in sich ruhen, die die Anbindung an diese Tiefe gefunden, ihre Seele aufgespürt und ihr Selbst entwickelt haben, Menschen, die ihre Hausaufgaben gemacht haben und die Lebensaufgabe erfüllen, die für sie gedacht ist, sie strahlen das aus, sie erwarten nichts von den anderen.

Begegnungen mit solchen Menschen verändern das eigene Leben, so wie jeder Mensch, der aus seinem Wesen lebt, seine Umgebung verändert und ein wichtiger Beitrag für eine bessere Welt ist.

Als ältere Menschen brauchen wir all diese Spielchen nicht mehr, die aus dem kindlichen Bedürfnis nach geliebtwerden-wollen entstehen. Wir haben ganz andere

Möglichkeiten, eine Weisheit, eine emotionale Kraft, eine tiefe Liebe zum Leben und doch kennen wir uns oft noch nicht so recht aus, wenn es um das sogenannte „andere Geschlecht" geht.

Liebe hat so viele Facetten und gerade da, wo uns die Natur durch die sexuelle Begegnung ungeahnte Möglichkeiten an emotionaler und vor allem spiritueller Entwicklung bietet, geschehen oft die größten Verletzungen.

Auch hier wieder ein Gebiet, das sich hervorragend für Profitgeschichten anbietet, wenn es um die Sehnsucht geht, irgendwann die große Liebe zu finden.

Es gibt sie, in jedem von uns, diese große Liebe. Die Liebe zum eigenen Selbst, dieses tiefe Glücksgefühl, angekommen zu sein, bei sich selbst zu Hause zu sein.

Hier auf der Holzliege unter Palmen am sanft rauschenden Meer liegend, vermisse ich nichts, für diesen Moment bin ich eins mit mir und dem Leben, glücklich...

Samstag, 19. Mai 2012, Abasan

Erstmals wohne ich oben in Abasan, dem Bergresort von Gaia Oasis, bin wie in einer anderen Welt gelandet. Vor mehr als einem halben Jahr war ich schon einmal hier, kurz nur, weil wir zu einer Veranstaltung mit einer balinesischen Legong-Tänzerin eingeladen waren.

Im schönen Gemeinschaftsraum fand das statt, ein erstes Erleben dieser anmutigen, farbenfrohen und künstlerischen Darbietung. Kurz zuvor waren wir auf eine kleine Besichtigungstour hier oben gegangen, nur bis zum großen Salzwasser-Pool, in traumhafter urwaldähnlicher Vegetation gelegen, das Meer weit unten in der Abenddämmerung zu sehen.

Heute kamen wir zur Mittagszeit hier an und ich sah mir dieses so andere Gaia Oasis genauer an, schwamm im Pool, lag kurz in der heißen Bali-Sonne und sitze nun wieder auf einer neuen Terrasse, ganz abgelegen komme ich mir hier vor, weit weg von den Menschen, allein, obwohl ich nicht allein hier wohne. Wieder haben wir zwei Haushälften bezogen, die andere Ursula und ich. Jede geht ihrer Wege, ruht, liest, ganz wonach 'frau' der Sinn steht. Ich sehe in mein Manuskript, suche den abgebrochenen Faden.

Dienstagabend, 8. November 2011, Pantai (Strandresort)

Heute wird unser November-Stammtisch in Frankfurt sein, d.h. unser Stammtisch wird stattfinden, wie jeden zweiten Dienstag im Monat, doch ich werde nicht dabei sein, bin sieben Zeitstunden voraus und etwa 11 000 Kilometer weg von Frankfurt. Zeit und Raum, die Größen, die unser Leben so sehr bestimmen und die wir dennoch nicht so recht fassen können, denn das Zeitempfinden hat mit dem linearen Ablauf so wenig zu tun.

Ich habe das Gefühl, schon so lange hier zu sein, obwohl mein Kalender mir sagt, dass ich gerade vor zehn Tagen erst von zu Hause aufgebrochen bin. Das Neue, das Innehalten, das so Andere, all das dehnt die Zeit. Sicher ist auch das der besondere Reiz am Reisen, dass viel mehr an Erleben möglich ist als im gewohnten Alltag in bekannter Umgebung.

Wie oft hörte ich in meinem ersten Sabbatjahr solche Sätze wie: „So ein Jahr ist aber auch ganz schnell wieder vorbei!" Das klang wie eine Art Drohung: Mach dir nichts vor!

Ich habe das ganz anders empfunden, hatte auch in den letzten Tagen vor dem Wiedereintritt ins Berufsleben das Gefühl, noch ganz viel Zeit zu haben.

Auch jetzt geht es mir so, wenn ich zwischen meinen Reisen Kolleginnen und Kollegen treffe. Meine Zeit scheint um vieles länger als im normalen Alltagsrhythmus, eben reicher, tiefer und nie habe ich das Gefühl, dass schon so viel von meinem Ein-Jahres-Urlaub vergangen ist.

Da bleibt immer noch allerhand übrig und es bleibt ja auch später so viel an Erlebtem, an gespeicherten Erfahrungen, die mich eine andere werden lassen, eine reiche Frau eben, reich an Bildern, an Sinneseindrücken, an Gesprächen, an neuen Menschen, reich an Gefühlen, an Emotionen, auch wenn die Kassen allmählich leer sind.

Ich tippe das damals Geschriebene in meinen Laptop und denke an ein Erleben, kurz vor meiner zweiten Bali-Reise. Ich lernte Manolo Link kennen, der in seinem Buch „Ein neues Leben auf Bali" die wahre Geschichte um den Tod seiner Frau erzählt. Auf Bali wollte sie beerdigt werden, beim GitGit Wasserfall, und er reist mit seinem Schwager nach Bali, um den Wunsch der Verstorbenen zu erfüllen, ihre Asche bei den Wasserfällen beizusetzen. Bei meiner ersten Tour hatte ich sie kennen gelernt, die GitGit Wasserfälle, hatte dieses grandiose Naturschauspiel erlebt.

Bei seinem Besuch in Oberursel sagte Manolo, wenn er mich so erlebe, komme ihm immer in den Sinn: „Ursula ist reich". Das hat er richtig erkannt. Mein Leben ist so unsagbar reich geworden in diesen letzten Jahren und besonders in diesem zweiten Sabbatjahr, reich an Erleben, reich an Kontakten, reich an inneren Schätzen.

Ein Aspekt, den ich bei Reisen ganz besonders liebe, ist der überschaubare Besitz, den man auf Reisen dabei hat. Sobald ich ankomme an einem neuen Ort, wird er zu meinem Zuhause. Ich packe meine Sachen aus und richte mich so ein, dass das Hotelzimmer, der Ferienbungalow, auch Granny's Flat, mein Häuschen an der Südspitze Afrikas, zu meinem kleinen Reich werden, mein Refugium, das für eine Weile mein Heim sein wird.

Immer sind da auch Dinge, die nicht mehr mit nach Hause kommen, die verschenkt werden können, damit Neues in den Koffer passt. Schon beim Packen zu Hause achte ich darauf, besonders wenn ich an Orte komme, die ich bereits kenne und somit weiß, was dort gerne angenommen wird.

So wird das Leben reduziert auf das Wenige, das in den Koffer passt, während man zu Hause immer zu viel hat. Was nie zu viel sein kann, das ist Zeit und die passt weder in den Koffer noch in den Kopf, scheint eher irgendwo im Gefühl zu Hause zu sein, als Zeitempfinden. Je bewusster ich lebe, desto mehr Lebenszeit scheine ich zur Verfügung zu haben.

Es gibt dazu diesen schönen Satz, man solle nicht vorrangig mehr Jahre ins Leben, sondern mehr Leben in die Jahre bringen. Ich finde, am besten man bringt immer mehr Leben in immer mehr Lebensjahre, denn das Erdenleben bietet so viel und auch wenn ich daran glaube, dass der Tod kein Ende, sondern nur der Übergang in ein anderes, geistig-seelisches Dasein bedeutet, so möchte ich dennoch nichts, was schon hier und jetzt möglich ist, auf ein ungewisses Später verschieben.

Gegen Ende des schon mehrfach zitierten Gedichts *Stufen* von Hermann Hesse heißt es:

Es wird vielleicht auch noch die Todesstunde
uns neuen Räumen jung entgegensenden.

Mir gefällt daran vor allem das Adjektiv *jung.* Es gibt sie, diese Alten, die so wunderbar jung sind, nicht unbedingt im Aussehen, sondern in der Ausstrahlung, jung und lebendig. Solche Menschen sind verbunden, mit sich selbst, mit anderen, mit dem Leben, mit einer Aufgabe vor allem, mit Gemeinschaft. Kein Mensch, der isoliert, abgetrennt vom eigenen Kern und damit auch von anderen lebt, kann diese Lebendigkeit entwickeln.

Solch eine wesenhafte Lebendigkeit muss nicht unbedingt laut und tanzend daherkommen. Auch das kann hinzukommen, doch innere Lebendigkeit ist oft leise, ganz ruhig, braucht nicht mehr die Aufmerksamkeit der Anderen. Der schöne Ausdruck des in sich selbst ruhenden Menschen passt hierher. In sich selbst und somit auch in-allem-was-ist. Irgendwann ist diese innere Lebendigkeit auf ein anderes, nicht mehr irdisches Ziel gerichtet.

Es erleichtert das Leben, wenn der Alltag ein überschaubares Gesicht hat, nicht so viele Kontakte und nicht so viele Dinge. Der Raum wird überschaubarer und auch die Zeit, die nicht so verplant ist. Weniger ist mehr, das gilt für mich auch auf Reisen, nicht so viel Programm soll in dieser frei verfügbaren Zeit untergebracht werden.

So habe ich auf meinen vielen Venezuela-Reisen nur einen kleinen Teil des Landes kennen gelernt, diesen aber sehr intensiv und auch immer wieder anders.

Genauso hier auf Bali. Ich habe Zeit zum Ankommen, bin nun DA. Und ich werde ein wenig kennen lernen von der

Insel, immer wieder hierher zurückkehrend mit dem Gefühl, nach Hause zu kommen, in mein Zuhause für vier ganze Wochen.

Gaia Oasis, im Bergresort, 21. Mai 2012

Heute beginnt der Tag sehr früh. Seit vier Uhr bin ich unterwegs, zuerst oben auf der kleinen Empore beim Blick in den wundervollen Sternenhimmel.

'Bühne' nannte O. diesen Raum unterm Dach und nun erstmals scheint mir diese Bezeichnung genau passend: Ich sitze hier auf der kleinen Bühne. Ich kannte diesen Begriff in dem Zusammenhang nicht, bei uns hieß dieser Raum Speicher.

Und tatsächlich, das wie so oft zur Hilfe genommene Meyers Lexikon bestätigte: Bühne ist ein Begriff, der in vielen Gegenden für das oberste Dachgeschoss benutzt wird, für den Raum, in dem oft Altes, nicht mehr benutzte Dinge jahrelang herumstehen.

Bei uns hier im Bergresort, Haus 2A, ist das obere Geschoss eine kleine Kammer mit Matratze, Tisch und Stuhl, ein karges Extra-Zimmerchen, das auf einen kleinen Balkon mündet.

Auf diesen Balkon passt genau ein bequemer Bambussessel und da saß ich vorhin, entdeckte das Kreuz des Südens, einen Teil der Milchstraße und denke, irgendwann möchte ich mal mehr wissen über all die Sternbilder. Orion habe ich bisher noch nicht gefunden. Er scheint sich hinter den hohen Kokospalmen zu verstecken.

Mit lautem Knall fällt gerade eine Kokosnuss zu Boden. Laut sind auch jetzt, kurz nach vier Uhr, schon Balis Hähne. Ein einziges Hahnenkonzert ist das und zum Glück stimmen die Exemplare aus der nahen Umgebung nur für kurze Zeit ein, sind wohl gut erzogen und wissen, dass die wenigen Menschen, die hier in die Abgeschiedenheit von Abasan kommen, die Ruhe lieben.

Auch hier erweitert sich mein Radius allmählich.

So war ich gestern auf einer kleinen Erkundungstour, habe zwar immer noch keine rechte Orientierung hier oben, doch die mit großen Steinen ausgelegten Wege führen immer zu einem Ziel, einem Haus, dem Restaurant, dem großen Swimmingpool und dann stehe ich wieder vor unserem Haus und weiß gar nicht, wie das zugeht, dass es nun ganz woanders sich zu befinden scheint.

Da es hier keine geraden Pfade gibt, sondern die Wege dem Gelände angepasst sind, da man auch nur an einigen Stellen freie Sicht zum gegenüberliegenden Hügel oder dem Meer hat, habe ich das Gefühl, hier an einem ganz verborgenen

Platz angelangt zu sein. Schön ist das und wohltuend ist auch, dass nebenan die andere Ursula wohnt.

Inzwischen ist es fast sechs Uhr, auch 'unsere' Hähne haben wieder ins balinesische Morgenkonzert eingestimmt und obwohl es noch ganz dunkel ist, spürt man den Anbruch des Tages, die Spannung, bevor das erste Licht sich zeigt.

Auch das Vogelkonzert hebt langsam an.

Noch vor zwei Monaten, am 21. Januar, war ich in Südafrika, auf dem Rückflug nach Hause, am Ende einer so außergewöhnlichen Reise.

Ich mache das gerne, dieses Vor- und Zurückrechnen in diesem so spannenden Jahr, wo alles möglich scheint. Bevor ich an meinen Aufzeichnungen weiterarbeite, noch ein schönes Erleben, das zeitlich ganz nah liegt: Gestern war's, als ich die Bücher auf dem Regal in Ursulas Zimmer nebenan ansah und mir eines heraus nahm.

Da war es wieder, dieses wohltuende Gefühl, geführt zu sein. Ich hielt es in meinen Händen, das Buch, von dem meine Indianerschwester Bettina mir so viel erzählt hatte. Ich hatte Titel und Autorin notiert, wollte es mir zu Hause gleich bestellen – und vergaß es. Da ist es nun, lesebereit: Milda Drüke, 'Ratu Pedanda, Reise ins Licht - bei einem Hohepriester auf Bali'.

Es ist einfach so: Was zu uns kommen soll, das erreicht uns. Wir versäumen nie etwas im Leben. Wachsam bleiben, dem Herzen folgen, nochmal nach Bali reisen und schon halte ich das Empfohlene in der Hand, begann gleich gestern Abend darin zu lesen.

Aufzeichnungen vom 8. November 2011, Fortsetzung

Am Morgen hatte ich erstmals ein Tempelfest hier in Gaia Oasis erlebt, ein Fest, wie es auf Bali unzählige gibt und die so anders sind, als ich sonst religiöse Zeremonien erlebt habe.

Wichtig ist die Kleidung: Frauen und Männer tragen Sarongs, die Frauen haben die bunten Stoffe in einer ganz bestimmten Form eng gebunden, als Wickelrock, darüber einen andersfarbigen Stoffstreifen als Gürtel. Auch hier gibt es eine genaue Art des Bindens.

Die Männer tragen weite Sarongs, auf dem Kopf ein vorne gebundenes Tuch, eine Art offenen Turban.

Kadet von der Rezeption, eine liebenswerte junge Balinesin hilft mir beim ersten Anlegen des Sarongs. Das Laufen damit ist gar nicht so einfach, weil ich immer mit etwas weit ausholenden Schritten unterwegs bin.

So klar die Kleidervorschriften sind, so locker ist die Atmosphäre auf dem mit Matten ausgelegten Grasplatz vor dem Tempel aus grauem Stein. Da wird geplaudert, gelacht, geraucht und telefoniert. Keiner stört sich an dem Treiben.

Im inneren Teil des Tempels hat die Zeremonie bereits begonnen. Von meinem Sitzplatz aus sehe ich reichhaltige Opfergaben aufgebaut.

Lachend zeigen mir die Anwesenden, was ich zu tun habe. Es gibt auch da kein wirkliches Falschmachen. Die Blüte in den gefalteten Händen über dem Kopf, das gesegnete Wasser, das man mit der rechten Hand empfängt und sich über den Kopf gießt; die Reiskörner, die hinter die Ohren und an die Stirn geklebt werden. Noch beim Frühstück später hat manch einer von uns Reiskörner auf der Stirn.

Klare, festgelegte Rituale, doch mit der hier so typischen Leichtigkeit und Fröhlichkeit. Ich erkenne erst nach und nach die Angestellten von Gaia Oasis, die nun so anders aussehen, die Frauen mit ihren durchsichtigen Blusen über dem Sarong.

Ich trage ein einfaches weißes T-Shirt zu meinem orangeroten Rock. Den Gürtel haben wir aus dem schönen indischen Schal, den ich mithabe, geknotet.

Zum Abschluss der Zeremonie werden die großen, bunt geschmückten Körbe voller Opfergaben aus dem Tempel geholt. Riesentürme an Nahrungsmittel, Früchten, Blüten, schön angeordnet in unterschiedlichen Bastkörben, werden von Frauen und Männern nach Hause getragen.

Auch hier viel Lachen und Geschnatter; bereitwillig und gerne lassen die Menschen sich dabei fotografieren. Was dem Beobachter Freude macht, gefällt auch dem Beobachteten.

Beim Abendessen dann entstand erst mal die Idee einer Lesung aus meinem Buch. Am Dienstag, dem 15.11. soll das sein, denn Bärbel wird dann kommen und von zu Hause noch einige Buchexemplare mitbringen.

Gaia Oasis, Mittwoch, 9. November

Eine ganze Weile dachte ich, dieses Meer sei der Indische Ozean, geographisch unmöglich, doch von einer Balisee hatte ich tatsächlich noch nichts gehört. Und dass ich dann drei Monate später tatsächlich erstmals im Indischen Ozean schwimme, zumindest in einem Teil der Fluten, die dort unten am südlichsten Ende von Afrika sich mit dem Atlantik verbinden, das weiß ich im November auch noch nicht, habe mich mit all den Meeren, die ich in diesem Urlaubsjahr kennen lernte, immer erst beschäftigt, wenn ich vor Ort war.

Zurück von meiner morgendlichen Schwimmrunde, Zeit fürs Frühstück.

Was stört mich so an der Situation, wenn Frauen sich plötzlich anders verhalten, sobald ein Mann in der Runde ist? Ich glaube, keine Frau mag das, dieses Getue und Gezwitscher und doch scheinen wir da noch allerhand alte unerlöste Geschichten in uns zu tragen. Ich zumindest, sonst würde mich solches Verhalten nicht stören. Und sicher wurde auch ich schon von anderen Frauen beobachtet, wenn ich ähnliches Verhalten an den Tag lege. Danke an das

Leben, dass es uns in Form von unseren Mitmenschen all das zeigt, dass wir Spiegel sein dürfen füreinander.

Ich halte mich raus aus den Gesprächen an diesem Morgen, schaue auf die sich leicht kräuselnde Meeresfläche und denke an meine UrLianerinnen, an die Frauen, mit denen solche Konkurrenzgeschichten nicht mehr nötig sind. Es ist schön, in ein bewusstes Miteinander zu wachsen und sich zu unterstützen auf dem Weg zu ehrlicher, aufrichtiger Kommunikation.

Wir brauchen sie so sehr in dieser Zeit, die gleichgeschlechtlichen Gemeinschaften. Frauen unter sich, Männer unter sich. Wir sprechen oft eine andere Sprache und untereinander sind wir offener. Es ist schön zu sehen, dass es auch immer mehr Angebote gibt für Männer.

Wie oft begegnet man in Gruppen diesen einzelnen männlichen Vertretern, die etwas verloren sind in der Frauen-Yoga-Gruppe, in den therapeutischen Seminaren, in Meditationsrunden. Viel hat sich bereits geändert, doch ich bin davon überzeugt, dass persönliche Weiterentwicklung ganz dringend diese Phasen braucht, die in alten Kulturen noch ritualisiert waren, als Initiationsriten zum Beispiel. Männer und Frauen erleben das getrennt.

Das hat nichts mit Trennung zu tun, wie es in Religionen so gerne propagiert und eingefordert wird, sondern mit dem Bewusstsein, dass wir uralte Konditionierungen in uns tragen.

Ein Mann, der sich in einer vorwiegend aus Frauen bestehenden Gruppe zu eigenen Schwächen bekennt, wird sicherlich sofort besorgte Mütter „am Hals" haben. Das mag er genießen, vielleicht sogar die passende Partnerin finden, doch um selbst weiter zu kommen, ist es vorteilhaft, sich einer Männergruppe anzuschließen, dort über die eigenen Probleme zu sprechen, eben unter seinesgleichen zu sein, sich auch einer anderen Herausforderung zu stellen.

Wir werden das schaffen, uns als ganze Menschen zu begegnen, da bin ich mir sicher. Doch es erfordert einiges von uns. Wir sind das noch nicht gewohnt, tragen das Unerlöste noch in uns. Und außerdem tragen wir auch noch einiges an uralt-Programmen in uns, die einfach 'weitervererbt' wurden, Altlasten sozusagen.

Ich habe erlebt, welch dunkle Täler noch zu durchschreiten waren, nachdem ich mich längst auf neuen Pfaden befand. Manchmal erschien es mir, als sei ich dabei, den Schmerz meiner mütterlichen Vorfahren zu erlösen, ganz besonders in den Jahren, nachdem meine Mutter gestorben und ich somit die Älteste in der Reihe war.

Gerade wenn wir selbst Eltern sind, sollte unser vorrangiges Anliegen sein, unsere Schatten zu erlösen, unsere Schwächen und Ängste einzugestehen, mit unseren erwachsenen Kindern über all das sprechen. Das ist wichtiger als all die Leistung, die überall eingefordert wird, an Schulen, an Universitäten, an Lehrstellen, im Beruf.

Es geht darum, sich auszutauschen über das Leben. Das was ein Erwachsenenleben ausmacht, diese ganzen Klippen, die umschifft werden müssen, die Stromschnellen, die einen manchmal ganz schön ins Straucheln bringen, die Ruder, die man auch mal verliert, die Lecks, die plötzlich Wasser einsickern lassen, die Stürme, die über einen hinweg peitschen, all das wird wenig thematisiert, ist nicht so greifbar und doch gehört es zu dem großen Bereich der persönlichen Erfahrungen, um die kein Mensch herum kommt.

Die geplanten, vorgesehenen Lebensprogramme funktionieren nie so glatt. Immer wieder müssen Lebensentwürfe, Pläne, Wünsche und Erwartungen neu angeschaut und korrigiert werden. Durch all das hindurch zu gehen, sich des gesamten Geschehens immer mehr bewusst zu werden, die roten Fäden im eigenen Leben zu erkennen, das bringt einen dazu, den Reichtum des Älterwerdens als ganz großes Geschenk zu erleben. Und es geht darum, dies unseren Jungen ehrlich mitzuteilen.

Gegen Ende meiner Südafrika-Tour, auf dieser Reise, die wirklich ein Umdenken und neu Planen erforderte, fast täglich, da erlebte ich diesen schönen Abend in Clanwilliam, als ich den zuständigen Leiter der Schulbehörde von Paarl kennen lernte und wir ausgiebig über unsere jeweiligen Kinder sprachen, seine beiden und mein Sohn, junge Erwachsene inzwischen.

Es ging in dem Gespräch darum, dass für uns Eltern doch immer das Allerwichtigste sein sollte, dass unsere Kinder glückliche Menschen sind. Doch worum geht es meistens in Unterhaltungen der Eltern? Um schulischen Werdegang, Studienabschluss, Beruf etc., manchmal sogar vorgebracht wie konkurrierendes Vergleichen, wessen Kinder die erfolgreicheren sind. Auch ich ertappe mich immer wieder bei solchen Gesprächen, dass ich nicht das sage, was mir wirklich am Herzen liegt: dass mein Sohn ein wunderbarer, glücklicher, bewusst lebender junger Mann ist.

Donnerstag, 10. November 2011

The more the heart can do the greater life becomes

In zehn Tagen werde ich mein 58stes Lebensjahr beenden, noch zwei Jahre bis zum Beginn des nächsten Jahrzehnts. Ich denke an Mutter, als sie in meinem jetzigen Alter war.

Wir verstanden unsere Eltern so wenig in dieser Zeit, wussten kaum etwas von ihrem Älterwerden, fühlten uns abgetrennt von ihrem Leben, sprachen zu wenig mit ihnen. Es ist anders heute.

„Je mehr ich ins Leben komme, desto mehr kann ich Dich anerkennen, das was du geleistet hast, wie du lebst."

Das sagte mein Sohn kürzlich zu mir und ich weiß, dass ich wesentlich länger brauchte, bis ich so empfinden konnte in Bezug auf meine Mutter. Ich musste wesentlich älter werden, um das zu sehen und vor allem zu fühlen. Ich konnte ihr das so nicht sagen, als ich 30 war.

Das ist der Schmerz, die Trauer, die unsere Generation sicherlich oft noch einholt. Bei mir sind es vor allem meine Geburtstage, an denen ich mir das Leben meiner Mutter damals vorstelle und ich bin überzeugt, dass so alte Konflikte gelöst werden, durch das Durchschreiten dieser Täler, die sich in uns auftun. Wir sind nicht wirklich getrennt von unseren Vorfahren, auch wenn wir ganz andere Lebenswege nahmen.

Doch wir haben auch andere Möglichkeiten, uns damit auseinander zu setzen, mit unseren Ängsten, unseren Schatten. Kein Mensch kommt um diese Auseinandersetzung herum und die Befreiung geschieht durch Ehrlichkeit mit uns selbst, durch Vergebung auch. Es gibt keine Schuld. Die wurde uns eingegeben durch falsch verstandene religiöse und moralische Vorstellungen. Liebe ist dann möglich, wenn wir das erkennen. Und für dieses Erkennen gibt es kein 'zu spät'.

Wenn ich mich jetzt manchmal wie Mitte 30 fühle, innerlich diese Jugendlichkeit empfinde, dann erstaunt es mich, dass ich mich früher wesentlich älter fühlte, als ich in Wirklichkeit war. Vielleicht nicht wirklich älter, sondern belasteter, gefangen in all den unausgesprochenen, unerlösten Geschichten, die oft über Generationen weitergegeben werden.

Manchmal, wenn ich mich mit Frauen in ihren besten Jahren, also 55 plus, unterhalte, Frauen, die in ihrer zweiten Lebenshälfte angekommen sind, Frauen, die ich nicht kannte, als sie jung waren, dann spüre ich auch da diese Jugendlichkeit, unabhängig von dem veränderten Äußeren, wenn die Haare grau, die Polster um Bauch und Hüften und die Falten sichtbar sind.

Bei einem selbst ist das klar, ich kenne ja all diese Facetten an mir, vergesse manchmal, dass ich in den Augen der anderen eine ältere Frau bin und bin auch überrascht, wenn mich jemand auf einem Foto, das mich als junge Frau zeigt, gar nicht erkennt.

„Du warst ja eine attraktive Frau damals, und so sportlich und schlank" sagte eine jüngere Kollegin, die nach dem Erscheinen meines Buches dieses Foto in einer Zeitschrift gesehen hatte: Ich mit meinem etwa vierjährigen Sohn in unserem Garten.

Da man auch als älterer Mensch die jugendliche Variante in sich trägt, vergisst man das manchmal, dass jetzt eine andere Hülle gesehen wird. Daher ist es so wichtig, mit dem Älterwerden, und besonders dann, diesen wahren Kern mehr und mehr zu erspüren, das was uns als Menschen ausmacht, dieses alterslose erwachsene Selbst, das strahlend schön und voller Liebe ist.

Je stärker die Anbindung an das eigene Wesen ist, desto geringer wird der Hunger nach Gesehen- und Beachtet-werden-wollen. Und das tut so gut, setzt Energien frei, die anderweitig gebraucht werden. Die Unterhaltungen werden freier, ehrlicher. Man spürt mehr das Verbindende als das Trennende, denn jeder hat seine Geschichten durchlebt.

Und wir haben nicht nur unsere eigenen Geschichten durchlebt, sondern auch die unserer Mütter, unserer Großmütter. Wir tragen aber auch deren Reichtum in uns, ihre Stärken, ihr Durchsetzungsvermögen. Vielleicht gilt es vor allem, die Freude dahinter aufzuspüren. Jedes Wesen bringt sie mit ins Leben, diese Freude, diese Liebe zum Leben und gerade die Generation unserer Eltern hatte viel zu wenig davon leben können.

Als Kinder haben wir versucht, unseren Eltern da heraus zu helfen, sie zu unterstützen, zu erfreuen und unbewusst leben wir das noch lange weiter, getrauen uns nicht, zu unserer eigenen Freude durchzudringen, werden vielleicht ängstliche Erwachsene, die sich hinter ihrer Rolle, ihrer äußeren Erscheinung, ihrem Status, ihrem Gutsein verstecken.

Je mehr unser Herz spricht, desto freier werden wir, frei von uraltem Seelenbalast.

Dienstag, 22. Mai 2012, Gaia Oasis, Beachresort

Maurice lebt nicht mehr.

57 Buchseiten habe ich im Copyshop hier in Tejakula ausgedruckt, trage sie an mich gepresst die lange Dorfstraße entlang, werde von überall her gegrüßt, genieße die Offenheit und Freundlichkeit der Menschen.

Das Leben der Balinesen scheint vor allem der Freude zugewandt zu sein, einer Freude, die aus ihrer tiefen Anbindung an Familie, Umgebung, und vor allem aus der Anbindung an ihre spirituelle Herkunft resultiert. Das Ungute, das Böse, die schlechten Energien, die werden durch all die Rituale, durch die Darstellung dämonischer Wesen, die an keinem Haustempel fehlen dürfen, durch ein klar reglementiertes System der Balance besänftigt.

Doch ich bin sicher, auch bei ihnen gibt es Trauer, Schmerz, all die menschlichen Gefühle, die nicht immer nur positiv sind, doch das scheint anders ausgelebt zu werden, eben über eine alles beherrschende religiöse Anbindung an eine übergeordnete Macht, der sie sich unterordnen.

Maurice ist tot und als ich die Dorfstraße entlang gehe, weiß ich es noch nicht.

Obwohl wir erst seit Samstag im Bergresort Abasan wohnen, wollte ich unbedingt hierher, um die Möglichkeit zu haben, ins Internet zu schauen. Ich erwarte Nachrichten von zu Hause, Nachrichten vor allem meinen alten Kater betreffend. Sonntagnacht war es, als ich lange auf unserem kleinen Balkon saß, in den Sternenhimmel schaute, das Kreuz des Südens und die Milchstraße entdeckte.

Es war eine so ruhige Nacht und seit vier Uhr war ich hellwach, wanderte dann kurz vor der ersten Morgendämmerung die schönen Pfade entlang, war auf der Suche nach dem rechten Platz, um den Sonnenaufgang zu sehen. Den Platz fand ich zwar nicht, aber das war auch nicht nötig bei dieser wundervollen Stimmung hier in einer urwaldähnlichen Gegend.

Ich hatte das Gefühl, dass Maurice noch lebt, hatte einige Tage keine Neuigkeiten von zu Hause gehabt. Doch in dem Tagesanfang lag auch eine Abschiedsstimmung.

Die Ruhe am Morgen wich dann im Laufe des Tages einer Unruhe. Ich wollte wissen, wie es um Maurice stand, versuchte Urs telefonisch zu erreichen, hinterließ eine Nachricht auf dem Anrufbeantworter und nun, als ich hier im Beachresort ankomme, setze ich mich sofort an den runden Tisch vor dem Büro, schalte den Laptop an, geb' die Daten ein für den Internetzugang und lese Urs' Mail:

Liebe Usi,

Ja, genau um 3:33 sonntagmorgens ist es passiert. Hier dazu meine 2 letzten Skype-Nachrichten zu Maurice an Dich - ein Tag & 2 Stunden davor & jetzt 2 Stunden danach - es ist schon/gerade hell geworden (die Sonne strahlt den Himmel an; eine Kerze brennt neben mir für Maurice 5:33 Uhr/lass uns das Leben verstehen:

[19.05.2012 01:29:33] Ananda Usi, habe mich heute für Maurice entschieden, bin nach Oberursel gekommen!
[19.05.2012 01:31:45] Er ist ganz schwach, seit Mittwoch und Bärbel wollte schon zur Tierärztin.
[19.05.2012 01:32:52] Ich habe mich dagegen entschieden, da sie ihn sonst bestimmt eingeschläfert hätten.
[19.05.2012 01:35:10] Er ist eben schwächer & läuft nur ganz wenig. Er bleibt auch seit einigen Tagen in der Wohnung. Hab Ihn halt auf den Balkon gesetzt. Am Mittwoch ist er dann trotzdem nochmal runtergesprungen:)

Sonntag-Morgen, 20. Mai 2012:

[05:12:46] Guten Morgen Usi nach Bali. Maurice hat sich heute früh um 3:33 Uhr von uns verabschiedet. Ich war kurz vorher aufgewacht, da er schwerer geatmet hat. Er ist dann ein wenig vorwärts "gelaufen"/wollte irgendwo hin; ging aber nicht mehr richtig. Lag dann seitlich angespannt und hat sich am Boden festgehakt. Trinken konnte er natürlich da nicht mehr - ich wollte ihm noch etwas geben. Dann hab ich etwas Abstand genommen, da er im Sterben lag. Er hat sich/es hat ihn dann noch mal kräftig nach hinten gestreckt und die Seele konnte so aus ihm weichen. So stirbt man eben. Zumindest mit einem schwachem Herzen. Ich war dabei. Liebe Grüße, Urs

[05:20:40] P.S.: Ich hatte Dir dann doch noch geschrieben am Freitag, damit Du Bescheid weißt. Davor, seit Mittwoch war so viel los und ich kam gar nicht dazu. Dann war es mir aber doch sehr wichtig, gerade weil ich nicht mit Bärbel am Freitag zur Tierärztin bin. Sie hat dann die Entscheidung mir übergeben, was sie sehr gut gemacht hat, weil ich ihn nicht einschläfern lassen wollte; er ist hier in Frieden gestorben. Hatte keine großen Schmerzen und doch - es ist ein langsames Verabschieden, wo man auf Hilfe angewiesen ist und die Verletzlichkeit von uns Lebewesen so stark zum Vorschein kommt. Hier ist Vertrauen so wichtig! Dankbarkeit & Liebe. Auf den Menschen kommt es an: Mitgefühl & Liebe bringt uns Vertrauen/Lebenskraft & Motivation. Ich denke, Du hast da mit Ursula die richtige in Bali mit dabei! Hoffentlich tauscht ihr Euch aus & lernt voneinander.

Und dann eine weitere Mail, am Montag geschrieben:
Ich war gestern mit Bärbel (Lisa kam noch um viertel vor 11 Uhr dazu) Maurice im Garten beerdigen, Wasser holen, Wäsche am Morgen abgehangen & ab halb 5 Uhr bis abends mit Bärbel, Lisa & Ulli gearbeitet & unterhalten. War sehr gut.

Liebe Grüße aus Oberusel von Deinem schönen Balkon

Marc und Robyn sind mit runtergefahren zum Beachresort, heute am 22. Mai 2012. Marc, Holländer, ist auch Pate hier, Robyn, Australierin, ist die derzeitige Yogalehrerin in Gaia Oasis. Da zurzeit keiner von uns hier unten ein Zuhause hat, haben wir uns eine Insel geschaffen: Das Strandhäuschen, dieses Balé, mit Palmblattdach, wo man so schön die Meeresbrise spürt. Marc schreibt, Robin liest, ab und zu holt jemand etwas zu trinken im Restaurant.

Ich spüre diesem Gefühl in mir nach, das Urs' Mail ausgelöst hat.

Frieden, Ruhe, ein Wohlsein und so viel Stolz auf meinen wunderbaren Sohn, der unseren alten Kater auf seiner letzten Reise so liebevoll begleitet hat. Als ich auf den AB sprach, war es auf Bali später Nachmittag und Maurice wurde gerade im UrLi begraben und ich bin so froh, dass es in unserem neuen Leben auch wieder Gemeinschaft gibt. Nicht wie früher mit all den Schwierigkeiten, sondern eine Gemeinschaft Erwachsener, wo mein Sohn sich austauschen kann über die Entscheidungen, die zu treffen sind, wo er dann Menschen zum Gespräch hat, wo zusammen gearbeitet wird.

Und da ist UrLi, unser wilder Garten, dieses Stück Land, das den Boden für ein ganz neues, offenes und ehrliches, ein erwachsenes Miteinander liefert. Eine Kollegin sagte mal zu mir, dieser Garten rühre tief in ihr etwas an, wohin ihre innerste Sehnsucht geht. Ich glaube, es ist diese tiefe Sehnsucht nach Gemeinschaft und das Wissen, dass wir im

Leben oft einen hohen Preis bezahlt haben, weil die so ersehnte Gemeinschaft meist noch geprägt war von Kontrolle, Manipulation und Dominanz. Wirkliche Gemeinschaft ist anders, stärkt, bereichert, heilt.

„Wie habt ihr diesen Garten gefunden?" fragten viele Gäste beim ersten Sommerfest im Juni 2010.

„Wir haben ihn nicht gefunden", meinte Lisa, „er hat uns gefunden." Ja, so ist es gewesen, ein Geschenk des Himmels und weder Lisa noch ich hatten darum gebeten. Seit es UrLi gibt - der Name setzt sich aus unseren, der Erstpächterinnen Name Ur-sula und Li-sa zusammen - hat sich so viel getan an gemeinschaftlichem Leben, allein dadurch, dass Menschen zu uns ins UrLi kommen, mal zu Festen, mal einfach so, weil grade die Tür offen ist, also jemand da zu sein scheint.

UrLi ist auch deshalb ein Gemeinschaftsprojekt, weil alles, was man in so einem nahezu bewohnten Garten braucht – all die Stühle, Tische und Bänke, all die Gläser, Teller, Tassen, das Besteck, all das Mobiliar bis hin zur sich immer mal wieder ändernden Dekoration, weil all das von überall her kam. Es ist ein Sammelsurium, das hier wieder Verwendung findet, neu belebt wird und dadurch können wir auch riesengroße Feste feiern, denn alle finden Platz, es gibt sogar richtiges Geschirr, kein Plastik oder Pappe, und für die Verköstigung sorgen alle miteinander, so dass das Buffet stets reichhaltig und vielfältig ist.

Dass UrLi zu uns kam, hing mit einem Regenschirm zusammen. Montag früh war es, der erste Ferientag in unseren Osterferien 2010. Tags zuvor, am Sonntag, hatte es geregnet. Meinen Regenschirm hatte ich an dem Abend in einem Restaurant vergessen. So marschierte ich am folgenden Morgen los, holte das Vergessene ab und auf dem Rückweg schien mir wohl jemand auf die Schulter zu tippen. Gespürt habe ich es nicht, doch die Regung, mich in einem ganz bestimmten Moment umzudrehen, war plötzlich da und mein Blick fiel auf einen weißen Zettel: Garten zu verpachten, darunter die Telefonnummer.

Auch da überlegte ich noch nicht, sondern handelte, rief mit meinem Handy Lisa an und bat sie, sich doch mal folgende Telefonnummer aufzuschreiben. Beim Weiterlaufen dann erzählte ich ihr, worum es geht, nämlich um ein zu verpachtendes Gartengrundstück und Lisa meinte: „Ach und du rufst da jetzt an?"

Es hatte nie Gespräche zwischen uns gegeben über einen Garten. Wir kannten uns auch noch gar nicht so lange und für mich war das Gartenthema seit der Trennung von O. erst mal beiseitegelegt. Damals hatten wir manchmal darüber gesprochen, O. hatte Annoncen gefunden, doch für mich war ein gemeinsamer Garten noch nicht so recht vorstellbar, die Zeit war noch nicht reif.

„Na ja, nun hast ***du*** *ja die Telefonnummer", sagte ich und Lisa reagierte sofort: „Okay, ich ruf an". So war's. Gleich am nächsten Tag hatten wir Besichtigungstermin mit der*

Besitzerin und als wir das Gartengrundstück mit Hütte und Geräteschuppen begutachtet hatten, meinte ich: „Gefällt mir gut, aber ein wenig wilder hätte ich es mir schon gewünscht“.- „Ach, wenn Sie das haben wollen, ich hab' auch eine wilde Variante zu bieten.“ Und auf einem recht zugewachsenen Pfad führte sie uns zu einem weiteren Gartenteil.

Das war der Moment, wo ich wusste, beide Teile zusammen, das ist unser Garten: Wir betraten eine Art Lichtung, die Sonne überstrahlte ein urig-wildes, lange nicht mehr kultiviertes Grundstück mit knorrigen alten Obstbäumen hier und da, keine wirkliche Ordnung, wilde Natur ... Kurze Preisverhandlung und ein Termin für die Vertragsübergabe. Zwischen Lisa und mir gab es gar keine großen Fragen, überhaupt keine Bedenken, ein klares Einvernehmen. Ich bin sicher, da waren einige gute Geister mit im Spiel.

Am 10. April 2010 war der Tag, von da an gehört UrLi uns, damals noch ohne Namen, das kam erst später. Seither feiern wir am 10. April UrLis Geburtstag, den zweiten in diesem Jahr.

Stefanie erinnert sich noch genau an die Anfangs-Energie, denn an dem Besichtigungstag waren wir mit ihr in Gelnhausen verabredet, kamen viel zu spät und, anstatt uns bei ihr zu entschuldigen, überschütteten wir sie mit der großen Neuigkeit: „Wir haben einen Garten!“ Sie freute sich mit uns.

Ich komme zurück zu meinen Aufzeichnungen von meinem ersten Aufenthalt in Gaia Oasis im November letzten Jahres, sitze wieder auf unserer schönen Terrasse und tippe das vor sechs Monaten handschriftlich Verfasste in meinen Laptop.

Freitag, 11. November 2011, Gaia Oasis

Meditation is the action of silence

„Wieso kommst du eigentlich nicht mit?“ Da ist kein Vorwurf, sondern ehrliches Unverständnis, als Shanti mir am Abend zuvor diese Frage so plötzlich stellt. Wir sitzen beim Kartenspiel, abends im Restaurant. Meeresrauschen, eine leichte Brise und Shanti spricht genau das aus, was ich kurz zuvor dachte: Wieso hatte ich abgelehnt, als es um die Frage ging, wer Freitag früh mit raus fahre, um Delphine zu sehen? Irgendwie meinte ich, ich wolle damit warten, bis Bärbel mit dabei sei.

„Man kann das auch öfter machen“, meint Shanti, bevor ich antworten kann. Ich weiß ja selbst nicht, warum ich noch zögere. Wenn nicht jetzt, wann dann? Bei mir sieht es gerade gut aus im Kartenspiel und ich sage, ich käme mit, wenn ich dieses Spiel gewinne. Doch ich weiß in dem Moment, dass ich in jedem Fall mitkommen würde. Einen kleinen Anschubser hat es noch gebraucht. Und ich gewinne, nicht nur dieses Spiel.

Was wir an dem Morgen, dem 11.11.2011 erleben, ist so unglaublich schön, so berührend. Wieder gibt es ein Erleben, das sich mir tief einprägt, eine tiefe innere Freude, die ich immer wieder in mir abrufen kann.

Um halb sechs Uhr treffen wir uns an der Anlegestelle, das heißt fast direkt vor unserer Tür. Schon da ist klar, dass dieser Tag, ein Tag, an dem wir hier viel Ruhe, viel Einkehr und Meditation erleben, ein ganz besonderer Tag ist. Ein rot leuchtender Himmel kündigt den Sonnenaufgang an.

Morgenröte, wie selten habe ich auf meinen vielen Reisen das Schauspiel eines beginnenden Tages erlebt. Viel häufiger waren die ergreifenden Sonnenuntergänge eines zur Neige gehenden Tages, eine ganz andere Stimmung, ein zur Ruhe kommen, während der frühe Morgen diese besondere Spannung in sich trägt, spürbar, fühlbar, hörbar.

Der Moment des Erscheinens der Sonne am Morgen ist, wie ihr allmähliches Verschwinden am Abend, immer ein außergewöhnliches Erleben, aber nur manchmal auch ein bleibendes.

Als die Sonne kurz vor sechs Uhr aufgeht, sind wir schon weit draußen auf dem Meer mit unseren zwei Booten. Jeweils drei Personen haben Platz auf den ganz schmalen Auslegerbooten, die so anmutig übers Wasser gleiten.

Shanti und Johanna sitzen in dem einen, schon bald stehen sie nur noch, begeistert Ausschau haltend. Martin, ein junger Schweizer und ich haben im zweiten Boot Platz genommen, die Kameras bereithaltend. Dazu jeweils die beiden Bootsführer, die genau zu wissen scheinen, wo sich die Delphine an dem Morgen verabredet haben.

Mitternacht ist es zu Hause in Deutschland, als wir gegen sieben Uhr schon mittendrin sind in einem bezaubernden Delphintanz. Über eine Stunde lang präsentieren sich uns Hunderte von Delphinen in unterschiedlichsten Variationen: Mal in einer Reihe auf- und abtauchend, mal als Schwarm Kreise ziehend, springend auch, sogar Mutter und Kind vollführen beeindruckende Saltos.

Dann erleben wir das große Frühstück der Delphine, bei dem in einem größeren Kreis hörbar geschmatzt und geschnauft wird. Während sie sonst meist weiter schwimmen, hüpfend, tauchend, spielend, bleiben die Delphine hier länger an einem Platz, haben offenbar einen ganzen Fischschwarm eingekreist.

Die Bootsführer bringen uns von einem Schwarm zum nächsten, stellen immer wieder den Außenbordmotor für eine Weile ab und so manch einer von uns jauchzt einfach laut auf vor Freude, staunt dann wieder tief beglückt und die Kameras verfehlen natürlich so manch beeindruckenden Sprung.

Zu langsam die Technik und zu flott diese wunderbaren Meeresbewohner.

Als bei der Rückfahrt riesige Fischschwärme durch kurzes Auftauchen sichtbar werden, ist es für mich wie der Ausklang einer schönen Symphonie: Erst die lauteren Töne, das Springen und Tanzen, dann die tiefen schmatzenden

Bässe beim Festmahl und zum krönenden Abschluss die Leichtigkeit vieler fliegender Fische.

Tiefe Dankbarkeit ist in uns, als wir am Ufer ankommen. Wir umarmen uns liebevoll, vier Menschen, die sich hier kennen gelernt haben und die durch dieses Delphinerlebnis ein gemeinsames Glück erfahren haben.

Etwas ist anders heute. Die Begegnung mit den Delphinen hat etwas verändert. Oder hat einfach der Tag etwas verändert, diese Ruhe am 11.11., die hier so spürbar ist. Das stundenlange Sitzen in Meditation, das gemeinsame Mantren-Singen, das mit-sich-selbst-sein. Es gibt kein Programm, nur Angebote und jeder verbringt den Tag nach seinen Bedürfnissen.

Die gemeinsame Ruhe und Achtsamkeit ist spürbar, im großen Gemeinschaftsraum vor allem, wo in der Mitte viele kleine Gegenstände aus der Natur ein Zentrum bilden: Steine, Blüten, Muscheln, Blätter. Es ist ein Fest für Mutter Erde, ein Fest für Gaia, in Gaia Oasis wie an vielen anderen Orten der Erde, heute am 11.11.2011.

Gegen Abend gehe ich nochmal zum Schwimmen. Als ich wieder aus dem Meer komme, den Gang über die schwarzen Steine gut geschafft habe, sitzt Johanna auf der kleinen Mauer und ich setze mich zu ihr. „Hast du eine Zigarette für mich?" Schon meine Frage klingt merkwürdig in meinen Ohren, bin ich doch Nichtraucherin, außer ab und zu mal ein Zigarillo oder eine meiner geliebten venezolanischen Zigarren.

Paffend sitzen wir da, unterhalten uns und es ist schön, sich näher kennen zu lernen. Es wird dunkel, auch etwas kühl, da ich immer noch im nassen Badeanzug da sitze. Ich will reingehen zum Duschen, zum Umziehen vor dem Abendessen.

Beide sehen wir es gleichzeitig.

Ein roter Schimmer, direkt am Horizont gegenüber, taucht aus dem Meer auf. Noch überlegen wir, welche Wolkenfärbung sich uns da präsentiert. Dann erfassen wir, um was es sich handelt, erkennen das Schauspiel. Glutrot geht der Mond auf, einem Sonnenaufgang am Morgen gleich, ein riesengroßer Feuerball, der volle rote Mond!

Wir können es gar nicht fassen, dass wir auch das noch geschenkt bekommen, stehen da, staunen, freuen uns, dass wir zusammen eine geraucht haben - sonst hätte ich ja im entscheidendem Moment unter der Dusche gestanden. Es ist wie es ist, ohne *wäre* und *hätte,* und schon bald gesellen sich Shanti und Martin zu uns: Habt ihr das gesehen? Welch herrlicher Tagesabschluss für uns vier, die wir den Tag auch zusammen begrüßt hatten, der rote Mond zum Ausklang.

Als ich dann mit Bärbel nochmal rausfuhr, am 17. November, ließen sich die Delphine leider nicht blicken. Schade und danke nochmal, Shanti, für den Anschubser am 11.11.!

Samstag, 12. November 2011

Der Akku meiner Kamera ist leer und ich habe kein Aufladegerät mit. Wie gut, dass Bärbel bald kommt. Es ist schön, dass jemand von zu Hause hierher kommt, nicht nur wegen des Aufladegerätes, nicht nur wegen der Bücher, die sie für meine Lesung mitbringt. Ich freue mich auf sie, denn ein wenig Heimweh habe ich auf Reisen immer. So wie damals bei meiner ersten „großen Reise" überhaupt.

Doch da war das Heimweh schmerzhaft, das ist es heute nicht, eher eine angenehme leichte Sehnsucht nach meinen Lieben. Damals war es anders. Todunglücklich war ich, als ich mit meiner Cousine im Zug saß. Nach Rohrbach fuhren wir, eine halbe Stunde vom Heimatort entfernt, unsere ersten Ferien außerhalb des Heimatdorfes. Tante Lieselotte war als einzige aus der großen Familie meiner Mutter „ausgewandert", einige Kilometer weiter gezogen in einen größeren Ort.

Wir hatten sie schon einmal besucht, als sie noch im Nachbarort wohnte, nur wenige Kilometer weiter. Das war ein Überraschungsbesuch gewesen. Zu viert zogen wir los, mein Bruder und ich, unsere Cousine und Cousin. Ich weiß nicht mehr wie das damals war, ob wir einfach so los marschierten, oder ob, was ich eher glaube, jemand Bescheid wusste.

Ich erinnere mich, dass Tante Lieselotte sehr überrascht war. Ob freudig überrascht, das weiß ich nicht, hatte sie doch nach ihrer Heirat endlich ein eigenes kleines Heim, mit etwas Abstand von der allgegenwärtigen Großfamilie. Für mich jedenfalls war es ein schönes Abenteuer, schön, weil mein Bruder dabei war. Das war immer das wichtigste für mich, dass Heiner dabei war. Wo er war, fühlte ich mich sicher. Wenn er nicht dabei war, fehlte mir etwas.

Und bei der Zugfahrt nach Rohrbach war beschlossen worden, dass wir, unser Vierertrupp, getrennt reisen würden: Eine Woche die beiden Mädchen, eine Woche die zwei Jungs. Unsere Tante hatte gerade ihr erstes Kind geboren und die Lösung eines 'aufgeteilten' Ferienbesuchs schien die einfachere.

Die ganze Woche hatte ich dieses tiefe Verlassenheitsgefühl in mir. Heimweh wurde diagnostiziert und ich erfuhr die Geschichte von unserer jüngsten Tante, die sogar mal nach Hause geholt wurde, als sie in Landau in Ferien war. Sie hatte so schlimme Bauchschmerzen und die Erwachsenen benannten den wahren Hintergrund: Heimweh! Ich musste natürlich nicht geholt werden. Ich war tapfer, würde durchhalten, wie so oft in meinem Leben.

Es ist wirklich das Weh, nicht zu Hause zu sein. Da ich die Anbindung an mich selbst, dieses tiefe Urvertrauen des völligen Angenommen- und Geliebtseins nicht kannte, die Liebe zu mir selbst als selbstverständliches Lebensgefühl noch nicht erlebt hatte, suchte ich das immer wieder im Außen.

In der Zeit damals war mein Bruder meine Projektionsfläche. Wo er war, ging es mir gut. Er nahm mich bei der Hand, wenn wir bei öffentlichen, meist kirchlichen Feierlichkeiten wie z.B. Fronleichnam, die Dorfstraße entlang liefen. Wie süß sieht es aus, das Geschwisterpaar und unbewusst werden tiefgreifende Muster angelegt, die oft weit ins Erwachsenendasein reichen.

Einer, der Hand in Hand mit mir durchs Leben geht, wie lange hatte ich diesen Traum und wie gut ist es, die Sehnsucht zu durchleuchten, sie als tiefen Seinszustand zu erkennen und schließlich irgendwann zu fühlen, dass da immer eine Hand ist, die uns führt, nicht so konkret, nicht materiell, eher wie eine begleitende Geborgenheit, ein Gefühl der Verbundenheit, ein Bewusstsein von All-Liebe.

Sonntag, 13. November 2011

morgens um 5.55 Uhr

Life is full of endless diversity. Allow all of it

Genau der Moment, an dem der rote Sonnen-Feuerball sich direkt zwischen Bali und der Nachbarinsel Lombok rundet.

Als ich ein halbes Jahr später wieder hier bin, wundere ich mich zuerst, die Sonne geht weiter links auf, ist wohl normal, doch ich hatte das noch nirgends so genau beobachtet.

In mir rumort es noch, heftigste Traumturbulenzen, wieder ist O. zentral mit dabei, ich bin wütend, traurig, empört, verzweifelt und dann froh, als ich aufwache, rechtzeitig zum Sonnenaufgang.

Wow, ich bin wieder da, im Leben, in einem neuen Tag! Ich lasse den gestrigen Tag nochmal an mir vorüberziehen, unseren Ausflug zu sechst, die Bali-Family.

Am schönsten war das Gespräch mit Martin, in einer kleinen Bar abseits vom Marktrummel mit den aufdringlichen Händlern. Er erzählte von seinem Aussteigen, hat den Beruf aufgegeben, seine Wohnung in Zürich verkauft, Sachen verschenkt und ist unterwegs, weiß noch nicht wohin.

Dabei strahlt er eine solche Zufriedenheit und innere Ruhe aus, wirkt glücklich mit sich und seinem Leben, hat das Rennen und Hetzen schon früh, Anfang 40 ist er erst, aufgegeben, zumindest für eine gewisse Zeit.

Als wir über Menschen sprechen, die unsere Knöpfe drücken, Verhaltensweisen bei anderen, die uns nerven, wo wir doch genau wissen, dass es da etwas anzuschauen gibt, nennt er mir den Begriff PET: Sie/Er ist eben dein **P**ersönlicher **E**motionaler **T**rainer, so einfach, kein *pet,* das englische Wort für Kuschel- oder Haustier, sondern meine emotionale Herausforderung.

Auch Martin löst etwas aus in mir: Ein rundum gutes Gefühl des Zufriedenseins. Wir strahlen uns an, ein bedingungsloses Einvernehmen. Da braucht es kein Getue, keine Rollen, die gespielt werden. Wir begegnen uns als ganze Menschen.

Lovina, Singaraja, Bratan-See, die heißen Quellen, die GitGit Zwillings-Wasserfälle, die beeindruckende Landschaft der Bergkette hier im Nordwesten der Insel erleben wir, am Abend Essen bei Beate, einer Deutschen, die mit einem Balinesen verheiratet ist, auch mal Managerin bei Gaia Oasis war und hier bei Singaraja, direkt neben wunderschönen Reisfeldern, ein tolles Restaurant betreibt.

Etwas später, Sonntag-Nachmittag

Noch eine Woche bis zu meinem Geburtstag und ich bin gerade zurück vom „Familienbesuch“: Zuerst eine Liege weiter bei Johanna, die mir zwei Bücher ausleiht. Weiter hinten, im letzten Haus treffe ich Sonnhild, die mir all die schönen Dinge zeigt, die sie gestern so zielsicher auf dem Markt eingekauft hat, als ich mich angesichts der bedrängenden Händler so unwohl fühlte im Getümmel.

Dann treffe ich Peter, der es sich im schattigen Balé gemütlich gemacht hat und sich auf meine Lesung am Dienstag freut und schließlich Martin, der einen immer mit seinem herzlichen „Naao?!“ begrüßt.

Ich kehre zu meiner Liege zurück, winke noch Ulrike, Peters Frau, und habe das Gefühl, all meinen Lieben einen Sonntagsbesuch abgestattet zu haben. Wieder eine Gemeinschaft, die sich hier zeitweise bildet, die auch flexibel ist in ihrer Zusammensetzung; manche gehen, andere kommen dazu.

Dienstag, 15. November 2011

Gratitude is the essence of an awakened heart

Welch herrlicher Sonnenaufgang, der schönste bisher und jetzt hat sich der Himmel zugezogen. Schauspiel beendet. Wie gut, dass ich schon so früh draußen war. Um halb sechs erlebte ich ein wundervolles Farbenspiel von orange-violettem Leuchten, das dem Erscheinen der Sonne vorausging und sich im Meer wiederspiegelte. Die Wolken wurden rötlich eingefärbt.

Eine Viertelstunde bevor die majestätische Sonnenkugel, unser Lebensspender erscheint, ist schon alles von ihrer Präsenz erfüllt. Die angestrahlte Wolkenformation reflektiert eine glitzernd rote Leuchtbahn im Meer, immer wieder verändern sich die zartviolett-orangenen Töne, gehen in ein tieferes Rot über bis zu dem Moment, wo er aufsteigt über Bali und Lombok, der rote Feuerball.

Welch wunderbarer Planet diese Erde, diese Schöpfung, die nichts von uns Getrenntes ist. In solchen Momenten fühlen wir es, das Einheitsgefühl, die Erhabenheit, eine grenzenlose Liebe zum Leben. Wenn wir Menschen wirklich die Krone der Schöpfung sind, dann ist da noch so viel unentdecktes Potenzial, das tief in uns schlummert, entfaltet werden möchte.

Was uns am meisten trennt, sind immer wieder all die Urteile, die wir fällen, die Bewertungen, mit denen wir ständig unterwegs sind. Wie oft überwiegt gerade in Gesprächen dieses Trennende: Intellektuelle Statements werden abgegeben, Fachbegriffe in die Runde geworfen, Menschen übertrumpfen sich mit Geschichten und dahinter ist so deutlich dieses kleine Kind zu spüren, das immer wieder ruft: So seht mich doch! Hört mir doch zu! Schaut, was ich wieder tolles gemacht habe! Liebt mich doch!

Wir sind noch so sehr unmündige Kinder, die unsere Mutter Erde fast zerstört haben anstatt die zur Verfügung gestellte Energie, unser Leben, als Reifeprozess zu sehen, erwachsen zu werden. Und ändern müssen wir als erstes unser eigenes Verhalten, das scheint das Schwierigste zu sein. Unser Geschenk sind die Anderen, unsere PETs, die unsere besten Lehrmeister sind.

Wenn man tagelang so nah beim Meer wohnt, das ständige Rauschen der Wellen hört, da verändert sich etwas in einem. Darauf zu hören, auf diese Bewegung, dieses sanfte, manchmal stürmische Hin und Her, das Auf und Ab des Wassers, das ist Leben, daraus sind wir geboren und das findet in unseren Zellen ständig statt.

Das ist die Zeit, die uns geschenkt wird und es ist so unendlich viel Zeit in einem Menschenleben, wenn man sie teilt mit allem was ist, sie nutzt, um immer tiefer zu graben, weiter zu werden, die Verbindung mit allem spürt.

Abasan, 24. Mai 2012

Und wieder ein Superlativ: Was für eine Wohltat, diese herrliche ayurvedische Massage, 90 Minuten von Kopf bis Fuß, auf dem Rücken und auf dem Bauch liegend, Gesicht und Kopf, alle Körperstellen durchgestrichen, geknetet, mit wohl duftenden Ölen. Beinahe hätte ich mir diesen Genuss versagt. Wieso hatte jemand gemeint, die Massagen hier oben seien nicht so gut wie unten in Pantai, dem Beach-Resort? Und vor allem, wieso hatte ich das einfach geglaubt?

Ich möchte das aufgeben, dieses ständige Bewerten, Beurteilen, andere Urteile gleich annehmen, mich beeinflussen lassen, bzw. auch selbst andere beeinflussen. Denn dieses unaufhaltsame Werten geschieht ja in der Regel nicht bösartig, ist einfach eine individuelle Erfahrung, die verallgemeinert weitergegeben wird.

Nur ich selbst kann mein Verhalten ändern und ich will versuchen, noch viel viel achtsamer zu sein bei diesem Thema des Vergleichens, mehr in die Gleich-Gültigkeit zu gehen, wo das eine neben dem anderen besteht, gleichwertig.

Milda Drükes beeindruckendes Buch „Ratu Pedanda, Reise ins Licht", das mir hier wieder begegnet ist, habe ich inzwischen gelesen. Sehr detailliert und liebevoll beschreibt die Autorin ihre Erlebnisse auf Bali, hat ein herausforderndes Leben gewählt, mitten in der so ganz anderen Kultur und kann uns Europäern so viel davon weitergeben.

Ich habe ihre Geschichte vor allem deshalb mit großem Interesse gelesen, weil es bei ihr, in ihrem Leben, in ihrem Alter, Mitte 50 war sie damals, genau und immer wieder um das geht, was viele von uns so umtreibt: Wer sind wir wirklich hinter all unseren Rollen? Woher kommt immer wieder diese kindliche Verunsicherung, auch wenn wir Großartiges im Leben gemeistert haben? Warum fällt es uns so schwer, auf unsere innere Stimme, auf unser Empfinden, unseren Körper zu hören? Woher diese Angst, etwas falsch zu machen, nicht gut genug zu sein?

Der wichtigste Schritt bei all dem scheint mir das Eingeständnis all dessen. Wie viel leichter wäre der Umgang miteinander, wenn wir uns aus diesem tiefsten Menschsein mit all seinen Schwächen, aber auch Stärken begegnen könnten. Sie hat es erlebt, für sich erfahren, das so andere Umgehen miteinander, allerdings in einer fremden Kultur, mit vielen herausfordernden Lebensumständen.

Heute früh zum Beispiel habe ich nur darauf gehört, was mein Körper mir sagte: Vor dem Schreiben bitte eine intensive Massage!

Körperbewusstsein, die Energie in den Zellen wieder aktivieren, durch ein gesundes Leben, gesunde Nahrung, emotionale Balance und ganz viel Zeit, um sich mit all dem zu befassen. Die habe ich hier ausgiebigst, ich nutze sie und kehre nun zu meiner Schreibarbeit zurück…

Mittwoch, 16. November 2011

Lesung in Gaia Oasis, Pantai.

Ich habe es mir gemütlich gemacht in der kuscheligen Sitzecke, sitze entspannt im Lotussitz, na ja bei mir eher Schneidersitz, vor und neben mir unsere kleine Bali-Familie: Peter, der morgen Geburtstag hat und seine Frau Ulrike, beide weit gereist und seit 25 Jahren verheiratet; Martin, der nette Schweizer, der diesen Schnitt in seinem Leben wagt und morgen in einen Ashram hier auf Bali gehen wird, zum Shaking Guru.

Dann Sonnhild, die den Ort hier bereits kennt und Johanna, sehr eingebunden in ihren Beruf als Anästhesistin und erstmals auf großer Fernreise. Shanti und Hannelore können heute nicht dabei sein, weil sie als Paten Besprechung in Abasan haben.

Und dann ist da Bärbel, gestern erst angekommen aus Deutschland, wo in der Nacht vor ihrer Abreise das Thermometer auf minus fünf Grad gesunken war.

Schon früh waren wir am Flughafen gewesen, Nyoman und ich. Für mich haben Ankunftshallen am Flughafen immer etwas Berührendes. Ich sehe, wie freudestrahlend Menschen aufeinander zugehen und spüre so eine Rührung in mir, habe manchmal Tränen in den Augen. Eigenartig, wie diese menschliche Nähe etwas aufschließt in einem selbst, auch wenn einem die Menschen ganz unbekannt sind.

Und da sehe ich Bärbel, wie sie etwas verwirrt auf das Heer an Namensschildern schaut. Die Frage sieht man ihr schon von weitem an: Wie soll ich denn da meinen Namen finden? Und heftig winke ich, sehe, wie überrascht und froh sie ist, in der ganzen Abholerschar ein bekanntes Gesicht zu sehen.

Sie hatte nicht damit gerechnet, dass ich mit dem Fahrer nach Denpasar zum Flughafen Ngurah Rai kommen würde. Statt der gewünschten drei hat sie gleich fünf Bücher mitgebracht, wie lieb von ihr.

Die liegen nun ausgebreitet vor mir:

Ursula Bolender, ...und am Ende begann ich zu verstehen.

Ein gewagtes Experiment

Die Lesung, die erste auf einem anderen Kontinent, kann beginnen.

Oft geht es mir so nach Lesungen, dass ich merke, wie sehr das Thema Tod im Mittelpunkt steht. Ich hätte doch auch viele andere Passagen auswählen können. Doch wenn ich in die Runde schaue, ab und zu den Blick meiner Zuhörerinnen und Zuhörer suche, spüre ich die aufmerksame Konzentration. Manchmal weicht ein Blick wie erschreckt aus, so als seien sie ertappt dabei, wie sie ganz tief bei sich selbst und auch ganz nah bei mir waren. Ein intimer Moment und genauso sprechen wir, fünf Menschen, die sich erst seit einer Woche kennen, anschließend über sehr persönliche Dinge.

Ganz offen und achtsam tauschen wir uns aus, als es um die Frage geht, wie Mann/Frau/Beziehung in Zukunft gelebt werden wird. Wird die Paar-Beziehung sich wieder stabilisieren oder wird es doch immer mehr freie Partnerschaften geben, in denen auch mehrere Sexualpartner möglich sind?

Ich werde gefragt, weil ich ja offensichtlich Erfahrungen darin habe, und ich spüre, wie wertvoll so ein ehrliches Gespräch ist. Dass Sexualität ganz oft noch als Ersatz benutzt wird für diesen tiefen Mangel, mit dem wir alle unterwegs sind, dass eine Illusion geschaffen wird, indem man einen Moment ganz und vollständig zu sein scheint, und dass oft sexuelles Erleben gar nicht die Tiefe erreicht, wo menschliche Begegnung erst stattfindet. Und dabei sprechen wir nicht über das Thema Sexualität ohne Liebe, das bleibt in unserem Gespräch außen vor.

Es geht um Sexualität in der Liebe. Kann man mit mehreren Partnern in Liebe Sex haben? Worin wir uns alle einig sind, das ist das Thema der Offenheit und Ehrlichkeit. Was sicher nicht mehr funktioniert in Beziehungen, sind all diese Versteckspielchen, die Heimlichkeiten, die seelischen Verletzungen, die daraus entstehen. Aufrichtigkeit in menschlichen Begegnungen, Ehrlichkeit dem Partner gegenüber, das erfordert Achtsamkeit, Respekt, Liebe.

Gerade bei dem uralten Thema des Fremdgehens fehlt ja gerade das: die Offenheit dem anderen gegenüber. Und keiner hindert einen daran, wirklich ehrlich zu sein. Ob in der fiktiven Welt der Filme, Bücher, Theater, Gedichte, Lieder, immer scheinen Liebe und Schmerz nah beieinander zu liegen, so als könne man nur den einen lieben und den anderen Menschen verletzen. Einer muss dabei immer leiden, eben der Nichtgeliebte.

Vielleicht ist das wirklich nur die alte Variante, eine Lebensweise, die am Ausklingen ist. Vielleicht sind wir auf dem Weg zu einem Miteinander, bei dem Menschen diese kindlichen Muster des Habenwollens, des nie-genug-geliebt-Werdens verlassen.

„Wie meinst du, wird das sein in Zukunft?" fragt Martin und ich bin gerührt über diese Frage, ausgesprochen von einem jungen Mann, der mein Sohn sein könnte, ausgesprochen mit dem Wunsch, an meiner Lebenserfahrung, der Weisheit der Älteren teilhaben zu wollen. Wir sind uns einig in dem Punkt, dass Werte wie tiefe menschliche Wertschätzung und Liebe die tragende Basis in Gemeinschaften, vor allem aber auch in Liebesbeziehungen und Partnerschaften sein müssen.

Sexualität wird einen anderen Stellenwert bekommen. Das zerstörerische Element, das in dem den-Anderen-in-Besitz-nehmen immer mitschwingt, wird in dem Maße zurücktreten wie der Mensch aus seiner Bedürftigkeit, seinem Mangel herauswächst.

„Der Mensch ein Mängelwesen" heißt ein Artikel, den ich im Ethikunterricht schon mehrfach behandelt habe. Dabei geht es darum, dass mit der Endlichkeit des Menschen, mit dem Bewusstsein eines unvermeidlichen Todes der Mensch immer im Mangel sein wird. Vielleicht aber, wird ja auch *der Tod uns neuen Räumen jung entgegensenden,* wie Hermann Hesse es so schön formulierte und empfand.

Ich bin überzeugt, dass wir auf eine Zukunft zugehen, in der die Menschen immer mehr die Anbindung an ihr eigenes Wesen, an ihr spirituelles Selbst erleben werden. Dort gibt es keinen Tod.

Donnerstag, 17. November 2011

Be the change you want to see in the world

Man verändert sich, wenn das Leben sich verlangsamt, die Zeit sich dehnt, weil da dieses Glücksgefühl wirkt, viel Zeit zu haben. Wie sehr hatte ich mir das immer gewünscht, endlich mal Zeit zu haben, Zeit zum Denken, Zeit zum Lesen, Zeit um mich mit mir selbst zu beschäftigen, Zeit für Körperübungen, für Körperpflege, Zeit auch, um mich entspannt mit anderen zu unterhalten. Und so eindeutig wird mir dieser Wunsch gerade erfüllt.

Deshalb genieße ich es, hier im ruhigen Norden Balis ohne festes Programm einfach sein zu dürfen. Ich selbst entscheide, wie ich diese geschenkte Zeit verbringe, Zeit als ein zur Verfügung stehender Raum in meinem Leben.

Was ich heute ganz besonders genieße, wieder etwas Neues in meinem jungen Autorinnenleben, das ist, meine Zuhörerinnen und Zuhörer von gestern Abend zu sehen, wie sie auf der Liege, im Balé oder auf dem Daybed auf ihrer Terrasse liegen und mein Buch lesen. So nah bin ich meinen Lesern sonst nicht.

Immer mal wieder kommt jemand vorbei, um über eine bestimmte Passage mit mir zu sprechen. Meist geht es darum, etwas aus dem eigenen Leben zu erzählen oder ein Thema, das gerade bewusst wurde, gemeinsam näher zu betrachten.

„Darf ich auch zu euch kommen auf den Frauenhügel?" meint Peter und somit hat mein Lieblingsplatz, der kleine Grashügel vor unserem Haus, ab heute seinen Namen.

Freitag, 18. November 2011

Ich werde nicht zu Ketut Lyer gehen. Schon in den ersten Tagen hier habe ich mich entschieden. Telefonnummer und Adresse hatte ich mir besorgt von dem Heiler, der in *Eat, pray, love* eine wichtige Rolle spielt. Ich kenne inzwischen Menschen, die bei ihm waren und finanziell geht es ihm wohl wesentlich besser als zurzeit von Elizabeth Gilbert, der Autorin des Buches, die für seine Bekanntheit verantwortlich ist.

Ich spürte nach in mir, warum ich gerne zu ihm wollte und erkannte, dass es reine Neugierde war, sicher wie bei vielen Menschen, die die 25 Dollar bezahlen, um dann zu hören, dass sie schön, erfolgreich, gutaussehend sind und ein langes Leben haben werden.

Sicher ist der Heiler weiterhin ein liebenswerter Balinese, der Menschen sagt, was sie gerne hören möchten und somit niemandem weh tut. Das Geld, das dadurch in die Kasse kommt, ist gut angelegt, wenn es einer großen Familie zu einem besseren Lebensstandard verhilft.

Wie ich inzwischen gelernt habe, ist es ein wesentlicher Bestandteil der balinesischen Kultur, dass man sich mit dem Guten beschäftigt, dem Schlechten keine Aufmerksamkeit und somit keine Energie geben will. Es genügt, die Dämonen durch viele Opfergaben zu besänftigen. Eine Lebenseinstellung, von der wir sicher einiges lernen könnten, denn oft wird dem Leid, den Sorgen, den Krankheiten wesentlich mehr Aufmerksamkeit gegeben als der Gesundheit, der Liebe, dem Glücklichsein. Das soll sich doch bitte nebenher einstellen.

Scheinbar, wie im Internet zu lesen ist, gehen Menschen vorwiegend zu Ketut Lyer, um etwas über die Zukunft zu erfahren. Das ist im Grunde nicht wirklich Teil der balinesischen Kultur. Ihr Leben ist eingebettet in ihren Glauben, ihre Rituale, ihre Familie, ihre Gemeinschaft. Jeder Mensch ist vor allem Teil eines Größeren, was sich auch in der Namensgebung zeigt:

Es gibt Namen für das erste, das zweite, das dritte und das vierte Kind: Wayan, Madé, Nyoman, Ketut. Dann fängt man wieder von vorne an. So ist unser Fahrer heute ein zweiter Nyoman, in der Geschwisterfolge also das siebte Kind, denn Nyoman ist der Name für den Drittgeborenen.

In ein solches Denken passt Zukunftsvorhersage nicht wirklich. Wichtig ist das Jetzt. Jeder Mensch ist an seinen Platz gestellt, und es gilt, diesen Platz gut auszufüllen, die eigene Lebensaufgabe zu bewältigen, zum Wohle der Gemeinschaft und zur Ehre eines übergeordneten Seins.

In Elizabeth Gilberts Buch wird Ketut Lyer - Ketut, der Viertgeborene - als Heiler, als Priester, als Schamane dargestellt. Etwas über die Zukunft wissen zu wollen, das ist westliches Denken, das er wohl inzwischen erfolgreich und gewinnbringend befriedigt. Wer soll's ihm verdenken.

Wir haben einen Termin beim *Local Healer* ausgemacht.

Einen Heiler oder Schamanen aufzusuchen bedeutet also nicht, sich die Zukunft vorhersagen zu lassen. Vielleicht kann das als Nebeneffekt hinzukommen, wie bei Elizabeth Gilbert beschrieben, doch worum es wirklich geht, ist das Gleiche wie bei jedem wahren spirituellen Lehrer: den Menschen zu sich selbst führen, ihn seinem wahren Wesen, dem göttlichen Kern anzunähern. Da wir zwar spirituelle Wesen, aber in einem menschlichen Körper inkarniert sind, spielt dieses Wunderwerk des Körpers eine zentrale Rolle.

Und so beginnt unsere Behandlung beim *Local Healer* mit einer intensiven Massage, darauf ausgerichtet, die Chakren zu öffnen, Verspannungen im System zu lösen, die Energie frei fließen zu lassen.

Die beiden Gärtner fahren Bärbel und mich auf ihren Mopeds über schmale Gebirgspfade hoch zum Gehöft des Schamanen. Jeder Ort hat seinen Local Healer, der auch gleichzeitig Priester ist. Heilung ist immer ein ganzheitlicher Prozess.

Nach der Körperbehandlung treten wir unter das Tor, wo wir mit gesegnetem Wasser übergossen werden und das Wasser auch trinken sollen. Dreimal gießt der Priester es in unsere geöffneten Hände, wobei die rechte Hand die linke hält. Heiliges Wasser darf nur mit der rechten Hand empfangen werden, die linke gilt als unrein.

Ich habe das Glück, dass Bärbel zuerst dran ist, ich somit alles genau beobachten kann, um nachher nichts falsch zu machen. Doch so streng all die Rituale scheinen, es gibt hier nicht die sture Ernsthaftigkeit, die wir oft aus unserer Kultur kennen. Fehler sind verzeihlich und Humor gehört immer dazu.

Danach geht's in den Tempel. Auch das eine balinesische Besonderheit: Jedes Haus hat seinen Tempel, jedes Gehöft, jedes Dorf, jeder Marktstand. Nur die Größen variieren je nach Bedeutung.

Hier beim Heiler/Priester/Schamanen wirkt das ganze Gehöft wie eine kleine Tempelanlage mit vielen dämonisch aussehenden Gestalten, die aber auch Götter sein können mit erschreckendem Äußeren, um eben die bösen Geister fernzuhalten. Um ihre Hüfte haben sie ein kariertes Tuch geschlungen, vorwiegend in den Farben schwarz-weiß zur Darstellung der Dualität.

Auch wichtige Bäume tragen solche Tücher um den Stamm geschlungen, die auch die Trennung zwischen dem guten Oben und dem schlechten Unten symbolisieren.

Es gibt auch gelbe Tücher, auch orange-schwarze und genau wie bei den Festen und Zeremonien ist es für Nichtbalinesen schwierig, das ganze System zu verstehen. Hier wächst jeder damit auf. Alles ist ein selbstverständlicher, lebendiger Teil des Alltags, somit bedarf es keiner Erklärung.

Auch da gefiel mir Milda Drökes Buch: Eine Frau, die sich einfach einlässt auf dieses so andere Leben, von innen heraus zu verstehen sucht und somit einen großen Gewinn für ihr persönliches Leben erhält. Der Verstand allein kann einen solchen Erfolg nicht bescheren.

Im Tempel betet der Priester, beräuchert uns und das kleine Schwert, das er uns einen Moment in die Hand legt, soll Unheil abtrennen. Da alles so fremd ist, bekomme ich nicht alle Einzelheiten mit, fühle mich aber die ganze Zeit wunderbar aufgehoben und beschützt.

Zum Abschluss dann ein Bändchen ums rechte Handgelenk in den Farben schwarz-rot-weiß. Das steht für die drei wichtigsten Gottheiten Shiva, Vishnu und Brahman. Fest verknotet soll das Band solange getragen werden, bis es von alleine reißt oder sich auflöst.

Sicher komme ich bis dahin mal wieder nach Bali. Dass ich schon in einem halben Jahr wieder hier sein werde, ahne ich zu dem Zeitpunkt noch nicht.

Sonntag, 20. November 2011

„Ich bin Bettina und ich habe heute keinen Geburtstag."

Wieso Bettina? Wer hier vor mir steht, ist eindeutig eine Altbekannte, eine aus Urzeiten Vertraute, eine waschechte Indianerin, die sich mir in wunderbarem Schweizer Dialekt vorstellt.

Ja, das mit dem Geburtstag, das scheint ein Fehler zu sein. Nur ich habe Geburtstag heute am 20.11.2011, diesem schönen Datum. Dass dann auf dem so liebevoll dekorierten Tisch mit dem großen Geburtstagsturm aus Palmblättern und Blüten zwei Geburtstagskronen liegen, das ist eine Verwechslung und wir finden nicht heraus, woran das lag.

Schon beim ersten Blick in diese altvertrauten Augen erkenne ich eine Seelenverwandte aus dem Land der roten Menschen. Vielleicht waren wir ja mal Zwillingsschwestern in einer unserer indianischen Inkarnationen. Martin hatte mir Bettina angekündigt:

„Du wirst sie gleich erkennen. Sie ist eine richtige Indianerin, nicht in diesem Leben, aber ihre Gesichtszüge sind indianisch".

Und ich hatte ganz vergessen, dass sie kommt. Durch den Fehler beim Geburtstagstisch sind wir uns gleich auf ungewöhnliche Weise begegnet.

Hallo, da bist du ja wieder, meine indianische Schwester.

Die Konstellationen verändern sich hier ständig. Sonnhild ist vor ein paar Tagen abgereist, Martin gestern. Jetzt kommen Bettina und Geppina hinzu, zwei so liebenswerte junge Frauen, die herzerfrischende Energie mitbringen, unterwegs sind zu ihrem Shaking Guru hier auf Bali. Das spürt man, vibrierende Power!

Der Kreis ist ein anderer und noch am Geburtstagsabend habe ich meine zweite Lesung hier in Gaia Oasis. „Sooo schön" hätte Martin in seinem wohlklingenden Tonfall gesagt und nun ist da Bettina und sie sagt es oft: „sooo schön"!

Erst am folgenden Tag komme ich dazu, alles aufzuschreiben. Was für ein schöner Tag, dieser Sonntag, mein 58ster Geburtstag. Alle waren da, die Delphine am Morgen, der Skarabäus am Abend und wer nicht kam, zum Glück, das waren die Moskitos. Herrlich!

Nicht ein einziges Mal bin ich aufgewacht in der darauf folgenden Nacht, ein seliger Schlaf und so sitze ich am 21.11., morgens um sechs Uhr auf meinem Beobachtungsposten auf den Steinen am Strand und blicke in dieses rosa-violette Schauspiel der Morgenröte. Überall bilden sich rötliche Sonnenstrahlen im Meer, eine ruhige Fläche, die sich nur sanft kräuselt, keine Welle ist zu sehen, nur dieses sanfte Vibrieren. Ich lasse den gestrigen Tag nochmal in mir aufleben:

„Schau, was ist das?“ ruft Bärbel plötzlich.

Wir sitzen auf unserer Terrasse, genießen den schönen Sonntagmorgen. Es ist mein Geburtstag, zu Hause noch nicht. Da ist es kurz vor Mitternacht, bei uns fast sieben Uhr. Den Sonnenaufgang haben wir schon erlebt und die Geburtstagsüberraschung ist geglückt:

Als ich aus dem Bad komme, brennt eine Kerze und daneben diese wunderschön gearbeitete Kette, die ich in Bärbels Laden entdeckt, mir aber nicht gekauft hatte, bzw. nicht kaufen durfte, denn Bärbel meinte: „Jetzt ist aber man gut!“ Hatte ich mir doch schon einiges ausgesucht bei ihrem Räumungsverkauf und sie schien mich vor allzu vielen Ausgaben bewahren zu wollen, damals, kurz vor meiner Abreise nach Bali. Und nun liegt sie hier als erste Gabe auf meinem Schreibtisch.

Und dann: Da draußen. Das sind doch Delphine. Wir fassen es nicht, so viele, ganz nah und wir staunen und sind uns dann, als es immer mehr werden, nicht mehr ganz sicher, denn sie zeigen sich nicht deutlich, bzw. die typische Delphinflosse fehlt.

Shanti nimmt uns die Illusion. Es waren Riesenfische, die aber nur sehr selten so nah ans Meeresufer kommen. Na ja, dann eben große Fische als erste Gratulanten. Doch es bleibt nicht dabei. Als wir später beim Frühstück sitzen, ruft jemand: „Delphine!“ - und da sind sie. Ganz nah ziehen sie vorüber, diesmal eindeutig zu erkennen. Wie wundervoll! Danke, ihr herrlichen Wesen!

Es gibt noch viele Überraschungen an dem Tag. Erst mal all die lieben Menschen, die mir von zu Hause aus schon am Samstag geschrieben hatten, damit die Grüße rechtzeitig ankommen, denn hier beginnt mein Tag ja früher.

Meine frühere Kollegin Uschi sagte mir mal, sie halte mich für einen der von Goethe so treffend beschriebenen Lieblinge der Götter:

Alles geben die Götter,
die unendlichen,
ihren Lieblingen ganz,
alle Freuden, die unendlichen,
alle Schmerzen, die unendlichen,
ganz.

Heute sind eindeutig die Freuden dran und ich fühle mich so, von Göttern geliebt und von Menschen verwöhnt. Ich genieße mit allen Sinnen! Ich glaube, um einen solchen Tag geschenkt zu bekommen, muss man wirklich tief abgetaucht sein in die eigenen Schattenwelten. Märchen und Mythen erzählen davon und wenn ich die Fotos anschaue von diesem Geburtstags-Sonntag, dem 20.11.2011, dann sehe ich nur eine strahlende Ursula.

So viele ganz unverhoffte kleine Geschenke gab's an dem Tag. Am Abend, als ich ins Restaurant komme, stehen schon alle bereit, unsere kleine Bali-Family und die anderen Besucher, die vor Ort sind.

„Happy Birthday, Ursula & Bettina" steht auf dem großen kunstvoll geflochtenen Geburtstagsturm aus Palmblättern und Blüten. Bis sich das Missverständnis geklärt hat, ist der Sekt, eine Saalrunde, schon ausgeschenkt, eine Krone wird mir aufs Haupt gesetzt. Später bekommt Sri, die liebenswerte Managerin von Gaia Oasis die zweite auf den Kopf und es entsteht ein schönes Erinnerungsfoto von uns beiden, eines von ganz vielen Fotos. Bärbel ist die Fotografin heute, ich denke gar nicht daran, bin viel zu beschäftigt mit meiner Freude.

Als ich mich an meinen Platz setzen will, hat da schon jemand Platz genommen, allerdings nicht auf dem Stuhl, sondern direkt auf dem Tisch, neben dem Gedeck: ein großer weißer Käfer. Ich nenne ihn gleich meinen Skarabäus, den Glücksbringer und er weicht nicht von meiner Seite an diesem Abend, kriecht erst weiter, als wir ihn später ins Gras setzen.

„Jetzt gibt es noch eine Überraschung", sagt Sri, als ich gerade die herzförmige Geburtstagstorte angeschnitten und ausgeteilt habe. Noch eine? Was kann denn jetzt noch kommen? Ich bin doch schon sooo reich beschenkt worden an diesem Tag, so viel Zuwendung, so viele kleine Aufmerksamkeiten, ein solch' herrlicher Tag. Und er ist noch nicht zu Ende.

„Bärbel hat das bestellt für dich". Ich bin ahnungslos und wir setzen uns zurecht, Blick in Richtung auf die freigeräumte Fläche im Restaurant.

Eine Legong-Tänzerin tritt auf, präsentiert uns in ihrer tollen Aufmachung einen beeindruckenden Tanz, eine ganze Geschichte wird da erzählt und jede kleinste Bewegung der Finger, der Zehen, der Augen gehört mit zu einem großen Kunstwerk, das die Tänzerinnen schon in sehr frühem Alter einstudieren. Ein tolles Geschenk zum Abschluss des Tages.

„Jetzt fehlt noch das Bad im Pool", meint Shanti, als wir irgendwann das Restaurant verlassen. Schnell in die Badeklamotten, rein ins Wasser und über uns ein atemberaubender Sternenhimmel. Was für ein Tag, so macht Älterwerden Freude!

Und das war am Morgen die erste Geburtstags-Mail gewesen, abgeschickt schon am 19.11., nachts um 23.32 Uhr von Christa:

Boli Bali Boli Bär

wo ist sie geblieben

ich weiß es nimmer mehr

gemunkelt wird von blauen Stränden

ozeanisch-blau in Bolianerhänden

vom Früchtetraum am Morgen

in orangenen Kleidern ohne Sorgen

meditiert sie und erkundet die Welt

da draußen – wie es ihr gefällt.

so einen Geburtstagsfeierort lob ich mir

aus 11 000 Kilometern Entfernung send ich Grüße zu dir.

ich sehe schon, das Urlitum zieht weite Kreise

wünscht weiter Glück auf deiner Erdenreise

lernst feiern das Leben

bring's mit zurück und schenke uns weiter: Boli-Glück.

Mittwoch, 23. November 2011

Dieser morgendliche Traum ist schon so selbstverständlich geworden: Ein wunderbares Morgenrot ergießt sich über den See, die Zeit zwischen Nacht und Tag, der Moment, wo es allmählich hell wird, die Sonne aber noch verborgen ist, der Moment, bevor der rote Feuerball zwischen Lombok und Bali aufsteigt. Dieses alltägliche Wunder, die sanft sich kräuselnde Oberfläche des Meeres, die dahin schaukelnden Boote, das Leben ist langsamer hier, beschaulicher.

Heute sitze ich auf einem der Außensofas beim Restaurant, kurz vor sechs Uhr am Morgen, zu Hause noch der späte

Abend, 23 Uhr. Hinter mir die klappernden Geräusche eines beginnenden Arbeitstages. Die Tische werden gedeckt fürs Frühstück.

Die beiden immer freundlich lächelnden Gärtner haben schon mit ihrem Rundgang begonnen. Später wird weiter das dichte Alang-Alang-Gras der großen Rasenfläche unserer Anlage bearbeitet. Mit Handsichel wird hier gemäht, Stück für Stück, immer schön kreisförmig, manchmal entsteht so eine Herzform, wie zufällig, und wenn Gedé mit strahlenden Augen sagt „Good morning. How are you?" so spürt man, dass diese Formen wirklich zufällig entstehen, weil hier ein Mensch mit dem Herzen bei der Sache ist.

Meditativ sieht die Arbeit aus, eine nicht unbedingt leichte Arbeit, diese Riesenfläche auf dem Boden kauernd, mit der Sichel zu bearbeiten. Doch wie alles hier auf Bali scheint auch diese Arbeit als ein Teil des Ganzen verstanden zu werden. Man arbeitet miteinander, sitzt dann eine Weile schwatzend beieinander, begrüßt die vorbeigehenden Gäste. Und noch nirgends habe ich so häufig diese strahlenden, oft lachenden Augen gesehen wie hier auf Bali.

Später, als wir unterwegs sind, sehe ich, dass die Sichel hier vergleichbar der Machete in Venezuela ist. Kein Landbewohner ist ohne sie unterwegs. Der Griff wird in den Hosen- oder Rockbund eingesteckt, die Sichel ragt seitwärts hervor.

Wenn ich auf meiner Holzliege vor mich hindöse, ist es in keiner Weise störend, dass ganz nah neben mir das Gras gemäht wird. Es ist diese Gleichwertigkeit, die hier so wohltuend spürbar ist und die ich auch mehr und mehr als das wahre Sein empfinde. Arbeiten, sich ausruhen, reden, schweigen, gehen, still sitzen, alles hat seinen Platz, seine Zeit.

Als wir bei einem Ausflug Extrem-Mountainbiker erleben, die sich mühsam die steilen Berge hochkämpfen, bei brütender Hitze in engen Fahrradklamotten, mit Helm, so wirkt das hier wie aus einer anderen Welt, irgendwie unpassend.

Und doch mag ich es nicht, wenn spöttisch über diese Menschen gesprochen wird.

Ich erinnere mich an meinen ersten Marathon, als ich, etwa bei Kilometer 35, ganz schön fertig war, aber auch stolz, weil ich spürte, ich werde das schaffen, in meinem Tempo, gemächlich, längst waren nicht mehr allzu viele Läufer unterwegs, doch ganz zufrieden mit mir selbst trabte ich dahin.

Die meditative Phase hatte begonnen. Ich spürte keine schmerzenden Glieder mehr, war zufrieden mit mir und der Welt, eine einsame Läuferin, als plötzlich jemand am weiter entfernten Straßenrand laut und wütend meinte „Wie kann man nur so blöd sein, sich das anzutun, 42 km auf hartem Asphalt." Es riss mich aus meiner wohligen Stimmung, kratzte etwas an meinem Ego, denn ich selbst hatte mit unseren Kindern gerne beim Frankfurt Marathon die mutigen Einzelkämpfer applaudierend unterstützt. Und all die gesundheitlichen Bedenken um dieses Thema kannte ich auch, doch die waren mir im Moment so gleichgültig. Doch die Bemerkung ließ mich nicht ganz gleichgültig.

Dabei ist es so unnötig, Energie in solche Gedanken zu geben, egal auf welcher Seite man sich befindet. Ob keuchend und schwitzend am Berg, ob fast neben dem eigenen Körper letzte Energiereserven ankurbelnd auf der Straße oder eben kommentierend am Straßenrand ... oder aber, wie wir hier im kleinen Reisebus, vorbeifahrend ...

Ich bin immer Teil des Ganzen und frage mich, warum wir das immer wieder tun, in diese Getrenntheit zu gehen, andere be- und verurteilen. Immer wieder wird der eigene Mangel genährt, indem man sich verbündet und das Ergebnis soll sein: Ich bin besser, klüger, mehr wert als der Andere.

Das ist meine tiefste Erfahrung hier auf Bali, die ich in mein Leben mehr und mehr integrieren möchte, dieses tiefe Bewusstsein, dass wir alle Teil eines großen Ganzen sind. Dann sind die individuellen Unterschiede wie ein großartiges Spiel, das wir genießen können, nicht bewerten und beurteilen.

„Where did you get that from?" fragt Dr. Wayan und man sieht es ihrem Gesicht an, dass sie sich freut über die schwarz-rot-weißen Wollbändchen, die Bärbel und ich am rechten Handgelenk tragen. Sie weiß natürlich, dass nur Heiler, nur Priester diese Bändchen vergeben dürfen, vergeben an die Menschen, die sie behandelt und gesegnet haben.

„From the local healer in Tejakula."

„Oh, you visited a healer, a priest!" Dr. Wayan strahlt.

So schön, diese tiefe Spiritualität hier auf Bali. Heilung ist immer auch ein spiritueller Prozess. Es wäre undenkbar, einen Körperteil, ein Organ, unabhängig vom gesamten Menschen heilen zu wollen. Krankheit bedeutet, etwas ist aus dem Gleichgewicht geraten. Und zum Priester, dem Heiler, geht man in der Regel nicht speziell wegen einer Krankheit sondern aus dem Bewusstsein heraus, dass wir im Leben immer mal wieder aus der Balance geraten.

Schamanen, Heiler, Priester helfen uns, wieder in Balance zu kommen.

Dass ich vor ein paar Tagen beim Local Healer und nun hier in Ubud bei Dr. Wayan, einer Schamanin, aber auch ausgebildeten Ärztin bin, hat nichts damit zu tun, dass ich von einer Krankheit geheilt werden möchte. Ich fühle mich kerngesund, habe weder einen Hausarzt noch halte ich etwas von den so vehement verordneten Vorsorge-untersuchungen.

Das hier ist etwas anderes für mich.

Sich selbst wieder in Balance zu bringen, das ist für mich der eigentliche Sinn einer Vorsorge. Ich möchte immer tiefer aus meinem wahren Selbst Kraft schöpfen und dass ich dort Teil eines großen Ganzen bin, ist für mich kein Glaube, sondern tiefste Gewissheit.

Natürlich kommt bei diesem Besuch auch Neugierde mit hinzu. Ich hatte Dr. Wayan in Elizabeth Gilbert's Buch kennen gelernt und als meine Indianerschwester Bettina von ihr erzählte, war ich sofort begeistert von der Idee, bei unserem Ausflug nach Ubud bei ihr vorbei zu schauen.

Zuvor waren Bärbel und ich lange Zeit bei strömendem Regen in einem der zahlreichen Verkaufsläden hängen geblieben, hatten unzählige Teile anprobiert, völlig unbehelligt von der Ladenbesitzerin. Irgendwann würde es aufhören zu regnen und irgendwann würden wir uns vielleicht auch zum Kauf entschließen.

Das taten wir, doch es regnete immer noch und tatsächlich hatte die nette Frau auch noch einen schönen, wenn auch gebrauchten Regenschirm im Angebot.

Kurze Preisverhandlung, so gut geschützt zogen wir weiter, verweilten eine zeitlang bei den aufwändigen Vorbereitungen für ein Tempelfest und trafen zum verabredeten Zeitpunkt im *Bali Buddha* ein, einem violetten Gebäude, in einer etwas ruhigeren Seitenstraße gelegen, ein vegetarisches Restaurant mit Bioladen im Erdgeschoss.

Ein halbes Jahr später, als ich wieder hier bin, erlebe ich, dass der Ort auch Treffpunkt ist für viele Künstler und junge Menschen aus aller Herren Länder.

Bettina kannte den schönen Ort und sie und Geppina, mit denen wir nach Ubud gekommen sind, sind bereits da. Die Praxis von Dr. Wayan ist schräg gegenüber. Natürlich wollen wir mal kurz vorbei schauen, vielleicht gibt es sogar einen Termin vor unserer Abreise in wenigen Tagen.

Das Ergebnis unseres Vorbeischauens ist eine mehr als zwei Stunden dauernde Behandlung mit Body-Reading, Abreibungen mit eingeweichten Blättern, Massagen, Energiebehandlung.

„Lasst euch Zeit", meinte Bettina lachend.

Sie hatte geahnt, dass wir nicht zum vereinbarten Zeitpunkt, nämlich nach einer Stunde, beim Auto sein würden. Als die beiden nach einiger Zeit nach uns sehen wollen, sitzen wir, zusammen mit einer jungen Australierin, auch eine Klientin, oben im Schlafraum der Heilerin, eingehüllt in weite Sarongs und rubbeln und rubbeln. Alles Alte soll sich von uns ablösen, alte Energien, alte Gedanken, alte Emotionen und gleich etwas alte Haut mit.

Als wir dann nach mehr als zwei Stunden die Treppe runter kommen, rundum behandelt und wieder angekleidet, stehen unsere Abholerinnen im Praxiseingang und Bettina ruft aus: „Wow, was seht ihr jung aus. Soooo schön!"

Wir zahlen und mit dem Rat, immer das Beten nicht zu vergessen, denn das sei bei jeder Heilung das allerwichtigste, treten wir raus in die Abenddämmerung.

Ich glaube, es regnete gar nicht, doch ich spannte den neuen Schirm auf und – wusch – klappt er mit einem Schwung nach oben, obwohl nirgends ein Lufthauch zu spüren war. Zumindest sagte das Bärbel, denn ich hätte es nicht behaupten können, spürte nur diese schwungvolle Energie, ein richtiger Schub und es war genau das Bild meines Sabbatjahr-Motivs:

Die im Regen tanzende Frau, mit hochgeklapptem Regenschirm, schwungvoll sieht das aus, leicht und froh. So fühlte ich mich.

Sonntag, 27. November 2011, Abschied von Bali

„Willst du den mitnehmen?" fragt Bärbel, als wir eingepackt haben. Auf den Gedanken, meinen schönen neuen Regenschirm auf Bali zu lassen, wäre ich gar nicht gekommen. Natürlich, wo ich nun endlich wieder einen solchen habe, schön bunt gestreift wie damals beim Heimflug von Uganda.

Immer wieder hatte mich das Bild der dunkelhäutigen Menschen, die mit solch schönen bunten Regenschirmen unterwegs waren, fasziniert. Es hat viel geregnet damals. Ich weiß es, weil ich so oft dieses Bild der aufgespannten bunt gestreiften Regenschirme sah.

Als die Heimreise näher rückte, sah ich mich um, wollte genau solch einen Schirm kaufen, ein Andenken an Afrika im Regen. Es gab sie nicht zu kaufen.

Merkwürdigerweise.

So viele gab es davon, immer die gleichen, doch keiner konnte mir sagen, woher die kamen, wo ich einen erwerben könnte. Unser Hotelboy in Entebbe hatte ein Einsehen und verkaufte mir ein Exemplar für fünf Dollar.

Das war zu Beginn des Jahres 1996 gewesen und viele Jahre und zwei Umzüge später war der Uganda-Schirm verschwunden. Ich wusste genau, wo und wann ich ihn vergessen hatte, doch er kam nicht mehr zu mir zurück.

Als nun die Verkäuferin in Ubud diesen bunt gestreiften Regenschirm hinter der Theke hervor zauberte, wusste ich gleich: Der kommt mit nach Hause. 30 000 Rupien diesmal, etwa zwei Euro fünfzig.

Die erste Station nimmt der Schirm problemlos:

Mit zwei Koffern, zwei Taschen und zwei Balinesen auf zwei Mopeds fährt er mit uns zum Parkplatz in Gaia Oasis, liegt dann im Auto bis nach Denpasar und gelangt später zügig durch die Eincheck- und die Zollzone am Flughafen in Denpasar. Schwierig wird es beim Handgepäck.

Alles ist bereits durchleuchtet, kein Peep und wir nehmen die Sachen vom Band.

„You can't take the umbrella as hand-luggage“, meint ein freundlicher Balinese.

Natürlich dürfe er mit, der Schirm, aber nur als Gepäckstück, aufgegeben beim Check-in-Schalter. Wieso hat mir das keiner gesagt? Na ja, ich hatte auch nicht danach gefragt, hatte ja meine Schirm-Erfahrung beim letzten großen Urlaub, bei unserer Venezuela-Reise. Da hatte es keine Probleme gegeben. Das Schirm-Geschenk für Elisabeth Merle, auch das ein großer Stockschirm, durfte problemlos mit uns ins Flugzeug.

Also zurück zum Schalter?

„No problem“, meint der nette Beamte, auch Extra-Kosten entstünden keine.

Das einzige Problem ist es, durch all die langen Gänge, vorbei an zahlreichen Shops, wieder zur Eincheck- Halle zurückzufinden. Solche Rückwege sind nicht vorgesehen, da gibt es keinerlei Hinweise. Eine Treppe hoch, dann wieder eine runter, ich frage mich durch und habe bald das Gefühl, im Kreis zu laufen.

Währenddessen wartet Bärbel geduldig in der Boarding-Area.

„Oh no, the check-in isn't here. You must go downstairs".

Wie, nochmal die Treppe runter? Es hört sich nach einem rechten Irrweg an. Freundlich lächelt mich die junge Verkäuferin, die ich gefragt habe, an. Dabei schaut sie auf den Schirm in meiner Hand.

„Do you like it?" frage ich. Ob sie ihn mag? Überrascht schaut die hübsche Balinesin mich an.

Gerade hat sie ihre Opfergaben dargebracht, das obligatorische Bambuskörbchen, gefüllt mit Reis und Blüten, auf den kleinen Altar gestellt, ein Räucherstäbchen entzündet und die entsprechenden segnenden Handlungen, wie ich sie so oft beobachtet habe, getan. Noch trägt sie den Sarong, den für dieses Ritual erforderlichen Tempelschal hat sie gerade abgelegt.

Ja, er gefällt ihr sehr gut, mein Regenschirm, diese schönen Farben...

Hier ist er am rechten Ort bei der richtigen Frau.

Strahlend nimmt sie das Geschenk entgegen und während ich Richtung Boarding Hall gehe, denke ich, dass sie nach ihrer Arbeit am Flughafen in ein einfaches Zuhause zurückkehren wird, wo der Schirm vielleicht weitere Freude auslösen wird. So ist mein bunter Regenschirm von Ubud nach Tejakula im Norden gereist und nun ganz im Süden bei Denpasar angekommen.

Bärbel freut sich, als ich endlich ankomme, ob mit oder ohne Schirm. Die Passagiere der Malaysia Airlines nach Kuala Lumpur sind bereits am Einsteigen.

Zwischenstation Oberursel

Dienstag, 28.11.2011

Wieder bin ich zu Hause angekommen und wieder kann ich nur in Superlativen denken: Bali, meine bisher weiteste Reise, Gaia Oasis im Norden Balis, der schönste Aufenthaltsort, den ich je kennen gelernt habe.

Ich bin wieder da, der Koffer ist ausgepackt, die Mitbringsel liegen überall verstreut und ich warte, dass auch meine Seele, die etwas langsamer fliegt als die Malaysia Airlines, hier zu mir zurückkehrt...

Das Schwierige am Reisen ist das wieder Ankommen. Da ist die Euphorie, die geballte Ladung an unglaublich schönen Eindrücken, die Freude darauf, all das mit den Menschen zu Hause teilen zu können, und dann ist da der Boden, den man unter den Füßen wieder finden muss.

Überhaupt die Füße.

Da war dieser Moment, als ich am Flughafen in Kuala Lumpur beim Zwischenstopp erstmals wieder Socken und feste Schuhe anzog und es nicht fassen konnte, wie ich damit laufen soll. Dabei trage ich immer bequeme Schuhe, doch die vier Wochen barfuß oder in offenen Sandalen hatten meine Füße so wunderbar verwöhnt, dazu noch jede

Menge Massagen, wie rundum erneuert komme ich mir vor und jedes Stück Kleidung ist erst mal einengend.

Wie mag es Naturvölkern ergangen sein, als sie den Lendenschurz gegen Kleidung eintauschen mussten. Na ja, vier Wochen nur war ich in Sonne und Wärme und ich habe das ja schon öfter erlebt, in Südamerika, in Afrika, auf all den vielen Reisen, die ich in den letzten Jahren unternommen habe, immer in warme Länder, immer auf der südlichen Halbkugel. Aber so habe ich das noch nie empfunden, diesen Gegensatz.

Ich war dort aber auch nie so ausgiebig barfuß unterwegs gewesen.

Bali war etwas ganz anderes, viel leichter, freier, ungezwungener. Tägliches Meeresbad, fast täglich Massagen, meist kein Schuhwerk an den Füßen, unterm Wasserfall duschen, direkt beim Meer wohnen, das Bad im Freien, auch Duschen mit Blick in die Palmen oder in den Sternenhimmel. Auch wenn das abendliche Bad statt im offenen Meer im Pool stattfand, so war der Sternenhimmel über mir ... alles Sanftheit und Freundlichkeit in einer Zeit, wo in der Welt Chaos herrscht.

Es ist das Neue, was man dort spürt, speziell an diesem Ort auf Bali, im Norden, Gaia Oasis bei Tejakula, „Ort des Lichtes", diesem Ort, der aus einer Vision entstanden ist, der Vision eines guten Miteinander von Menschen, eines harmonischen Umgangs mit der Natur. Bali bietet sich an für solch ein Projekt, weil hier das Leben so eng mit Spiritualität verwoben ist.

Da gibt es kein Haus ohne eigenen kleinen Tempel, keinen Marktstand ohne den kleinen Opferaltar und als ich am vorletzten Tag bei der Friseuse saß und beobachtete, wie sie zu Einbruch der Dunkelheit ihren Sarong anzog, den Gürtel mit der ganz speziell gebundenen Schlaufe anlegte und die Räucherstäbchen entzündete, merkte ich, dass ich genau das brauche für mein Wohlbefinden:

Bewusstheit, Ruhe, Gebet, Andacht und fasst gleichzeitig dieses herzliche Miteinander, auch wenn wir uns sprachlich nicht verständigen konnten.

Diese Anmut, die ich immer wieder beobachten konnte, beim Halten der Blüte mit den Fingerspitzen. Ein kurzes Hochheben zur Stirn, ein leichtes Neigen des Kopfes und dann das Schnippen des gesegneten Wassers mit der Blüte, die dann in die Haare gesteckt oder bei den Opfergaben abgelegt wird.

Die kleinen Opfergaben wurden genauso liebevoll und achtsam verteilt wie anschließend meine Haare ausgespült. Und die Kopfmassage allein hätte den Friseurbesuch schon gelohnt. Die Kultur der Achtsamkeit erstreckt sich auch auf den Körper, das sieht man den Menschen an.

Schöne Menschen leben auf Bali. Graziös tragen sie schwerste Lasten auf dem Kopf, bunt sind die Gewänder, besonders bei den vielen Festen, zu denen die Menschen immer irgendwann unterwegs sind.

Sicher gibt es auch unschöne Dinge auf Bali, doch ich erlebte das schöne Bali und es entsprach meiner Suche nach dem Wesentlichen, meiner Sehnsucht nach Achtsamkeit. Ich habe etwas mitgebracht davon und möchte es bewahren und weitergeben, freue mich auf all meine Lieben.

Urs und Lisa erwarten uns am Flughafen, bepackt mit warmen Jacken, die wir gerne annehmen.

Maurice begrüßt mich zu Hause, scheint nicht mehr so zu fremdeln, wenn ich lange weg war. Vielleicht ein Zeichen das Alters. Sein Radius wird kleiner. Ende November ist es, der Weihnachtsmarkt in Oberursel ist bereits vorüber. UrLi ist schon weihnachtlich geschmückt, wie Lisa erzählt.

Noch vor zwei Tagen saßen wir bei Shanti auf der Terrasse, tranken balinesischen Kaffee, aßen Zimtsterne, die mir Ulrike und Peter zum Geburtstag geschenkt hatten und feierten den ersten Advent, in leichtem Gewand, das Meer vor Augen.

Ja, ich bin wieder da, und es ist gut so.

Die folgenden Wochen sind eine ganz eigenartige Mischung von Zuhause und unterwegs Sein. Es ist so unwirklich, aus dem balinesischen Sommer zu kommen, und bereits die nächste große Reise mit südafrikanischem Sommer im Blick zu haben.

Ursula Curtius aus Fleckl bei Bayreuth ist am Telefon:

„Das muss ja traumhaft gewesen sein", sagt sie, „vielen Dank für diese wunderschöne Karte. Wie gerne würde ich das mal erleben. Hab' schon allen davon erzählt, von diesem Gaia Oasis."

Und ich erzähle, schwelge wieder in Erinnerungen und erwähne, dass auch ich am liebsten gleich wieder dahin möchte. Etwas unvorsichtig, der Wunsch ist ausgesprochen.

Zwei Monate Südafrika liegen vor mir und ich habe noch keine so klare Vorstellung davon, wie es sein wird, denn das Planen habe ich meinen Afrika-Kennern, Margot und Noel, überlassen. Anfang Dezember bringe ich sie zum Flughafen.

Bis in sechs Wochen in Südafrika!

Schön ist es, zu Hause zu sein, Advent im UrLi zu feiern, sogar mit großer Wichtelrunde. Weihnachten dann mit Urs in Schweighofen, bei Schwester und Schwager.

Sylvester etwas aufwändig mit Fahrt nach Berlin zum Galli-Theater. Tanz bis zum frühen Morgen, 68er Spätlese, auch das gehört dazu und Bärbel ist mit von der Partie.

Vor der Reise nach Südafrika gibt es einen Bali-Abend. Das ist mir ein Bedürfnis, bevor ich zur nächsten Tour starte, meinen Lieben nochmal von der letzten Reise zu erzählen, Bilder zu zeigen.

Venezuela habe ich nur nebenbei am Laptop vorgeführt.

Das war beim UrLi-Herbstfest im Garten am 21. Oktober, meinem Namenstag, wo es einigen doch schon zu kalt wurde und andere bis weit in die Nacht aushielten, dann vorwiegend in der Hütte. Martin wollte gar nicht mehr aufhören Gitarre zu spielen.

Als ich zum Bali-Abend einlud, am 7. Januar, da wurde auch schon mal gefragt: Im Garten?

Nein, diesmal in der kuscheligen Wohnung, denn die Bilder werden per Beamer an die Wand gestrahlt. So tauchte ich vor meiner dritten und vorerst letzten großen Reise nochmal tief ein in dieses Bali-Erlebnis und in der letzten Mail hatte Sri geschrieben, dass im Mai noch ein Haus frei wäre in Gaia Oasis. Vorsichtshalber hatte ich nachgefragt, denn mein Sabbatjahr endet ja erst im August.

Teil 3: SÜDAFRIKA

Vor der Abreise

Freitag, 13. Januar 2012, noch eine Woche

Meine dritte Reise rückt näher, ich hole den großen Koffer aus dem Keller. Noch eine Woche bis zum Abflug, was nehme ich alles mit?

Feinster Sand rieselt mir entgegen, als ich den Koffer nochmal umdrehe. Wie schön, über die Kontinente hinweg ist er mitgereist, wohl vom Playa Medina oder von Mochima, jedenfalls aus Venezuela, denn nach Bali bin ich nur mit leichtem Gepäck gereist, mit kleinem Reisekoffer plus Handgepäck.

Für zwei Monate Südafrika brauche ich wieder den größeren Koffer, auch wenn keine Flex, keine Bohrmaschine, kein

Sauerkraut und kein Klosterfrau Melissengeist zu verstauen sind, wie bei der Reise nach Venezuela.

Solche Mitbringsel sind nicht vonnöten in Südafrika. Dafür gehen Bücher mit auf die Reise und erstmals auch meine inzwischen voll beschriebenen Notizblöcke.

Diesen Südafrika-Urlaub, meine längste Reise im Sabbatjahr, zwei Monate außer Landes, will ich außer zum Weiterschreiben auch dafür nutzen, das Geschriebene ins Reine, sprich in den Laptop zu tippen. Also ist der auch dabei, wird zunächst noch von Urs beschlagnahmt werden, denn in den zwei Wochen, die er mit mir reist, ist noch eine Hausarbeit fertig zu stellen.

Es sieht nach Arbeitsurlaub aus.

Den Laptop brauche ich dann für ganz andere Dinge. Mein Schreiben erledige ich auch in Südafrika weiter handschriftlich und der Ordner 'Buchmanuskript' bleibt vorerst noch leer.

Das weiß ich noch nicht an diesem Freitag dem dreizehnten, als ich mit Packen beginne.

Bei all den geplanten Reisen vermuten meine Bekannten, besonders die Kolleginnen und Kollegen, mich immer unterwegs in fernen Ländern. Ich kenne sie, die erstaunte Frage, wenn wir uns irgendwo in Oberursel treffen:

„Du bist ja da?!". Eine nächste Frage ist dann manchmal „Kommst du mit deinem Buch voran?"

Es ist anders als beim ersten Buch. Kaum jemand wusste damals, dass mein Sabbatjahr auch dafür gedacht war:

Zu schreiben, das Buchprojekt, das ich seit Jahren im Kopf hatte, in die Tat umzusetzen. Natürlich wurde es ein ganz anderes Buch, als ich es mir Jahre zuvor ausgemalt hatte. Die Zeit hatte vieles verändert. Es war dann eine Überraschung, als mein erstes Buch zur Verfügung stand, unerwartet.

Als hätte ich es heimlich verfasst.

Das ist anders diesmal.

Ich rede darüber und so wissen viele von meinem Vorhaben, ein Buch über die Freude am Älterwerden zu schreiben. Auch diesmal werden die äußeren Umstände, all das Erleben, die Inhalte meines Buches prägen, vorher Geplantes verändern. Es wird ein lebendiges Werk sein, mitten aus dem Sabbatjahr-Leben entstanden.

Und zu der Frage, ob ich voran käme: Ja, ich komme voran, schreibe und schreibe, an allen Ecken der Erde, an den Stränden, in den unterschiedlichen Unterkünften, auf Terrassen und unterm Sternenhimmel.

Bin ich dann wieder hier, in meiner häuslichen Umgebung, bleibt oft nicht viel Zeit zum Schreiben. So viel pulsierendes

Leben ist da um mich herum und ich genieße es, mit all meinen Lieben zusammen zu sein.

Um mein Manuskript fertig zu stellen, muss ich die Koffer dann irgendwann wieder packen, einige Tausend Kilometer Abstand gewinnen von zu Hause.

Mit diesem Rhythmus von Reisen / Zuhausesein / Reisen, ja, da komme ich voran, werde mein Arbeitspensum bis zum Schuljahresende erledigen. So habe ich es geplant. Bis die Sommerferien beginnen, liegt mein Buchmanuskript beim Verlag.

Erst als ich *Teacher Man* von Frank Mc Court gelesen hatte, empfohlen von Heike, meiner lieben Kollegin, wurde mir bewusst, dass der Autor früher Lehrer gewesen war. Nachdem er mit seinem ersten Buch *Angela's Ashes* (*Die Asche meiner Mutter*) einen Bestseller geschrieben hatte, wurde er gefragt, warum er so spät erst Bücher schreibe. Und seine Antwort war ganz einfach, nachvollziehbar nur von Kollegen:

„Wann soll ein Lehrer denn ein Buch schreiben? Ich musste bis zu meiner Pensionierung warten, bis ich mal Zeit habe."

Das ist anders bei mir.

Ich habe Zeit, bin mitten in meinem zweiten Sabbatjahr und erfülle mir meine Herzenswünsche bereits jetzt, vor dem Rentenalter. Das ist das Geschenk, das ein Sabbatjahr bietet. Wenn nicht jetzt, wann dann.

Warten auf ein Später ist bei manchen Vorhaben nicht unbedingt sinnvoll.

Da treffen sich zwei Frauen in der Stadt, begrüßen sich herzlich und überlegen, woher sie sich kennen. Haben sie sich beim letzten UrLi-Fest getroffen oder gar beim kürzlichen Bali-Abend, jedenfalls war es irgendwie bei der Ursula.

Als mir die Geschichte erzählt wird, frage ich mich, ob mein Wohlgefühl, das sich einstellt, nun doch wieder diese alte Geschichte mit der Anerkennung ist. Ist es immer noch das kleine Kind in mir, das gesehen und geliebt werden will?

Auch wenn da immer mal wieder Anteile mitschwingen, so merke ich doch, dass etwas anderes entsteht: Diese Freude daran, Netzwerke zu schaffen, Menschen zusammen zu bringen, eine Plattform zu bieten für Kommunikation und Zusammensein. Eben das, was inzwischen auch unser Garten geworden ist: UrLi, der etwas andere Treffpunkt.

Und bei all dem Trubel, der auch in meinem Freijahr oft herrscht, freue ich mich immer mal wieder über freie Stellen im Terminkalender:

Puh! Zeit für mich, eine freie Fläche.

Das bleibt das A und O in meinem Leben: Das tiefe Bedürfnis, Zeit für mich zu haben, Zeit um zu mir zu kommen, immer klarer, immer bewusster.

Da ist immer weniger Raum für Unwesentliches, Negatives, Kraftraubendes. Das eine vom anderen zu unterscheiden, das gilt es oft noch zu lernen.

Für diese meine längste Reise habe ich klare Vorhaben: Schreiben, mein Manuskript weitgehend fertig stellen, zumindest den Rohbau und das vor allem in der zweiten Hälfte der Tour. So war es vorgesehen, von mir angedacht und sehnlichst gewünscht.

Ich freute mich darauf, auf die ersten beiden Wochen, zusammen mit Urs, auf das Neue, das ich mit Margot und Noel kennen lernen würde und dann auf meinen geheimen Ort.

So geheim war der ja nicht, nur eben mir selbst noch nicht bekannt.

„Es ist alles bestens hier. Ich habe alles organisiert für dich." Mitten aus einem intensiven Traum ruft mich Margots Stimme und schnell gehe ich zum Telefon, erwische sie noch und freue mich über das erste Lebenszeichen der beiden Abenteurer. Schon bald würden Urs und ich sie treffen in Paternoster.

Ich will wissen, ob du andere enttäuschen kannst, um dir selbst treu zu sein.

Diese Zeile aus dem bereits zitierten so weisen Text ist meine größte Herausforderung. Daran muss ich noch arbeiten, das weiß ich, nicht erst nach dieser großen Reise, die so ganz anders verlief als vorgesehen.

Ein Traum.

Ich bin in einer alten Stadt unterwegs, mit vielen Gassen und Wasserstraßen, vor vielen Jahrhunderten muss es gewesen sein und doch so nah. Wir waren mehrere und immer wieder sonderte ich mich etwas ab, hatte dann ein leicht mulmiges Gefühl, ob ich die anderen wiederfinden würde – und da waren sie wieder. Weiter gings durch diese spannende alte Kulturstadt...

Tags zuvor, am Abend im UrLi gab es diesen Moment, an dem ich ganz tief in mir fühlte, dass wir uns hier wiedergefunden haben, wir vier, der Kern der UrLianerinnen.

Andere gehören dazu, doch das Kleeblatt, das sind Lisa, Bärbel, Ulli und ich, die ab 2012 auch das Pächterinnen-Quartett bilden würden.

So hatten wir's vereinbart und wir sprachen über Liebe an dem Abend. Ich empfand eine ganz besondere Liebe zwischen uns, und könnte mir vorstellen, dass solche Bande weit über ein Leben, eine Zeit, eine Kultur hinausreichen.

Jede von uns hat ihren ganz eigenen Weg, eigene Familien, eigene Beziehungen, eigene Freuden, eigene Trauer und hier begegnen wir uns an einem Punkt, an dem wir einiges davon hinter uns gelassen haben, uns auf neuen Wegen befinden.

Die Menschen, die zu einem gehören, tauchen auf, zur rechten Zeit, am rechten Ort.

Die Venezuela-Sandkörner werde ich nun absaugen, bevor der Südafrika-Koffer gepackt wird.

Donnerstag, 19. Januar, noch ein Tag bis zur Abreise

Zum Frühlingsanfang bin ich wieder da!

„Ich freue mich schon jetzt, wenn du dann wieder zurück bist." Gerlind sagt das, als sie mich verabschiedet und es ist nur einer von vielen so wohltuenden Abschiedssätzen, die ich gesagt bekomme, heute, einen Tag vor unserer Abreise in Richtung Kapstadt.

Meine dritte große Sabbatjahrreise beginnt.

Als wir so zusammen sitzen beim Abschieds-Tee, am Donnerstag, dem 19. Januar, wird mir bewusst, wie sehr sich mein Leben gewandelt hat seit meiner ersten Afrika-Reise, damals vor 19 Jahren, als ich mit Urs, meinem Sohn, und Rose und Cathari, zwei seiner Halb-Schwestern, nach Harare flog, einen Tag später als geplant, zwei Personen mehr als angekündigt und als ich erst im Flugzeug aufatmete mit der Gewissheit: Jetzt kann nichts mehr dazwischen kommen. Jetzt haben wir erst mal Ruhe, sind dem häuslichen Chaos entflogen, hoch über den Wolken.

Das ist so völlig anders heute. Ich genieße die Zuneigung meiner Freundinnen. Ja, es sind hauptsächlich Frauen, die zurzeit mein nächstes Umfeld ausmachen. Frauen, mit denen mich so viel verbindet an Lebenserfahrung, Offenheit, Lebensfreude auch, Neugierde und Liebe zum Leben. Die Tatsache, dass es meine Besucherinnen gar nicht weit bis zu mir haben, ist für mich wie ein Zeichen, dass mein Leben sich wieder meiner Ursprungsidee annähert, einem gemeinschaftlichen Miteinander.

Mit Gerlind, die meinen Kater während meiner Abwesenheit versorgt, wohne ich Tür an Tür. Bärbel, die ich erst auf unserer Togo-Reise im Herbst 2009 kennen lernte, wohnt nun genau drei Stockwerke über mir, und der Aufzug, den ich nie brauchte, da ich im Erdgeschoß wohne, ist ein wichtiger Postbote geworden.

„Ich hab' hier noch schöne Vorhänge. Soll ich dir die mal runter schicken?"

„Ja, gerne. Und da ist noch der kleine Topf von dir. Ich stell ihn dir in den Aufzug. Die Hör-CD von Robert Betz, über die wir sprachen, leg ich gleich dazu."

So wandern die Dinge auf schnellstem Wege hoch und runter. Das Leben ist reicher geworden, seit Bärbel einzog und Maurice hat eine liebe Betreuerin dazu gewonnen.

Ich brauche meine Menschen um mich.

So bin ich aufgewachsen, dann ausgebrochen, dann wieder eingetaucht in ein so anderes gemeinschaftliches Leben, wieder ausgebrochen.

Was ich jetzt erlebe, nähert sich dem, was ich im tiefsten Innern immer ersehnte: Mit Menschen ganz frei in Gemeinschaft zu sein. Frei deshalb, weil die Individualität eines jeden geachtet wird, wir gelernt haben, uns zu zeigen, uns auch abzugrenzen, auch Fehler einzugestehen, wenn wir das möchten.

Je tiefer ich bei mir selbst ankomme, je bewusster ich verankert bin in meinem eigenen Inneren, in dem, was weit hinausreicht über mich als Individuum, desto mehr kann ich auch bei anderen sein.

Solange das nicht der Fall ist, dieses bewusste **Ich bin,** werden andere Menschen schnell zur Bedrohung und zwar deshalb, weil meine Grenzen überschritten werden, weil ich viel mehr beim anderen als bei mir selbst bin.

Wie oft habe ich Entscheidungen getroffen, weil ich genau fühlte, was von mir erwartet wurde und nicht aus dem, was mein Innerstes mir mitteilen wollte, diese innere Stimme, dieses leise gefühlte Wissen. Eine Instanz, die jeder Mensch hat und die doch so wenig eingesetzt wird im täglichen Umgang miteinander.

Die Zeit ist reif, Verständigung geschieht, immer mehr, immer klarer, immer bewusster.

Zu meiner Abschiedsrunde gehört noch Lisa.

Lisa, mit der ich UrLi gegründet habe, die ich in diesem Leben ebenfalls noch nicht allzu lange kenne und die mir dennoch so ewig vertraut ist, eine bekannte liebe Seele aus uralter Zeit.

Dass wir damals nahezu wortlos übereinstimmten, UrLi zu pachten, zunächst ein noch namenloses Gartengrundstück, das geschah aus einer tiefen Vertrautheit, die nicht erst in diesem Leben entstanden sein kann.

In diesem Leben, in unseren individuellen Entwicklungen, lebten wir zunächst in unterschiedlichen Welten.

Ich denke der Punkt, an dem wir uns alle jetzt treffen, ist genau der, wo wir uns aus unseren alten Geschichten, alten Programmen und Strukturen heraus entwickeln - hin zu einem neuen Miteinander.

Und UrLi spielt eine große Rolle dabei:

Ein Stück Land, alte Obstbäume, die im letzten Herbst eine überreiche Fülle an Äpfeln bescherten, Kirschen auch und Mirabellen. Dann die wuchernden Brombeerhecken, die Ulli mit großer Geduld, scharfer Schere und schickem Kleid unermüdlich bezähmt. Eine alte grüne Gartenhütte, ein Blechschuppen, mehr nicht.

Und doch, all das was jetzt dort lebt und sich entfaltet, und damit meine ich nicht nur die eingebrachten Samen und Pflanzen, schien schon lange angelegt als Möglichkeit.

Wenn UrLi am 10. April zwei Jahre alt wird, kann es auf zwei reiche Jahre zurückblicken, reich an Kommunikation, reich an Freude, reich an Bewusstheit, reich an Liebe, denn jeder, der das Tor durchschreitet, den Pfad durch das von anderen bewirtschaftete Terrain betritt, scheint sich zu verändern, kommt an, ist DA !

Während ich auf Bali war, kam mir der Gedanke und als ich nach meiner Rückkehr mit Lisa in der Marktschänke saß, sprach sie genau das aus, hatte die gleiche Idee:

„Was hältst du davon, wenn wir das UrLi-Team erweitern?"

Es brauchte nicht viele Worte, wie diese Erweiterung aussehen sollte. Bärbel und Ulli stimmten sofort zu. Wir teilen die Pacht, jede bekommt einen Schlüssel und alle haben gleiches Mitspracherecht. So entsteht Gemeinschaft.

Und es gibt keine Mitglieder in unserer Gemeinschaft. Dennoch ist der Kreis der UrLianerinnen schon merklich gewachsen, eine gefühlte Gemeinschaft, bei der es bisher noch keine Männer gibt. Auch UrLianer wären vielleicht denkbar, im Moment aber noch nicht vorhanden. Obwohl, das stimmt nicht so ganz.

Es gibt sie bereits, Männer, die gerne auf UrLi-Pfaden wandern, vielleicht auch mal helfen beim Gras mähen oder

Dach reparieren. Oder die einfach mal gerne in der Sonne sitzen, und sich mit den Neuigkeiten aus aller Welt per Zeitung beschäftigen.

So sitzen wir beim Abschiedstee, einen Tag vor meiner Abreise nach Südafrika.

Auch Ulli ist inzwischen da, kam direkt aus der Schule hierher. Schule, so weit weg für mich, all die Verpflichtungen, Termine. Ich fühle mit ihr, wenn sie von all der Arbeit erzählt. Und doch lebe ich zurzeit in einer ganz anderen Welt, bin dankbar dafür. Es klingelt nochmal an der Tür. Fehlt noch jemand?

Welche Freude: Gudrun kommt, wollte mich nochmal sehen vor meiner großen Reise. Gudrun, die ich selten sehe und doch sind wir uns so vertraut, eine Seelenschwester. Schon als ich noch in unserer Gemeinschaft lebte, in Oberwiddersheim, wollte sie diese Gruppe mal kennen lernen, hatte sich interessiert für die Menschen, die in solch wunderlichem Haus lebten.

Kennen gelernt haben wir uns dann erst viele Jahre später, als wir ein paar Jahre im gleichen Haus in Oberursel wohnten.

Zum ersten Mal erkannt habe ich sie damals bei unserem Hexentanz im wilden Gärtchen hinter dem Wintergarten unserer letzten Wohnung. Ich sehe sie noch, wie sie mir lächelnd eine Fackel reicht, dann begeistert mitmacht beim Fackeltanz. Es sind diese Augenblicke, wo Erkennen geschieht, dieses tiefe Wiedererkennen verwandter Seelen. Zumindest für mich war das der Moment: Hallo, da bist du ja wieder!

Wir finden uns wieder und wir sind erstmals vor allem Frauen. Jede von uns hatte Männer als Partner, als Ehemann, als Liebhaber, manche leben zusammen mit ihren Männern, andere sind getrennt. Die ganz tiefe, heilende Verbindung scheint jedoch über die Freundschaft zu Frauen zu gehen. Meist Frauen, die die erste Lebenshälfte überschritten haben, Frauen, die in eine neue Lebensphase eingetreten sind, Frauen, die mit viel Mut ihren eigenen Weg gehen, ausgetretene Pfade verlassen haben - aus Treue zu sich selbst.

Als ich eines Tages aus der Schule nach Hause kam, stand vor meiner Tür eine Riesen-Blumenpflanze mit einer Karte.

Es war irgendwann im Sommer 2006.

Gudrun hatte mein Buch gelesen und mir ein wunderschönes Dankeschön geschrieben. Voll tiefer Liebe und Verbundenheit nannte sie mich „Schwester" und ich fühle das immer wieder, wenn ich sie sehe. Schön, dass du da bist, Schwester!

Aleph hat sie mir heute mitgebracht, neuestes Buch von Paulo Coelho. Obwohl sie erst mit dem Lesen begonnen hat, meint sie, das solle unbedingt mit auf meine Reise. Wie recht sie hat. Wie dankbar bin ich ihr dafür und auch diese

Geste ist eine Perle auf der Schnur, die sich im Moment durch mein Leben zieht:

Wundervolle Begegnungen, die passenden Bücher, die richtigen Orte, an denen ich zur rechten Zeit bin.

Frankfurt, Freitag, 20. Januar 2012

Programmänderung: Nicht Bärbel sondern Ulli bringt mich zum Flughafen. Lisa kommt mit, herzlicher Abschied draußen vor dem Gebäude. Auch Urs ist da, mein Reisebegleiter, direkt von der Uni kommt er. Eine lange Vorbereitungszeit war nicht möglich. Die hatte ich dafür umso mehr. Seinen gepackten Koffer haben wir mit. Es kann losgehen.

Mit British Airways nach London, von dort nach Kapstadt und schon im Flugzeug beginne ich mit Coelhos Buch. Was dieses Buch mir vor allem schenkt ist Mut.

Ich lese über einen Zustand, eben dieses *Aleph* genannte Bewusstsein, den ich einige Male erlebt habe. Momente, die ich auch beschreibe in meinem ersten Buch, aber nur so viel, dass unbedarfte Leser mich nicht für verrückt halten. Zu viel Verunsicherung war da noch in mir. Es ist die Zeit gekommen in meinem Leben, in der ich diese Angst, als ver-rückt zu gelten, nicht ganz der Norm zu entsprechen, vollständig aufgeben möchte.

Angst hält uns an der Oberfläche, legt Wert auf das gut Dastehen, gut Ankommen beim Anderen. Mut bedeutet, sich selbst vollkommen zu akzeptieren, die eigenen Schwächen und Stärken. Und gerade da hapert es oft, dass wir uns unsere Größe gar nicht zutrauen.

Auch hier gibt es einen wunderbaren Text, den ich hier einfügen möchte, oft zitiert, in unterschiedlichsten Übersetzungen:

Unsere tiefste Angst ist nicht,

dass wir der Sache nicht gewachsen sind.

Unsere tiefste Angst ist,

dass wir unermesslich mächtig sind.

Es ist unser Licht, das wir fürchten,

nicht unsere Dunkelheit.

Wir fragen uns:

„Wer bin ich denn eigentlich, dass ich leuchtend,

hinreißend, begnadet und fantastisch sein darf?"

Wer bist du denn, dass du das nicht sein darfst?

Du bist ein Kind Gottes.

Wenn du dich klein machst,

dient das der Welt nicht.

Es hat nichts mit Erleuchtung zu tun,

wenn du dich einkringelst,

damit andere um dich herum sich verunsichert fühlen.

Du wurdest geboren,

um die Ehre Gottes zu verwirklichen, die in uns ist.

Sie ist nicht nur in einigen von uns –

sie ist in jedem Menschen.

Und wenn wir unser Licht erstrahlen lassen,

geben wir unbewusst den anderen Menschen die Erlaubnis,

dasselbe zu tun.

Wenn wir uns von unserer Angst befreit haben,

wird unsere Gegenwart ohne unser Zutun andere befreien.

(Der Text wird Nelson Mandela zugeschrieben, andere nennen Marianne Williamson als ursprüngliche Verfasserin.)

Ich habe hier die Übersetzung gewählt, die in unserem Ethik-Buch abgedruckt ist. Gerne habe ich den Text in der Jahrgangsstufe 9 oder 10 eingesetzt, doch es ist nicht so einfach, Jugendlichen, die gerade diesen extremen Konflikt erleben zwischen ihrem sich heftig entwickelnden Ego und den Grenzen, die Familie und Gesellschaft aufzeigen, solche Inhalte zu vermitteln.

Ich denke, es ist ein Text, den man erst mit dem Älterwerden in seiner wunderbaren Aussage und Tiefe begreift. Auf der Suche nach der 'richtigen' Übersetzung fiel mir auf, wie viele Variationen dieses Textes es inzwischen gibt, wie gerne die Zeilen auf Seiten, wo es um Selbstfindung geht, zitiert werden.

Als wir etwa zwei Wochen später auf Robben Island waren, ich Nelson Mandelas Lebensgeschichte nochmal ganz anders erlebte, verstand ich ein klein wenig mehr von dem, was er damals, inzwischen schon hochbetagt, 27 Jahre Gefängnis hinter sich, so formulierte. Eine tiefe Wahrheit steckt in diesen Worten.

Die Größe, von der hier gesprochen wird, ist eine so wundervolle Zukunftsvision: Dass wir erkennen, wer wir sind und dass wir uns trauen, das zu leben, aus unseren Verstecken hervorzutreten, denn...

„Wer sich versteckt, hat nur geringe Bewegungsfreiheit, denn er muss dauernd darauf achten, nichts von sich zu zeigen. Wer aber sein Versteck verlassen hat, der ist frei. Er hat auf einmal Platz und kann gehen, wohin er will.“

Das hatte ich mir notiert, gefunden in dem wertvollen Büchlein *Johannes* von Heinz Körner.

Nun steht der Satz in meinem Adressbüchlein und ich lese ihn zu-fällig, als unser Flugzeug zur Startbahn rollt, kurz vor dem Anheben!

Oh ja, ich bin hervorgetreten aus meinem Versteck.

Das Leben wird weit und groß.

Ich kann nun gehen, wohin ich will.

Nach Kapstadt fliegen zum Beispiel.

Kapstadt, 21.- 25. Januar 2012

Kapstadt.

Ich hatte keine Vorstellung, welch beeindruckende Stadt das ist, keine Idee von der Vielfalt, die allein diese scheinbar kleine Halbinsel, die Cape Peninsula bietet, diese traumhaften Felsküsten, die paradiesischen Strände, die außergewöhnliche Lage dieser Stadt am Fuße des Tafelbergs, davor der lang gestreckt liegende Gebirgszug mit Lion's Head als kopfförmigem Gipfel an einer Seite und dem eher sanften Hügel von Signal Hill am anderen Ende.

Ich genoss Kapstadt vom ersten Moment an. Meine Vorstellung war gewesen, in einem Flughafengebäude vergleichbar Johannesburg anzukommen, und ich erlebte die Ankunft hier viel aufgeräumter, übersichtlicher.

Ich liebe Ankünfte an Flughäfen genauso wie Abflüge.

Die Vorfreude auf die Reise, die Neugierde auf das Ziel sind genauso schön wie das Heimkehren mit all dem Erlebten im Gepäck. Unsere Reise fing erst an und mit meinem Sohn zu reisen, ist immer ein besonderes Erlebnis. Wir sind ein gutes Team.

Schnell finden wir den etwas abseits stehenden Mann mit dem Schild „Bolender" und zügig gelangen wir zum Parkhaus, wo unser Taxi wartet. Dass ich genau zwei Wochen später schon wie selbstverständlich, selbst am Steuer sitzend, hier vorfahren würde, ahnte ich noch nicht. Das war erst mal noch ganz weit weg.

Ankunft und Begrüßung bei Michael im Braeside B&B, wo wir ein ganzes Appartement bewohnen, kurzes Auspacken und dann gehen wir los auf Erkundungstour.

Das ist das Schöne bei dieser Reise, dass wir gleich DA sind, keine große Zeitverschiebung, Flug über Nacht. Der ganze Tag scheint vor uns zu liegen, auch wenn es nur noch ein Nachmittag ist. Und gestern waren wir noch im winterlichen Frankfurt.

Vorbei an dem anlässlich der Fußball-Weltmeisterschaft 2010 errichteten Stadion, von den Einheimischen 'Cup' genannt, sind wir schon bald im Herzen von Kapstadt, zumindest im touristischen Herzen der Stadt: Die Waterfront mit all den tollen Straßenmusikern, Tanz- und Trommelgruppen.

Urs ist schon eifrig am Fotografieren und Filmen. Euros tauschen wir um in Rant, machen Pläne für die ersten Tage.

Vier Tage Kapstadt liegen vor uns, herrlich!

Mit Blue und Red Line, den roten Doppeldecker-Bussen, erkunden wir an den folgenden Tagen Kapstadt, ein toller Tipp von Annegret. Über Kopfhörer bekommt man so viel Informatives erzählt über diese Stadt und durch das Hop on/Hop off-System kann man an den für passend befundenen Stellen aussteigen.

Am ersten Tag mit der Blue Line, die etwas in die weitere Umgebung geht, war unser Highlight Kirkebosch und wir hielten uns eine ganze Weile auf im großflächigen Botanischen Garten.

Bei der Red Line, die mehr ins Stadtinnere geht, war ein wichtiges Highlight das Goldmuseum. Urs, der Goldjunge, strahlt auf den Fotos. Vom Green Market gibt es von mir dieses schöne Foto, auf dem ich ganz begeistert das große Warenangebot bestaune. Doch einkaufen will ich noch nicht. Ich bin ja erst am Anfang meiner großen Afrika-Reise und werde nicht gleich mein Gepäck erweitern, zumal ich noch gar nicht weiß, wohin die Reise geht.

Das wusste ich tatsächlich nicht, meine späteren Reisebegleiter allerdings auch nicht, trotz genauester Planung...

Paternoster, Ende Januar 2012

Wie viele Paradiese gibt es auf dieser Erde?

Schon wieder ein traumhafter Ort, atemberaubend, weil es wieder ein ganz neues Bild für mich ist.

Paternoster heißt der Ort, etwa 120 km nördlich von Kapstadt, an der rauen Atlantikküste gelegen; unser Zuhause, ein weißer Bungalow direkt am Strand, umgeben von sehr lebendig wirkenden abgerundeten Riesen-Felsformationen.

Voller Freude reisen Urs und ich mit dem Bus aus Kapstadt an, werden abgeholt von Margot und Noel plus Taxi. Saldhana hieß unser Ziel und wir sind noch ganz erfüllt von vier Tagen in Kapstadt.

Es wird etwas anders sein, ab jetzt. Wir sind zu viert. Bei unserem Kapstadt-Erlebnis war vor allem dieser so wohltuende Gleichklang zwischen uns zu spüren. Klare Absprachen sind für uns selbstverständlich. Unser Mutter-Sohn-Verhältnis ist eine Beziehung zwischen zwei mündigen Erwachsenen, geprägt von Respekt und Liebe.

Schön waren diese ersten Tage in Südafrika.

Auf der abendlichen Busfahrt Richtung Norden, parallel zur Küste, lasse ich die Bilder nochmal an mir vorbeiziehen:

Diese grandiosen Ausblicke auf all die schönen Bays rund um Kapstadt, auf den Tafelberg, auf Signal Hill, auf Lion's Head.

Ich hatte keine Ahnung, wie schön es hier ist, hatte keine Vorstellung von Kapstadt und Umgebung, bin überwältigt. Und es ist auch deshalb so schön, weil Urs und ich das gemeinsam erleben.

Als wir dann am fünften Tag unserer Reise in Paternoster ankommen, diesem Kleinod an der Atlantikküste, ankommen in einem großzügigen weißen Bungalow mit weiter Terrasse, Blick aufs Meer, auf die Bucht, die bunten Fischerboote, den weißen Sandstrand, an dem wir noch viele Joggingtouren unternehmen werden, da danke ich Gaia, unserer Mutter Erde, für ihre Schönheit. Ich danke, dass ich so viel Schönes geschenkt bekomme in diesem Urlaubsjahr und nehme die Bilder tief auf in meine innere Schatzkiste.

Je klarer das Innen wird, desto reicher präsentiert sich auch das Außen, ist erlebbar im Hier und Jetzt.

Kleine Ausflüge machen wir in die Umgebung, Urs und ich wechseln uns ab beim Fahren, doch noch ist er häufiger der Chauffeur. Er sitzt gerne am Steuer und will die kurze Zeit, die er mit uns hier sein kann, nutzen. Für ihn sind die beiden Wochen nicht nur Urlaub, denn am Laptop sitzend ist er auch mit der Uni vernetzt. Die Arbeit scheint ihm hier leicht von der Hand zu gehen, mit dieser Kulisse.

Die verschiedenen Restaurants unseres Urlaubsortes lernen wir beim Mittagessen kennen, auch die wohlschmeckenden Fischsorten und Urs' 30sten Geburtstag feiern wir ausgiebigst, mit Geburtstagstisch am Morgen, Ausflug in den nahe gelegenen Naturpark, Mittagessen im Strand-restaurant.

Drei Generationen sind wir, Urs, der gerade seine beruflichen Weichen stellt, ich, die übers Älterwerden schreibt, fast 60, und Margot und Noel nochmal 30 Jahre älter, die von Urs immer wieder befragt werden über all die Themen, die ihn als jungen Menschen beschäftigen.

Die Sichtweise der Älteren, das war ihm schon immer wichtig, der Älteren, die noch bereit sind, Neues in ihr Leben zu lassen, die so unendlich viel schon erlebt haben.

Das Thema Gesundheit und Fitness bleibt bei all dem immer ein zentrales Anliegen für ihn, körperlich und geistig beweglich bleiben. Die seelischen, nicht so leicht greifbaren Themen nicht außer Acht lassen, das würde ich hinzu fügen, weiß ich doch, wie sehr einen das am frohen Älterwerden hindert, wenn man nicht aufräumt im eigenen Innenleben.

Ich selbst genieße immer wieder Urs' jugendliche Klarheit und Weisheit, wenn es um menschliches Miteinander geht. Da kann ich viel von ihm lernen, bin oft noch gefangen in alten Programmen und mein Sohn ist mein bester Coach, auch auf dieser Reise.

28 Jahre alt war ich, als mein Sohn geboren wurde, nun ist er 30 und ich stelle mir vor, wie es sein wird, wenn er mein jetziges Alter erreicht.

Da gab es diesen Moment, direkt nachdem er geboren war, als sein Leben wie ein Film vor mir ablief. Innerhalb von Sekunden sah ich ihn, als Kind, als Jugendlichen, als jungen und als älteren Erwachsenen. Es war einer dieser nicht zu beschreibenden Augenblicke, in denen die Zeit aufgehoben ist und doch ist das Gesehene so wirklich, ein Blick in andere Zeiten. Und die Botschaft war: *Hab' Vertrauen. Bleibe in der Liebe, die da ist.* Noch mehr enthielt dieser Moment und erst jetzt habe ich erstmals Menschen davon erzählt, fürchte kein Nicht-verstanden-werden mehr. Ich bleibe bei meiner Wahrheit.

Das Auflösen meiner alten Programme, das Durchlichten der Schatten, sehe ich auch als ganz wichtige Elternpflicht. All die nicht erledigten Themen geben wir sonst weiter und keine Mutter, kein Vater möchte das eigene Kind belasten mit seelischen Altlasten. Und doch geschieht es, weil dieses Gebiet noch zu wenig ernst genommen wird. Nicht ernst genommen vor allem, weil mit dem Intellekt das ganze Ausmaß nicht zu fassen ist.

Da wird emotionale Intelligenz gebraucht, das Herz muss mitreden dürfen. Unerlöster alter Schmerz kann so viel vergiften an Lebendigkeit und oft kommt man als Frau in den besten Jahren an Themen, die eindeutig schon über Frauengenerationen weitergereicht wurden.

Eines davon ist sicher immer wieder diese unbewusste Suche nach dem Mann als Retter, Versorger, Beschützer. Bewusst würde sich das keine moderne Frau eingestehen. Oft wird der Spieß dann umgedreht. Auch da fehlt dann die Balance.

Dabei ist es so einfach, seelisch zu reifen, nicht nur körperlich, sondern auch emotional erwachsen zu werden. Man braucht nur achtsam durchs Leben zu gehen, all die Verhaltensweisen, die Themen, die Menschen, die einen stören, anzuschauen, das was einen so richtig maßlos ärgert, unter die Lupe zu nehmen und zu schauen, sich ehrlich zu fragen: Und was hat das mit mir zu tun? Habe ich selbst vielleicht Anteile eines solchen Verhaltens?

Na ja, einfach ist solche Achtsamkeit nicht immer. Aber in jedem Falle lohnt sich die Mühe, denn der Mensch, mit dem wir unser ganzes Leben auskommen müssen, das sind wir selbst. Und niemand hindert uns daran, ein gutes, wertvolles Leben zu leben.

Für mich gibt es zurzeit besonders zwei herausragende Menschen, die diese Thematik so klar auf den Punkt bringen. Das ist einmal Byron Katie mit ihrem Hauptwerk *The Work* und im deutschsprachigen Raum ganz besonders Robert Betz, der da kein Blatt vor den Mund nimmt, schonungslos den Müll unterm Teppich hervorholt. Wie gut, dass ich vor dieser Reise einiges von ihm gehört hatte. Ich konnte das gut gebrauchen und für mich anwenden, das Hinschauen.

Während ich einige Monate später hier auf unserer Terrasse in Abasan auf Bali sitze und mein Südafrika-Protokoll abtippe, denke ich an unser Gespräch vorhin. Immer mal wieder spreche ich mit Ursula, fast 82 Jahre alt, über das was ich gerade schreibe und sie sagte ganz begeistert: „Robert Betz, ja den kenne ich. Nicht persönlich, aber sein Buch 'Zersägt eure Ehebetten', das habe ich gelesen. Da redet er Tacheles".

Dem ist nichts mehr hinzuzufügen. Frauen verstehen Robert Betz. Ich denke Männer, die ehrlich mit sich selbst sind, auch.

Auf unserer Fahrt nach Berlin zum Jahreswechsel hatten Bärbel und ich in der Lutherstadt Wittenberg Halt gemacht. Neben den touristischen Attraktionen wollte ich Bärbel auch Peter Fitzeks Laden zeigen. Auch er ist ein ganz wichtiger Vertreter für diese sich wandelnde Zeit.

Dort fand ich die CD von Robert Betz: *2012 – Die Veränderung ist in vollem Gange*. Ich brachte sie Urs als Neujahrsgeschenk mit und am Abend des ersten Tages im neuen Jahr hörten wir beide sie. Das ist unsere Welt: Bewusstsein, Intelligenz, Herzenswärme, Liebe – Grundvoraussetzung für ein gelingendes Menschsein, gerade jetzt, in einer Zeit extremen Wandels.

Kapstadt, Anfang Februar 2012

Abschied von Paternoster. Intensiv haben wir diesen Ort, die nähere Umgebung erlebt: Langebaan, den West Coast National Park, Helena's Bay mit dem Vasco de Gama-Denkmal, das Eintauchen in urzeitliche Welten im Fossilienpark. Es ist gut, solche Kenner als Gastgeber zu haben. Sogar den Leuchtturm in der Columbine National Area fanden wir nach unermüdlichem Suchen und schöne Fotos entstanden.

Doch nun ist Aufbruch angesagt.

Für Urs geht ein schöner Afrika-Urlaub zu Ende. Mittwoch früh, am 4. Februar geht sein Flug Richtung Heimat.

„Wir könnten doch zusammen nach Kapstadt fahren", meint Margot, „unsere Zelte hier abbrechen und noch ein paar Tage dort verbringen."

Gute Idee, denn ich würde Urs gerne zum Flughafen bringen und brauche dann nicht mehr hierher zurückzukehren, zumal wir ohnehin unser schönes Heim gegen eine andere Bleibe in Paternoster eintauschen müssten.

Annegret in Kapstadt hilft bei der Herbergssuche. Zuerst nochmal Braeside B&B bei Michael. Den letzten Tag nutzen Urs und ich für einen Besuch von Robben Island. Dafür hatte es am Anfang nicht gereicht und ein ganz wichtiges

Highlight hätte gefehlt auf Urs' Reise, für ihn als Politikwissenschaftler, der Nelson Mandela so sehr schätzt., seine Autobiographie *Long walk to freedom* mit großem Interesse gelesen hat.

Herrlich, diese Überfahrt mit der grandiosen Kulisse des Tafelberges im Rücken. Welch berührendes Stück neuzeitlicher Geschichte. Robben Island, die Gefängnisinsel, wo ehemalige Inhaftierte die Führung machen.

Robben Island, wo Mandela einen Großteil seines Werkes heimlich verfasst und aus dem Gefängnis geschmuggelt hat. Welch großartiger Mensch und beeindruckender Weg!

Auch die Waterfront erleben wir nochmal auf dem Rückweg vom Nelson Mandela Gate. Unermüdlich singen und tanzen die afrikanischen Gruppen, verbreiten eine tolle Stimmung. Noch eine CD für zu Hause.

Zügiger Fußmarsch, ein letztes Mal vorbei am Stadion, in Richtung Sea Point, wo Margot und Noel uns bei Annegret und Michael in deren Kapstädter Wohnung erwarten. Ein schöner Abschluss und früh am nächsten Morgen fahren Urs und ich zum Flughafen.

„Haltet Euch in Richtung Sommerset West, auf der N2", sagte Noel. Wie gut ich diese Strecke bald kennen lernen würde, ahne ich nicht an diesem Morgen. Im Rückspiegel der Tafelberg.

Herzlicher Abschied von Urs. Noch ein Foto. Ich werde ihn vermissen, meinen Supercoach.

Der Geburtstagstrauß, die drei leuchtenden Proteen, reist mit nach Frankfurt, als Trockenstrauß und schöne Erinnerung.

Wir ziehen einen Straßenzug höher nach Cheviot Place und wohnen bei James. Noch einiges von Kapstadt lerne ich kennen. Das District Six Museum, dann das Fort, auch die Waterfront nochmal, wo Margot und ich an einem Nachmittag erfolgreich shoppen und Noel schon beunruhigt auf uns wartet, als wir erst bei der schnell einbrechenden Dunkelheit nach Hause kommen.

Sicher fühle ich mich in Kapstadts regem Verkehr. Gerne chauffiere ich den blauen Toyota im Linksverkehr durch die Straßen, ganz besonders an unserem Abreisetag, als ich vor dem Frühstück gegen sieben Uhr allein in Richtung Tafelberg fahre. Erstmals will ich das erleben, hochfahren zum Plateau.

Es sind noch keine Besucher da, denn die erste Gondel fährt erst um acht Uhr. Angestellte sind zugange, die Shops werden geöffnet und der Schal, den ich mir an dem Morgen auf dem Tafelberg gekauft habe, ist mit mir nach Bali gereist, schützt mich gerade vor dem leicht aufkommendem Wind, während ich hier spät abends noch am Laptop sitze, auf unserer Terrasse.

Gaia Oasis, Abasan, am 27. Mai 2012, abends

Ursula schläft schon in ihrer Haushälfte und ich merkte gerade, dass ich ganz versunken war, mehr in Afrika als hier, einfach durch das Aufschreiben all der Erlebnisse. Dass ich nochmal hierher kam, nun wirklich in Gaia Oasis einen Großteil meiner Zeit mit Schreiben verbringe, welch' wunderbare Fügung und ich setze mich noch eine Weile auf unseren kleinen Balkon, oben unterm Dach, wo man den Lichtjahre entfernten Sternen ein wenig näher ist.

Soooo schön!

Morgen ziehen wir nochmal um, wieder runter nach Pantai, ins Strandresort. Fünf Tage bleiben uns noch und ich bleibe abends immer länger auf, schreibend. Eine weitere Reise wird es nicht geben, zumindest kein weiterer Kontinent. Jetzt ist mal gut!

Abschied von Kapstadt, 8. Februar 2012

Mit der ersten Gondel und noch wenigen Besuchern fahre ich hoch zum Tafelberg. Schon die Auffahrt ist ein wunderbares Erlebnis.

Innerhalb von 15 Minuten legt die sich drehende Gondel die Strecke zurück und setzt uns in 1086 Metern über dem

Meeresspiegel ab. Da unten liegen sie, das Meer, die Küste und diese Stadt, die mir schon so ans Herz gewachsen ist.

Da Lion's Head, dort Signal Hill, unser B&B muss dort sein. Das Stadion, noch wesentlich beeindruckender von hier oben. Drüben im Meer Robben Island, wo Urs und ich vor vier Tagen waren.

Ich wandere auf dem Plateau entlang, immer wieder neue Ausblicke. Meine Kamera streikt, ich nehme die Bilder tief auf in meine Seele.

Ich denke an zu Hause, an meine Kolleginnen und Kollegen, die heute, an einem ganz normalen Mittwoch kurz nach neun Uhr in der Schule sein werden. Ich schicke ihnen ein wenig von der hier so reich vorhandenen Ruhe. Ich kann verstehen, dass Menschen hier oben heiraten wollen, an diesem so ganz außergewöhnlichen Erdenfleck. Eine junge Kollegin hat's erlebt, uns per Fotos daran teilhaben lassen.

Vor einem in Stein gemeißelten Spruch bleibe ich stehen:

„Life's most precious gift is time."

Wie wahr! Welch ein Geschenk, Zeit zu haben!

Margot hatte Bescheid gesagt und so hält James noch etwas Frühstück bereit, als ich gegen 11 Uhr zurückkomme. Meine Koffer sind gepackt. Die Karawane zieht weiter. Unser heutiges Ziel: südwestwärts nach Onrus bei Hermanos.

Auch hier merke ich, wie wenig ich wusste von der Gegend, wie viel größer all das ist, wie weitläufig das Kap und wie weit entfernt davon der südlichste Punkt Afrikas ist.

Das sieht auf der Weltkugel ganz anders aus.

Dieser südlichste Teil Südafrikas - ab jetzt schaue ich mir diesen Kontinent ganz anders an, nicht mehr als Riesenfleck auf dem Globus. Wieder hat ein kleiner Teil davon ein Gesicht bekommen und noch viele weitere Orte werde ich in den folgenden Wochen kennen lernen.

In einem großen Holzhaus wohnen wir, ein Haus, das zur Lagune hin auf Pfählen steht. Nicht weit entfernt wieder das Meer, wohl bekannt und doch ganz anders hier. Ein wenig wärmer schon, doch zum Baden tobt es mir zu heftig.

In Paternoster hatte ich nur mal ein Kneipfußbad gemacht, ein kurzes Eintauchen nur, so eiskalt war das Wasser. Auf unserem Weg immer weiter südlich verändert sich das, je näher wir dem Punkt kommen, an dem der Atlantik auf den Indischen Ozean trifft.

Onrus, ein schöner Küstenort mit ausgedehnten Küsten-Wanderwegen. Eine Woche bleiben wir, lernen auch hier die nähere Umgebung kennen, die Stadt Hermanos, wesentlich belebter als unser beschauliches Zuhause. Ab und zu hole ich meinen Schreibblock hervor. Den Laptop nutze ich nur, wenn ich im 'Bella Napoli', einem Pizza-Restaurant, ins Internet gehe, um mit zu Hause zu kommunizieren.

Noch habe ich keine Zeile meines Manuskriptes eingetippt. Das hebe ich mir auf bis zum Zielpunkt unserer Reise, unten am südlichsten Zipfel des Kontinents. Ich bin gespannt, welch' Feriendomizil Margot für mich ausgesucht hat.

Kap Agulhas, 20. Februar 2012

Drei Stunden Hospital in Braedersdorp, warten aufs Röntgen.

Der sonst so geduldige Noel wird unruhig, wollte nicht hierher, wollte überhaupt nicht anfangen mit ärztlichen Kontrollen. Schwach ist er, das ja, doch in gut einer Woche werden Margot und er zu Hause sein. Dann kann man immer noch weitersehen. So dachten wir.

Doch das war erst der Anfang. Das Thema Krankheit, Arzt, Krankenhaus rückte mehr und mehr ins Zentrum unserer Reise.

Gaia Oasis, Pantai, 27. Mai 2012

Nun sind wir nochmal unten am Beachresort, in unserem bereits bekannten Zuhause, Nummer 6A und B gelandet. Ursula erholt sich allmählich von einer heftigen Bronchitis, war erstmals wieder mit beim Abendessen. Auch auf dieser Reise holte mich das Thema ein: Krankheit, Schwäche, Alter. Heute ist Ursula wohlauf, strahlt und wird bald 82.

Eine schöne Runde. Ulli, Kollegin von Beate, die wir letztens hier kennen lernten, reist morgen weiter. Wir haben noch ganze fünf Tage.

Erstmals habe ich wieder Mails gecheckt und oh Wunder, da sind sie wieder: solch' penetrante Glücks- und Zufriedenheitsmails, die man nur weiter zu senden braucht und es wird sich einstellen, das Glück, die Liebe, das Geld.

Warum nur ärgert mich solche Post dermaßen? Es kann nicht an den Botschaften selbst liegen, denn die lese ich gar nicht mehr. Vielmehr ärgert es mich, dass Menschen mich ungefragt in solche Netze einweben wollen. Schon wenn ich ihnen dann schreibe, dass ich das nicht möchte, tut es mir Leid um den Energieaufwand, denn ich will ja auch meine Bekannten nicht verletzen, gebe mir Mühe bei der Formulierung.

Im Grunde traue ich mich gar nicht so recht, ihnen zu sagen, wie blöd ich solche Mails finde. Wenn mir jemand etwas Schönes schicken möchte, okay, doch diese Art war mir schon immer zuwider und ich weiß, dass es vielen so geht. Vielleicht ist da bei den Sendern doch unterschwellig eine dumpfe Angst, man könne sein Glück verpassen, wenn man den Kram nicht an genau die Anzahl von Leuten weiter schickt, die vorgegeben wird.

Da ich immer mal wieder solche Mails bekomme, heißt auch das, ich bin da noch zu sehr die Liebe, Gute, die nicht klar sagt, was sie will und was nicht. Wieder was gelernt! Ich rede jetzt Tacheles.

Ich will wissen, ob du andere enttäuschen kannst, um dir selbst treu zu bleiben.

Das ist es immer wieder, das ist mein Thema zurzeit, meine größte Herausforderung, in kleinen wie in größeren Dingen. Da ich es so klar erkenne, dürfte die Lösung so schwierig gar nicht mehr sein.

Kap Agulhas, 20. Februar 2012, Fortsetzung

Halbzeit.

Die Hälfte der dritten Sabbatjahr-Reise ist heute vorbei und für mich heißt das: Wie schön, noch einen ganzen Monat Zeit habe ich für diesen faszinierenden Teil der Erde.

Wie viel habe ich schon erlebt: Von Kapstadt nach Paternoster. Dann nochmal Kapstadt, von dort weiter nach Onrus, dieses schöne Holzhaus an der Lagune war unser Heim.

Nun sind wir am Ziel der Reise angelangt, falls man bei solch einer Tour überhaupt von Ziel sprechen kann. Die Wahrheit in dem Satz aus dem Tao *Der Weg ist das Ziel* wird einem ja gerade bei Reisen so bewusst, denn nie geht es nur um einen Ankunftsort, sondern um all die Erlebnisse auf dem Weg dahin. So sollte ich eher sagen, wir sind beim letzten Aufenthaltsort dieser Reise angelangt.

Dass auch das nicht stimmte, das ist eine andere Geschichte...

Seit fünf Tagen schon wohnen wir in *Pebble Beach,* unserer Herberge in dem Ort Suiderstrand, ganz unten nun, am südlichsten Punkt des Kontinents, am Kap Agulhas.

Unser Ziel ist es, weil ich hier mein Quartier bezogen habe für die nächsten Wochen.

Einige Tage wohnen auch Margot und Noel noch hier. Dann steht ihr Rückflug an. Geburtstagsfeiern zu Hause sind geplant. Der Toyota wird hier bleiben, zu meiner Verfügung und ich werde weiterhin in Granny's Flat wohnen, ein kleines Nebengebäude, nicht offiziell zum B&B gehörend, sondern privat genutzt, eben von der Oma, wenn sie zu Besuch kommt.

Nun bin *ich* eben zu Besuch, richte mich häuslich ein und habe überhaupt nichts dagegen, hier als Freundin von Peta und Chris, den Hausleuten, zu gelten. Mein Haus ist das letzte vor dem Zugang zum Meer. Sogar schwimmen kann man hier, am besten bei Flut, wie mir Peta sagt und schon am zweiten Tag probier ich's aus. Herrlich, wesentlich wärmer nun, da der Indische Ozean sich mit dem Atlantik vermischt.

Was mich am ersten Morgen beim Aufwachen in meinem kleinen Domizil so überwältigte, das war der Blick zu der Treppe, die mitten im Raum nach oben führt. Im Halbschlaf blickte ich auf die Stufen, auf das Geländer oben und fühlte mich um etwa drei Jahrzehnte zurück versetzt.

In solch einer Art Behausung hatten Urs und ich in seinen ersten Lebensmonaten genächtigt, ein kleiner Raum und eine Treppe führte hoch zu seinem Schlafplatz.

In Wirklichkeit sah sie ganz anders aus, unsere Bärenhöhle, wie ich sie später gerne nannte, und doch. Da war etwas an dem Morgen, was ähnlich schien. Auch mein Gefühl war so: voller Liebe, voller Freude an dem, was ich hier haben würde...

Ein kleines Zuhause für mich, abgegrenzt von den anderen, das schien es zu sein. Meiner Sehnsucht nach mit-mir-allein-sein konnte ich damals, als mein Kind geboren war, mehr nachgehen in unserer Gemeinschaft, hatte erstmals ein Reich für mich, bzw. für uns beide. Und ich war nicht mal wirklich allein, denn mein Kind war immer bei mir, wo es nur irgend ging.

Es ist die Perspektive, die diese Erinnerung hervorruft.

Ich liege auf meinem Bett, mein Blick fällt auf die Stufen, das kleine Geländer und da ist es, dieses überwältigende Gefühl, das ich erst seit der Geburt meines Sohnes kennen gelernt hatte.

Nie hatte ich geahnt, dass man so tief lieben kann, dass dieses Gefühl einen einfach durchströmt und aus einer anderen Welt zu sein scheint.

Wenn ich spät abends von der Schule kam, mich hinlegte, war meine Aufmerksamkeit immer auf diesen Platz da oben gerichtet, dort auf dem kleinen Lager lag mein Kind und schlief.

Ich wusste, bald wacht er auf, denn er hatte sich schnell auf meinen Rhythmus eingestellt, als ich nach sechs Wochen Mutterschutz plus Osterferien am späten Nachmittag wieder Richtung Frankfurt fuhr, zu meiner Arbeit am Abendgymnasium. Eine längere Auszeit war aus finanziellen Gründen nicht möglich und im Grunde auch nicht nötig, denn Urs war gut versorgt in unserer Großfamilie. Nur die Nahrungsaufnahme, die verweigerte er einfach, bis ich wieder da war, spät in der Nacht. Und so konnte ich ihn lange stillen, länger als jeder Ratgeber vorschlägt.

Wie schon in der Schwangerschaft, so verließ ich mich auch nachher auf meinen Instinkt. In Bezug auf mein Kind war mein Gefühl gut ausgebildet, in Bezug auf mich selbst hatte ich da viel mehr zu lernen. Vor allem immer wieder die Unterscheidung: Stimmt das, was von mir erwartet wird, auch wirklich überein mit meinen Bedürfnissen? Bin ich mir selbst treu?

Ein Lernprozess und ich denke, spätestens nach den Wandlungsjahren ist es für jede Frau unerlässlich, sich diesen Fragen zu stellen. Und dabei heißt sich selbst treu sein nicht, immer seinen Willen durchzusetzen. Das wird allzu leicht verwechselt.

Frauen mit starkem Willen haben gelernt, wie sie andere benutzen, manipulieren, einspannen. Oft sogar so, dass diese anderen es lange nicht merken, sich nur irgendwie ausgesaugt fühlen. Das ist nicht mit „mir selbst treu sein" gemeint.

Da ich selbst auch einen sehr starken Willen habe, einen rechten Dickschädel manchmal, ist es wichtig, mir diese Themen genau anzuschauen. Ich will das nicht, andere beeinflussen, manipulieren oder gar dominieren.

Mein 30jähriger Sohn, dieses süße Baby von damals, der sagt mir das manchmal, wo diese Härte noch in mir lebt. Ich versteh es, wenn er mich da hinführt, meist durch geschickte Fragen. Ich begreife es, weil es mit Liebe übermittelt wird.

Das alles ist Granny's Flat für mich und noch viel mehr werde ich hier erleben. Meine Erwartungen sind groß. Ich schätze zu groß, sonst hätten sie mir nicht so massiv genommen werden müssen.

Ich glaube, ich befinde mich gerade an solch einem Punkt in meinem Leben, einer Übergangszeit, in der dieser Rückzug lebensnotwendig für mich ist.

Sicher ahnte auch etwas in mir, dass es nur von kurzer Dauer sein würde, eine Illusion, denn in diesem Urlaub war das zwar vorgesehen gewesen, konnte aber nicht praktisch verwirklicht werden.

Ich wusste das noch nicht, am 20. Februar 2012, war jedenfalls froh, als wir endlich das Krankenhaus in Bredasdorp verlassen konnten, die Röntgenbilder unterm Arm.

Suiderstrand, 21. Februar 2012

Noch nie in meinem 58jährigen Leben habe ich Meere in solcher Vielfalt in so kurzen Zeitabständen erlebt. Noch nie war ich so oft im Meer, habe mich tragen lassen von diesen Urkräften, die den Großteil unseres Planeten ausmachen.

Das karibische Meer am Playa Medina habe ich in den letzten Jahren bei meinen Venezuela-Urlauben ausgiebig genossen, doch die Zeitabstände dazwischen, meerlos, waren lang.

Diesmal war es ein ganz besonderes Erlebnis gewesen, zusammen mit Urs wieder da zu sein, in Venezuela, am Playa Medina. In dieser Bucht schwamm ich gerne meine Meeresrunden. Auch bei Paparo waren wir an einem Morgen, nahe bei Thomas' Haus, lange in den hier heftigen Wellen geschwommen. Dann kurz vor der Heimreise das Meer im grandiosen Mochima Nationalpark, wo man die Strände nur mit dem Boot erreicht.

Sieben Wochen war ich ohne Meer.

Dann Bali, die warme Balisee, tägliches Meeresbad, vier Wochen lang. Dann sieben Wochen Winter zu Hause, ohne Meer.

Nun Südafrika. So viele Küsten, so viele Strände, tosende Wellen und viel zu kalt zum Baden. Joggen am Strand, Fußbad, Wassertreten im kühlen Nass zwischen Ebbe und Flut. Ich wusste, je mehr wir uns der Südspitze nähern, desto näher rückt das Meeresbad. In den folgenden Wochen war ich dann nicht im Meer. Anderes hatte Vorrang. Und doch war es immer da, täglich irgendwo sicht-, hör und greifbar.

Wir blieben in Küstenregionen.

Es macht etwas mit einem, so nah am Meer zu sein, diese Urgewalt zu spüren, den Einfluss des Meeres auf uns Menschen zu erahnen. Da wird einiges hoch gespült, was noch angeschaut werden will. So viel Meer, so viel Urgewalt, so viel Natur, das durchbricht die kleinen Ego-Blockaden – hoffentlich.

Heute unternahmen wir zusammen einen großen Ausflug, chauffiert von Chris.

De Hoop war unser Ziel, weitläufiger Nationalpark, der sich von der Südspitze aus an der östlichen Küstenregion entlang ausbreitet. Ausgerüstet mit gefülltem Picknickkorb starteten wir frühzeitig und erlebten die erste Überraschung gleich am Ortsausgang: Eine riesengroße Puffotter kriecht langsam mitten über die Straße. Tödlich ist ihr Biss und vom sicheren Wagenfenster aus kann ich dieses seltene Ereignis mit der Kamera festhalten.

Schneeweiße Dünenformationen erstrecken sich kilometerlang neben unserem Weg. Zebras, Antilopen, Impalas, immer wieder Strauße, die uns schon andernorts begegnet sind und dann Halt am Aussichtspunkt, hoch oben, mit Blick auf die große Wasserstelle der Lagune. Chris ist begeistert, als er durchs Fernglas einen Fischotter im Wasser entdeckt. Und Vögel. Margot und er, die beiden Birdwatcher aus Leidenschaft, entdecken immer wieder Neues und Altbekanntes.

Ein schöner Ausflug, Picknick unter einem der weit ausladenden schattigen Bäume. Ein schöner Tag. Noel strahlt und wir mit ihm. Es scheint ihm besser zu gehen.

Doch dann war es doch für einige Wochen sein letzter Ausflug.

Pebble Beach, 22. und 23. Februar 2012

Nochmal Klinik, diesmal nach Hermanos. Sehr fürsorglich sind die Ärzte hier, wollen sich sicher sein, nichts übersehen zu haben. Chris begleitet Margot und Noel.

Ich gehe den Rasperpuntpfad entlang, verweile erstmals genau an dem Punkt, wo das Zusammentreffen von

Indischem Ozean und Atlantik per Hinweisschild dokumentiert ist:

Southermost Tip of Africa.

Das war dieser extrem stürmische Tag gewesen, wo die drei Klinik-Reisenden dann glücklicherweise gemeinsam wieder zurück kamen.

Tags darauf, am 23. Februar, war das anders. Zu viert fuhren wir los, die weite Strecke nach Somerset West. Noel blieb in der Klinik. Spätestens jetzt war klar, dass die folgende Zeit nicht mehr nach dem ursprünglichen Plan verlaufen würde.

Somerset West, 27. Februar 2012

Ein Traum.

Wir verabschieden uns. Alles hat gut geklappt. Wie so oft, haben wir gemeinsam eine schwierige Aufgabe gemeistert. Wir verabreden uns für später. Urs springt auf sein Rennrad und rast los. Ich schaue ihm hinterher und ahne, dass er mit so viel Power etwas überschäumen könnte. Und da beginnt er auch schon, anstatt schnurstracks aufs Ziel, unseren Treffpunkt loszufahren, tolle Kurven zu ziehen, in großen Schlenkern über die Straße zu fahren, nach rechts, nach links. Schließlich dreht er Saltos mit seinem Rennrad. Das ist doch unglaublich. Hoffentlich geht das gut.

Im Traum empfinde ich das so: Mein Kind, das sich überschlägt vor Freude, die bewundernde Mutter, die sich mit ihm freut und gleichzeitig besorgt ist, wie in Hab-Acht-Stellung das Szenario verfolgt: Es wird doch gut gehen, ist doch immer gut ausgegangen.

Urs stürzt, der letzte Sprung war zu gewagt. Er scheint unter dem Fahrrad zu liegen. Schnell laufe ich hin zu ihm und bevor ich im Näherkommen die Situation richtig erfasse, sehe ich, dass das Fahrrad alleine weiter saust. Urs springt auf, rennt hinterher. Das letzte Traumbild zeigt Urs, einen Moment nur etwas wackelig auf den Beinen, dann kraftvoll und schnell seinem Rennrad hinterher eilend.

Der letzte Gedanke in diesem Traum: Na ja, sie haben ja immer allerhand gewagt, tolle Sprünge gemacht, er und seine flinken Geschwister.

Beim Aufschreiben dieses Traumes am Morgen denke ich an den Untertitel meines ersten Buches „Ein gewagtes Experiment". Oh ja, gewagt war so einiges in dieser Zeit unseres gemeinschaftlichen Lebens. Und was das Ganze, dieser morgendliche Traum, zu bedeuten hat, das werde ich wohl auch erst irgendwann zu verstehen beginnen.

Heute, am 27. Februar wäre der Abreisetag von Margot und Noel gewesen. Der Tag, an dem ich sie von Pebble Beach, unserem schönen Heim in Suiderstrand, ganz nah beim südlichsten Punkt Afrikas, nach Kapstadt zum Flughafen bringen wollte.

Da der Flug erst abends ging, hatte ich mir bereits vor einer Woche in unserem ersten B&B, bei Michael, ein Zimmer gebucht.

Wie ich erfuhr, würde auch Adrienne Belafonte noch einmal für drei Tage dort sein, auf ihrem Rückweg von Johannesburg. Ich freute mich auf die Fortsetzung unseres angeregten Austausches.

„Kapstadt, nur für eine Nacht?" meinte Chris, unser Gastgeber in Pebble Beach. „Kapstadt, das ist so eine tolle Stadt, Vielleicht willst du noch ein, zwei Tage anhängen, bevor du wieder zu uns hier in die Einsamkeit kommst."

Doch ich freue mich ja auf die Stille und Einkehr, auf die Zeit, in der ich selbst über meinen Tagesablauf entscheide, in der ich mir einteile, wann ich nach und nach meine vollgeschriebenen Blöcke in den Laptop eintippe.

Doch ich halte mir das mal offen. Ich könnte ja immer noch vor Ort eine weitere Nacht buchen. Vor mir liegt ja eine frei verfügbare Fläche, mehr als drei Wochen bleiben mir noch in Afrika. Die Orte in der Nähe, die ich mit Margot bereits kennen gelernt hatte, wollte ich auch noch einmal besuchen.

Die Höhle bei Arniston zum Beispiel, die man nur bei Ebbe erreichen kann, wollte ich mir nochmal genauer ansehen. Waenhuiskrans, so der ursprüngliche Ortsname und auch der Name für die Höhle, zu Deutsch Wagenhaushöhle, weil ein Ochsenkarren darin wenden könnte. Erst der Untergang des Truppentransporters Arniston gab dem Fischerdorf seinen neuen Namen.

Peta hat mir bereits einen Kalender gegeben, in dem die genauen Zeiten von Ebbe und Flut verzeichnet sind. Wichtig hier, zum Baden am Suiderstrand oder eben für solche Höhlenbesuche.

Natürlich würde ich auch den Leuchtturm besteigen, an dem wir so oft vorbeigefahren sind und der das Wahrzeichen vom Kap Agulhas ist. Den Rasperpunt Trek würde ich diesmal in seiner ganzen Länge gehen. Nur teilweise war ich ihn gelaufen, an diesem so extrem stürmischen Tag, als Chris mit Margot und Noel zur Klinik nach Hermanos gefahren und sie gemeinsam zurückgekehrt waren.

Auch Bredasdorp würde ich mir noch genau anschauen, das Shipwreckmuseum vor allem, von dem Margot mir schon so viel erzählt hatte. Bei Kapula würde ich noch ein paar schöne Geschenke einkaufen, aus diesem so reichen Angebot an Kerzen und Porzellan etwas Passendes auswählen oder einfach nur anschauend genießen.

So viele Pläne, die ich mir, abends in Granny's Flat oder frühmorgens auf den Kieselsteinen entlang gehend, ausmalte. Natürlich würde ich noch viel weiter an der schönen Bucht entlang laufen, bis weit drüben zu den beiden Häusern, hinter denen sich eine herrliche Lagune erstrecken soll, so erzählte mir Peta.

Ja, riesig gefreut hatte ich mich auf all das und wieder einmal hatte das Leben anderes vor mit mir. Und irgendwann verstand ich, dass es auch hier darum geht, loszulassen, das anzunehmen was ist. Vieles andere ergab sich aus der veränderten Situation und ich lernte mich selbst noch besser kennen, Anteile in mir, die mir in meiner stillen Einsamkeit vielleicht nicht so bewusst geworden wären. Wer weiß.

Die Dinge sind oft nicht wie sie scheinen, wie wahr!

Wir sind in Somerset West, wohnen bei Elke und Thomas, die seit 15 Jahren hier leben, als junge Menschen ausgewandert sind, hier ein neues Zuhause gefunden und ein schönes, etwas alternatives B&B aufgebaut haben.

So wird z.B. auf den Wasserverbrauch geachtet: Ein Eimer in der Dusche zum Auffangen des Wassers, das oft ungenutzt davon läuft, bis man die richtige Temperatur gefunden hat. Eine Kleinigkeit nur. Ich freue mich über solche Achtsamkeit. Zum Gießen für die reichhaltig vorhandenen Pflanzen wird es dann genutzt.

All diese Pflanzen sind mit kleinen Schildchen versehen, darauf stehen die entsprechenden Namen. Mutter hätte ihre Freude daran gehabt, sicher stundenlang damit zugebracht, all die Blumen, Bäume und Pflanzen zu betrachten, neue Namen zu lernen, hätte die überwältigende Größe solcher Pflanzen, die sie zu Hause nur als Zimmerpflanzen kannte, bestaunt.

Doch in diesem Leben war das nicht mehr vorgesehen für sie, kein Flug in ferne Länder und aufgrund ihrer Blindheit in den letzten Lebensjahren auch keine Möglichkeit mehr Neues sehend zu erleben. Wie oft fühle ich ihre Nähe und auch Sonja geht es so. Bei ihr taucht sie sogar zu Hause auf, muss doch schauen, ob da alles in Ordnung ist.

Liebevoll sprechen wir von ihr, meine Schwester und ich, wenn wir solche Erlebnisse oder auch Träume miteinander austauschen. Tod, das ist für uns beide so klar, den gibt es nicht wirklich. Es ist der Übergang in eine neue Seinsweise. Aus diesem Bewusstsein schrieb mir Sonja diese tröstende, liebevolle Mail, als sie von Maurices Tod erfahren hatte. Sie ahnte, dass seine Seele schon bei mir vorbeigekommen war, auf Bali, oben im Urwald des Bergresorts, in Abasan.

Lourens River Guesthouse, unser B&B in Somerset West ist bereits unsere zweite Bleibe hier. Unser erster Standort, empfohlen und gebucht von Chris in Pebble Beach, war *Two Oaks*, die Herberge mit der großen Holzveranda, die man aber erst über eine steile Treppe erreichen kann. Martin hatte nur für zwei Nächte Zimmer frei, hatte uns dann quer durch Somerset West voraus fahrend hierher gebracht zu Elke und Thomas.

Die Kinder kommen von der Schule und Elke erzählt von den Vorzügen des südafrikanischen Schulsystems. Auch andere Sichtweisen, Schulen betreffend, lerne ich in den nächsten Wochen noch kennen und denke, es ist auch nicht wirklich anders als bei uns. Es gibt keine Verallgemeinerungen. Sichtweisen sind unterschiedlich, Menschen sind so verschieden, Kinder lernen auf ganz unterschiedliche Weise und was gebraucht wird, ist eine Gesellschaft, die solcher Individualität gerecht wird, die all die Schablonen, in die Menschen gepresst werden sollen, aufgibt.

Was gleich ist bei allen Menschen, das liegt ganz woanders, das ist dieser tief innerste Seelenkern. Alles andere, die ganze Persönlichkeit, die Individualität, das Aussehen, die sind so verschieden. Ich höre förmlich Robert Betz' Stimme, wie er auf einer CD sagt: „Männer und Frauen sind *sowas* von verschieden." Man könnte auch sagen: Menschen sind *sowas* von verschieden. Wenn wir zu dem, was uns verbindet, zurückkommen, dann erst kann diese wundervolle Verschiedenartigkeit sich entfalten.

Dass es hier eine Krankenkasse gibt - ich finde den Begriff Gesundheitskasse wesentlich passender – die den Besuch im Fitnessstudio bezahlt, wenn man nachweislich zweimal pro Monat hingeht und die auf bestimmte, der Gesundheit förderliche Produkte, 10% Ermäßigung gibt, finde ich beachtlich und nachahmenswert. *Discovery* heißt das Projekt und es erinnert mich an Peter Fitzeks großartige Projekte im Rahmen eines neuen Finanz- und Gesellschaftssystems.

Auch da wird ein bewussteres Leben angestrebt, der Besuch von Seminaren zur Kraft der Gedanken mit der Mitgliedschaft in einer Gesundheitskasse vernetzt. Wer achtsam mit seinen Gedanken umgeht, der braucht all die Krankheiten vielleicht gar nicht mehr.

Es gibt heute so viel Neues, so viele Möglichkeiten, anders zu leben, bewusster, in ein neues Miteinander zu finden, nicht erst wenn Katastrophen uns dazu zwingen.

Das ist hier in Südafrika nicht anders als bei uns in Europa.

Das habe ich erlebt in Venezuela, auf Bali, immer diese neuen Ansätze, geboren aus einer tiefen Liebe zum Leben, zu Mutter Erde, zu den Menschen. Entstanden aus dem

Wunsch, die alten Geschichten des Verurteilens, Bewertens, sich Vergleichens, eben all das Trennende aufzugeben.

Und immer sind es einzelne Menschen, die es wagen, etwas Neues anzukurbeln, die über sich selbst hinauswachsen, eben weil sie tief in sich selbst verwurzelt sind. Daraus entstehen Gemeinschaften.

Kürzlich las ich irgendwo diesen Satz:

Vielleicht wird der neue Buddha eine Gemeinschaft sein, eine Gemeinschaft, in der Menschen achtsam, liebevoll und bewusst miteinander umgehen.

So ähnlich der Wortlaut.

Eine schöne Zukunftsvision.

Somerset West, 29. Februar im Schaltjahr 2012

Vier Nächte in Somerset West, zwei verschieden Herbergen und es wird immer wahrscheinlicher, dass auch ich nicht mehr zurückkehren werde nach Pebble Beach. Mein Rückflug geht zwar erst am 21. März und der neue Monat hat noch nicht einmal begonnen. Doch der entscheidende Faktor ist Noels Genesungsprozess. Noch liegt vieles im Unklaren, auch wenn erste Diagnosen, erste Eingriffe stattgefunden haben. Ich bin die Chauffeuse, habe den Laptop dabei und kann somit einfach Kontakt mit zu Hause halten.

Soviel ist zu tun. Die Flüge sind umgebucht.

Zur Visa-Verlängerung waren wir in Paarl, der Stadt, die als die Wiege der einheimischen Sprache Afrikaans gilt. Hier gab es eine erste Zeitung in Afrikaans, eine erste Bibelübersetzung in der einheimischen Sprache. Auf Anraten von David, dem Hotelchef im Manor House waren wir sehr früh unterwegs und schon nach zwei Stunden war unser Pflichtteil erledigt, die Visa-Verlängerung beantragt und wir fuhren hoch zum Taal Monument, das weit oben über der Stadt auf einem Felsen drohnt. Die mächtigen Betonsäulen und -blöcke dieses Sprachendenkmals symbolisieren jene Kulturen und Sprachen, die das Afrikaanse prägten, dessen Wurzeln ausmachen.

Frühstück mit weitem Blick über das Land, unter einem großen hellen Sonnenschirm mit dem Aufdruck „Boland“. Erst tags zuvor hatte ich in einem Geschäft eine Zeitung gesehen „Bolander" und auf Rückfrage erfahren, dass *Boland* der Name dieser Gegen hier sei, benannt nach der großen Weinfarm gleichen Namens. Hierher also hatte es meine Vorfahren verschlagen.

Unser zentraler Punkt bleibt die *Medi Clinic Vergelegen* in Somerset West.

Heute, am 29. Februar, kommen wir erst gegen Abend zur Klinik, denn wir reisen nochmal zur Südspitze Afrikas.

Abschied von Pebble Beach. Nur mit wenig Gepäck waren wir am 24. Februar nach Somerset West gefahren, wussten noch nicht, wie es weiterginge und nun holen wir unsere gesamte Habe dort ab. Ich laufe nochmal zum Meer, an meinen kleinen Strand, mein Zugang zum Wasser über weiße Kieselsteine, die Pebbles. Ich fotografiere, will meinen Lieben zeigen, wie schön es hier ist und ich nehme mir vor, irgendwann nochmal hierher zu kommen.

Margot drängt nicht zur Eile. Zum Leuchtturm hoch, dafür muss Zeit sein. Sie wartet im dazugehörigen Kaffee und oben entsteht dieses schöne Foto, aufgenommen von dem einzigen Besucher, der gerade mit mir oben war.

Das Shipwreckmuseum in Bredasdorp, einzigartig in dieser Form, besuchen wir gemeinsam. Unglaublich wie viele Schiffe allein hier an der gesamten Südküste gestrandet sind, gescheitert an der extrem rauen See, an der felsigen Landschaft. So viel Leid und doch unternahmen Menschen immer wieder diese gefährlichen Unternehmen.

Auf unserem Weg von Hermanos zum Kap Agulhas Tage zuvor waren wir am Danger Point bei Gansbaai gewesen, wo der berühmte englische Truppentransporter Birkenhead mit dem Großteil der Besatzung untergegangen war. Nur die wenigen Frauen und Kinder, die das Schiff zuerst verlassen durften, wurden gerettet.

Hier liegt der Ursprung für die sogenannte 'Birkenhead-Regel', die besagt, dass Frauen und Kinder ein sinkendes Schiff zuerst verlassen dürfen.

Als ich mit Margot allein nach Arniston gefahren war, stand ich an einem anderen Gedenkstein. Vier Söhne hatte eine Familie beim Untergang der Arniston verloren. Die Eltern waren mit einem anderen Schiff voraus gefahren gewesen. Dramen, die uns tief berühren und die dennoch eine Illusion sind, denn es scheint um etwas anderes zu gehen im Leben. Darum, den Tod nicht mehr als Bedrohung zu sehen, nicht als Ende vor allem.

Es scheint noch ein weiter Weg bis dahin. Zu verschleiert ist unser Bewusstsein, nur Momente gibt es, wo sich die Schleier lichten. Es wird mehr werden, die Beziehung zu Leben und Tod wandelt sich.

Auch O. war untergegangen, zumindest stand der Name an einem der vielen, in einem Kreis angeordneten alten verrosteten Anker. Das war im Hof des Shipwreckmuseums. Die Anker hatte man irgendwann geborgen. Alle dazugehörigen Schiffe waren gestrandet.

Die große Verkaufshalle *Kapula* besuchten wir noch einmal, fanden Mitbringsel im Riesenangebot an Kerzen und Porzellan in schönstem Afrika-Design. Man kann förmlich eintauchen in diese Farbenwelt.

Den Abschluss von hier unten, von unserer kleinen Stadt Bredasdorp feierten wir mit einem schönen Lunch im Restaurant *Julians*. Auch hier gäbe es nochmal viel anzuschauen und, falls noch Platz im Koffer ist, käuflich zu erwerben.

Der Gedanke, in diesem Urlaub hier überall nochmal herzukommen, ist irgendwo im Universum auf Reisen gegangen. Das hat sich erledigt.

Wie die weiteren Wochen aussehen werden, das bleibt völlig unklar. Es ist die Reisephase, in der jeder Besuch in der Klinik über die nächsten Schritte entscheidet. Die nächsten Schritte, damit ist gemeint, was für Noel unternommen wird, wie lange die beiden hier in Afrika bleiben werden, ob der Patient innerhalb der nächsten Wochen als geheilt entlassen werden kann, ob er dann stabil genug ist, die weite Heimreise anzutreten.

Das ist der Mittelpunkt der Überlegungen. Es gibt auch Gedanken daran, noch etwas hier in der Umgebung kennen zu lernen, zum Kap zu fahren, nach Stellenbosch, nach Gordon's Bay. Doch es ist nicht mehr *mein* Urlaub. Natürlich nicht. Die Umstände haben sich verändert. Das Auto mit

Fahrerin wird gebraucht. Gebraucht wird auch Unterstützung in dieser recht schwierigen Situation.

Meiner Reisekasse tut das gut, denn seit unserem Umzug nach Somerset West bezahlt Margot Unterkünfte und Essen. Meiner Sehnsucht nach Zeit-nur-für-mich, meinem Wunsch nach Einsamkeit und Ruhe tut all das überhaupt nicht gut. Ich könnte auch sagen, da hat sich ein riesengroßer Lernprozess für mich aufgetan. Also doch wieder gut für mich.

Das kleine brave Mädchen, das folgsam die auferlegten Pflichten erfüllt, ist noch so präsent in mir, auch die innere Opposition dagegen, die so gar nicht zu einer erwachsenen Frau passt. Das gilt es anzuschauen für uns Frauen in einem bestimmten Alter.

Immer wenn ich mich hilflos fühle, ausgenutzt, manipuliert, nicht frei, dann sind da noch alte Geschichten am Werk, dann will da etwas nochmal angeschaut werden und wenn ich in die Kindrolle rutsche, statt als die erwachsene Ursula zu reagieren, dann merke ich das sehr schnell, zumindest das.

Ich spüre, wenn etwas schief läuft.

Das ist doch schon ein Anfang.

Abends, wenn ich noch am Laptop sitze, erzähle ich meinen Lieben zu Hause davon, fühle mich eingebunden in unsere

Gemeinschaft, verstanden von Frauen, die meine Sprache sprechen, Menschen, mit denen ich nichts mehr zu erlösen habe, mit denen ich einfach SEIN kann.

Auch meine kleine Gemeinschaft hier, Margot ganz nah, Noel im Krankenhaus, bietet Gesprächsthemen. Wir lernen uns noch näher kennen, erleben erstmals eine solch herausfordernde Situation miteinander. Das verbindet.

Hilfen sind da, der außerordentlich kompetente Arzt, Annegret und Michael, neue Freunde von Margot und Noel, die noch ein paar Tage in der Nähe sein werden. Auch die wundervolle Umgebung ist eine Hilfe in dieser Situation.

Margot spricht irgendwann von „dein Helderberg", da ich ihn immer wieder erwähne, diesen so majestätisch und wohltuend sich über Somerset West erhebenden Hausberg. Ich bin erfüllt vom Wesen dieses Berges, wenn ich Richtung Klinik fahre oder laufe. Ich freue mich, ihn mal wandernd erkunden zu können.

Einen Anfang machen Margot und ich zu einem späteren Zeitpunkt, an einem Sonntagmorgen, mit herrlichem Blick über die Umgebung. Bis hin nach Strand sieht man, rüber zum Kap. Ich wusste nicht, dass der erste Schwierigkeitsgrad, den wir als Weg gewählt hatten, schon so weit hinaufführt.

Nachher merken wir, dass wir wesentlich weiter gegangen waren als vorgesehen. Ich habe vor, den Weg noch einmal allein zu gehen, weiter hinauf noch, auf *meinem* Helderberg.

Oft habe ich das, dass sich mir Landschaften über ganz bestimmte Plätze, Berge, Buchten, über einen kleinen Ausschnitt eben, erschließen. Es entsteht dann eine Verbindung zwischen mir und diesem Erdenfleck. Meine Liebe geht dort hin. Ich bin der Mensch, der genau hierher kam, um sich genau in dieses Bild zu verlieben. Hier in Somerset West ist es der Helderberg für mich.

Beim Tafelberg ist das etwas anderes. Da ist die Liebe eine andere, nicht so vertraut, nicht so nah, viel weiter, umfassender. Ich erlebte ihn dann nochmal und konnte tiefer erfassen, was der Tafelberg für mich ist.

Es ist bei den Landschaft-Ausschnitten für mich genauso wie wenn mein Blick zum Himmel geht und ich die tröstliche Präsenz von Orion wahrnehme. Das ist der Ausschnitt am Himmel, wohin meine Liebe geht, ein Heimatgefühl.

Natur tröstet mich. Ich verbinde mich mit Landschaften, wähle Ausschnitte, die mir vertraut werden, wenn auch nur für eine kurze Zeit in meinem Leben. Ich verbinde mein Gefühl mit diesem Ausblick. Manchmal ist es auch nur der Blick aus dem Fenster, von der Terrasse, wie gerade jetzt, hier am 29. Mai 2012 auf Bali.

Ich liebe diesen Blick aufs vor mir rauschende Meer. Ich liebe diese Atmosphäre am Morgen, ich liebe die Geräusche des erwachenden Tages hier und ich werde erst spät zum Frühstück gehen, will das auskosten und hier am Laptop weiter arbeiten.

Gaia Oasis, Bali, 29. Mai 2012

Ich bleibe noch ein wenig hier, in meiner Bali-Präsenz, bevor ich mich wieder meinem Südafrika-Skript zuwende.

Es war vor etwa zwei Wochen, morgens beim Frühstück. Wir saßen noch eine Weile zusammen, Beate und ich, sie die Jüngere, ich die Ältere. Etwa 10 Jahre trennen uns und wir sprachen über Liebe.

„Man kann sich auch in Landschaften verlieben", sagte Beate, und dieser Satz fiel mir gerade jetzt wieder ein. Ja, das ist es, was mit dem Älterwerden das Leben so unendlich reich macht. Liebe wird größer, weiter, macht einen selbst groß und weit.

Und gerade wenn es um das Thema Liebe geht, wird uns oft eine so kleine Welt vorgegaukelt. Das beginnt schon früh, wenn es darum geht, den richtigen Freund, die schönste Freundin zu haben, dann später um die Sehnsucht, den geeigneten Partner / die passende Partnerin zu finden. Auch hier gibt es ganze Märkte, die davon leben, Menschen weiterhin in diesen Glücksversprechungen und Illusionswelten zu halten.

Annoncen werden aufgegeben, auf Angebote im Internet reagiert. Man trifft Verabredungen zum Gespräch oder zum Sex. Unsere Welt ist so vielfältig geworden, immer ausgetüftelter werden die Ablenkungen, die die menschliche Sehnsucht nach Liebe sich ausdenkt.

Und der Gefühlsradius wird kleiner und kleiner, wenn man sich einlässt auf all diese einschränkenden Angebote. Zumindest ist das meine Einschätzung dieses boomenden Marktes. Wie so oft gibt es sicher auch hier ganz anderes Erleben.

Ich liebe die Short Story von Carson Mc Cullers, „A tree, a rock, a cloud".

Im Studium hatte ich eine Hausarbeit dazu verfasst und eine ausgezeichnete Bewertung dafür bekommen. Ich verstand so genau, was der Erzähler meinte, wenn er davon spricht, wie er das Lieben lernen will. Man kann nicht einfach so eine Frau lieben, sagt der alte Mann, im Gespräch mit einem Jungen, der gar nicht recht versteht, worum es geht.

Man muss sich üben in der Liebe, und jedes Mal geht mir das Herz auf, wenn ich an diese Zeilen denke, wie er Liebe einübt: A tree, a rock, a cloud.

Natürlich kann man dann an der Reihenfolge dieser Liebesobjekte so unendlich viel interpretieren, kann eine intellektuelle Hausarbeit darüber verfassen. Doch worum es geht, dass hatte ich als 19 oder 20jährige tief im Herzen verstanden: Liebe ist so viel mehr. Es geht darum, ohne Erwartung zu lieben. Der Baum, der Fels, die Wolke, sie antworten nicht auf meine Liebe, zumindest nicht so, dass ich es mit meinen menschlichen Sinnen erfassen kann. Es ist eine bedingungslose Liebe.

Was mir an dieser Geschichte außerdem so gut gefällt, ist die Tatsache, dass es hier nicht um eine Erfolgsstory geht. Diesen Weg, Liebe zu lernen, beschreitet der alte Mann, nachdem er schmerzhafte Enttäuschungen erlebt hat, und auf die ungeduldige Frage des Jungen, ob er denn nun die richtige Frau gefunden habe, meint der Alte, er sei noch nicht so weit.

So rührend ist diese Geschichte und hier auf Bali sind all meine Empfindungen, die ich damals dazu hatte, wieder präsent. Ein Gefühl der Weisheit, der Weite auch, die vor mir als jungem Menschen lag. So viel gibt es zu lernen, zu lieben. Ich freute mich darauf und da ist kein Ende der Freude in Sicht.

Wenn ich im UrLi den Pfad entlang gehe, spüre ich diese Liebe. Ich liebe dieses Stück Land. Natürlich ist es dort etwas anderes, weil wir es schon zu unserem Land gemacht haben.

Meine Liebe zum Helderberg ist anders, ein tiefes Gefühl der Verbundenheit, weil er einfach in seiner Schönheit da ist, egal wie ich mich fühle.

Ich denke das ist es, was solch eine Liebe ausmacht. Ich habe ein Objekt, auf das ich mein Gefühl richten kann und dieses Objekt, dieser Berg, dieser Ausblick, diese Bucht, dieses Sternenbild, sie sind einfach da, verbinden sich in meiner Vorstellung mit diesem Gefühl in mir. Wir erwarten nichts voneinander, wir können uns nicht enttäuschen, wir sind frei. Man kann auch Landschaften lieben, wie wahr, liebe Beate aus Fürstenfeldbruck.

Bald haben wir unser 40-Jahre-Abi-Treffen. Zwischen Südafrika und meiner zweiten Balireise hatte ich viel damit zu tun, hatte die Organisation dafür übernommen. Es gab e-Mails, Telefonate, und bei diesem Austausch konnte ich immer wieder in mir diesem Mädchen, der Jugendlichen von damals nachspüren und immer war sie mal da: diese unendliche Liebe in mir, Liebe zur Sprache, Liebe zu ganz bestimmten Texten, Liebe zu meinen Sehnsüchten und tiefen Gedanken.

Die Liebe zum Anderen, das Bedürfnis nach einem Freund, wie ich es um mich herum erlebte, das war nicht sehr ausgeprägt in mir, nicht in dieser Zeit, einer Wandlungszeit, wo sich neue Wege auftaten, Tore öffneten, in meinem Geist vor allem.

Was vorhanden war, war der Gedanke, das gehöre wohl dazu in meinem Alter, und ich fühlte mich oft fremd im Kreis anderer Gleichaltriger. Sehnsucht hatte ich nach etwas anderem.

Am 9. Juni werden wir uns wiedersehen, viele der ehemaligen Mitschülerinnen und Mitschüler, so wie alle zehn Jahre. Manche werde ich erstmals wieder treffen. Ich bin gespannt und freu' mich drauf!

Nachdem ich mit meinem ersten Buch eine Lesung in meiner Heimat gehalten hatte, ein großer Zeitungsbericht im Lokalblatt erschienen war, bekam ich irgendwann einen langen Brief von meinem ehemaligen Deutschlehrer. Kürzlich telefonierte ich mit ihm, Herrn Dr. Hörner, lud ihn ein zu unserem Klassentreffen am 9. Juni und fragte, ob ich Teile seines Briefes in meinem neuen Buch abdrucken dürfe.

„Was hab' ich denn geschrieben?“, fragte er und er gab mir die Erlaubnis.

Hier Auszüge aus seinem Brief, geschrieben am 27. Juli 2007.

„.... Ich konnte Ihr Buch nicht lesen wie einen Roman oder gar einen Krimi. Ich musste ihn lesen als etwas, das mich betraf und teilweise auch betroffen machte. Ihr Buch zwang mich dazu. Ihre Darstellung hat mich immer wieder auf mich selbst zurück geführt.

Da musste sich beispielsweise der Herr Hörner in Frage stellen. Drei Jahre lang hat er ein junges Mädchen unterrichtet, ein junges Mädchen, klug und gescheit, mit reifen und oft auch tiefen Gedanken, mit beachtlicher sprachlicher Ausdrucksfähigkeit. Ein junges Mädchen mit, wie es schien, bewundernswert ausgeglichenem Temperament, fast immer gleichbleibend freundlich, offensichtlich gut erzogen, mit Stil und Geschmack.

Und jetzt erfährt der Lehrer Hörner, dass dieses Mädchen, das ihm da gegenübersaß, sich mit Schwierigkeiten auseinandersetzen musste, von denen er keine Ahnung hatte...

...Wenn ich mich recht erinnere, hatten Sie schon als Schülerin recht offene Ideen und waren neuen Ideen gegenüber aufgeschlossen. Auch ohne ihre Eltern zu kennen, hätte ich mich damals fragen können, wie Ihre modernen Gedanken mit Ihrer Umgebung zurechtkamen..."

Welch ein Geschenk, nach vier Jahrzehnten einen solchen Brief zu bekommen. Fast drei getippte Seiten hatte Herr Dr. Hörner verfasst, auch sehr viel Persönliches aus seinem Leben erzählt und ich war tief gerührt über seine Ehrlichkeit.

Wie oft stellt man sich als junger Mensch in Frage, wenn die eigenen Vorstellungen vom Leben nicht so ganz mit dem übereinstimmen, was andere denken. Und wie oft erlebe ich selbst, dass Schüler zu uns Lehrern oft eine Trennwand ziehen. Wie schade!

Im Grunde ist das Trennende eher das System, die Leistungsmessung, das Beurteilen, das gut/schlecht, klug/dumm- Programm, das in unseren Köpfen abläuft. Und mit „unseren" meine ich in den Köpfen der Menschen überhaupt.

Könnten wir uns in unserem Menschsein begegnen, in dem, wo wir miteinander verbunden sind, in unserem tiefsten Kern, dann wäre sicher ganz anderes möglich, gerade in Erziehung, im Bildungswesen.

Auch wenn ich nichts wusste von dem Bild, das mein Deutschlehrer damals von mir hatte, so spürte ich in jedem Fall, wie sehr er meine etwas anderen Gedanken, meine Liebe zum Ausdrücken dieser Gedanken schätzte und entsprechend notenmäßig honorierte. Das war Unterstützung genug, eine enorme Motivation für mich.

Somerset West, 1. März 2012

Unser Nomadenleben hat ein Ende. Ab heute wohnen wir in der Somerton Street Nummer 13, im Somerton Manor, einem in altholländischem Stil erbauten Manor House. Herrenhaus heißt das, ein nobles, ursprünglich als Privathaus genutztes großzügiges, reetgedecktes Gebäude, ein Hotel nun mit wunderschöner Außenanlage, natürlich Pool und Fitnessraum, und Besuchern, die sich hier schon wie zu Hause fühlen. Das Familienappartement ist unser Domizil, mit gemeinsamem Bad und großer Lounge, zwischen den Zimmern gelegen.

Nur wenige Gehminuten sind es bis zur Klinik, allerdings muss eine sehr befahrene Straße überquert werden. Also doch eher mit dem Auto. Ich bleibe im Fahrtraining, bin täglich mit dem Auto unterwegs und kenne mich inzwischen bestens aus.

Immer wieder mache ich Pläne, nun zwar andere, aber es geht vor allem darum, etwas Zeit für mich, Zeit mit mir selbst zu haben, so auch, wenn ich manchmal im Gärtchen hinter dem kleinen Gemeinschaftsraum der Klinik sitze, den Schreibblock auf den Knien, glücklich für diesen Moment.

Die afrikanische Sonne begleitet mich auch in dieser Zeit. Ich bin wohlbehütet und lasse meine Gedanken fließen.

„Worum geht es in deinem nächsten Buch?"

Wie oft wurde ich das gefragt und wie unterschiedlich sind dann die Reaktionen, wenn ich sage: „Ich schreibe über die Freude am Älterwerden."

Meist ist das meine Formulierung und Frauen sind oft sehr interessiert, bringen zustimmend gleich eigene Erfahrungen mit ein, wie bereichernd das sei, dieses Älterwerden.

Es gibt aber auch zweifelnde Einwände: Freude, meinst du das wirklich so? Ja, ich meine es so und mit mir viele Frauen, die zumindest die 50er Marke bereits überschritten haben. Mit 30 oder auch 40 ist das noch kein Thema. Man kann sich das noch gar nicht vorstellen, dass es nach der Halbes-Jahrhundert-Grenze überhaupt weitergeht. Der Kopf weiß das, doch das Gefühl sagt jüngeren Menschen, dass nur andere 60, 70, 80 und noch älter werden. Man ist ja noch lange nicht so weit.

Häufig ist es so, dass es gerade im Alter zwischen 40 und 50 noch einmal einen richtigen Ruck im Leben gibt. Oft werden ganz neue Weichen gestellt, nicht immer freiwillig, wenn Beziehungen auseinander gehen, Menschen ihre Arbeit verlieren. Finanzielle Einbrüche geschehen, Krankheiten werden diagnostiziert, so viele äußere Faktoren, die gerade in der Lebensmitte die Menschen zum Umdenken zwingen.

Bei Frauen ist ein wesentlicher Einschnitt, wenn die Kinder das Haus verlassen, sie das so selbstverständlich gewordene Versorgen nicht mehr ausleben können. Freiräume tun sich da auf und nicht immer weiß *frau*, wie sie diese füllen soll. Ein ganz bedeutsamer Aspekt sind die Wechsel- oder Wandeljahre, die keinesfalls nur ein körperlicher Prozess sind.

Im Gegenteil, der seelische Raum, der sich in dieser Zeit öffnet, ist so viel wesentlicher. Die Zeit der schwarzen Göttin. Schwarz nicht als negativ/bedrohlich, sondern als Symbol für die Tiefen, die man in dieser Zeit auslotet.

In einem Frauenleben gibt es die kurze und doch so prägende Zeit, in der die Monatsblutung noch nicht eingesetzt hat, die Zeit der weißen Göttin wird sie in spirituell orientierter Literatur auch genannt. Dem gegenüber steht die lange Zeit der roten Göttin. Rot für Blut, rot für Leidenschaft, für Emotion, rot auch für Gebären. Eine Zeit des Erblühens und der äußeren Schönheit. Ob diese Schönheit von Dauer ist, entscheidet sich in der Regel besonders in dieser Zeit.

Geht alle Energie, alle Aufmerksamkeit, alles Bestreben in Richtung Außenwirkung, so muss sich irgendwann Enttäuschung einstellen, denn das Außen verändert sich. Auch wenn man innerlich jung bleibt, wird die Verpackung sichtbar älter. Daran führt kein Weg vorbei, das gehört zum Leben.

Wieso sind dann gerade ältere Frauen oft so schön? Es ist eine andere Schönheit. Es gehört Geschmack dazu,

Achtsamkeit, ein Gespür für den eigenen Körper und ganz besonders gehören ein reger Geist und ein aufgeräumtes Inneres dazu. Je tiefer ein Mensch in seine Seelenschichten abgetaucht ist, desto strahlender wird er daraus hervortreten.

Ich meine damit nicht eine Sucht nach Therapien und endloses Sortieren von Seelenmüll. Ich denke da eher an das tiefe und bewusste Eintauchen ins Leben mit all seinen Facetten, an das Annehmen und Verstehen all der verschiedenen Seiten des eigenen Lebens.

Tief empfundenes Leid, das gemeistert ist, kann einen Menschen genau so erstrahlen lassen wie wirkliche Freude. Und ein ganz wesentlicher Faktor im Prozess des Älterwerdens, wie überhaupt im menschlichen Leben, das ist das Thema der Lebensaufgaben, die jedem von uns gestellt werden. Es gilt zu erkennen, wo mein Platz ist, welche Menschen zu mir gehören, welche Rolle ich in meiner Welt spiele.

Ein Mensch, der seinen Platz gefunden hat, der seine Aufgabe innerhalb der großen Menschenfamilie erfüllt, auch dieser Mensch wird eine strahlende Frau, ein strahlender Mann sein. Grimmige, miesepetrige Gesichter haben Menschen, die gerne alle anderen für das eigene Scheitern verantwortlich machen möchten. Da wird geschimpft und gezetert, wenn man sich austauscht. Und worüber? Über die Schlechtigkeit der Anderen, die Korruptheit der Politiker, die Dummheit der Mitmenschen.

Es tut weh, solchen Gesprächen zu lauschen und wir sollten das nicht mehr zulassen, dass Energien so verschwendet werden. Menschliche Ressourcen an Mitgefühl, Verständnis, Mut und Liebe werden da unnütz vergeudet.

Wir sind nicht als abgetrennte individuelle Teilchen ins Leben geworfen, sondern als zu einem großen Ganzen gehörend. Wirklich religiöse Menschen tun sich da manchmal leichter, weil sie eine höhere Instanz anerkennen. Genauso kann Religiosität Menschen aber auch daran hindern, in die Eigenverantwortung zu kommen. Da wo es nicht mal mehr die Projektion eines Gottes gibt, da ist der ganze Mensch gefordert.

Da ich selbst auf die 60 zugehe, kann ich noch nicht von den weiteren Lebensübergängen sprechen, die auf dem Weg des Altwerdens vor mir liegen. Ich kann jedoch sehr viel sagen über diese so entscheidenden Jahre nach den physischen Wechseljahren.

Eine wunderbare Zeit, eine Zeit der Tiefe, der menschlichen Nähe, der Liebe, gerade auch zum eigenen Selbst.

Und für mich kommt nun als ganz besonderes Geschenk hinzu, dass ich Zeit zur Verfügung habe, freie Zeit. Da bin ich privilegiert und reich beschenkt. Manch einer, so wie meine liebenswerte Kollegin Uschi sagt auch: Das hast du dir aber wirklich verdient! Okay, das nehme ich an.

Heute ist die Lebensphase der älteren, der reifen Menschen wesentlich länger geworden. Gemessen an Jahren ist es oft die Hauptlebenszeit überhaupt und allmählich bekommt diese Zeit mehr Beachtung. Vielleicht ist das aber auch mein ganz individuelles Empfinden, weil ich ja nun dazu gehöre. Man sieht immer das, was einen selbst betrifft. Die Zeit zwischen 50 und 60 ist mir nun so vertraut, den größten Teil davon habe ich durchlebt und weiß, wovon ich spreche.

Jeder Lebensphase geht eine Art Geburtsprozess voraus. Als Frau werde ich vorwiegend von Frauen sprechen. Die kenne ich besser. Diese Phase **vor** einem neuen Lebensabschnitt ist oft eine Zeit der Verunsicherung. Bei jungen Menschen nimmt man das als gegeben voraus und gibt ihnen vielleicht viel zu viele Ratschläge, statt sie ihren Weg finden zu lassen.

Dass man auch beim Älterwerden durch solche Phasen der Verunsicherung geht, getraut man sich oft gar nicht einzugestehen. Als Erwachsene sollte *frau* wissen, wo's langgeht. Und genau das weiß sie oft nicht.

Obwohl wir in einer aufgeklärten Zeit leben, gibt es noch viel zu viele Frauen, die sich von Männern, nämlich 'ihren' Ärzten sagen lassen, wie sie durch diese Wandlungsphase kommen, ohne Beschwerden, schön und geschmeidig.

Was ein Quatsch! Wechseljahre sind so heftig, bringen dich in solche Turbulenzen, dass es eine Freude ist, die

Lebendigkeit wieder zu spüren. Es tut sich was im Seelenleben und eben meist auch im äußeren Leben. Das Verkehrteste kann sein, sich in der Zeit neu an jemanden zu binden. Ich wusste das noch nicht, damals mit O. und heute kann ich ihm nur sagen: Gut gemacht! Du hast ganz schön was erlebt mit mir. Diese unerfüllten Sehnsüchte werden nochmal so heftig an die Oberfläche gespült, wollen angeschaut und erlöst werden.

Das, was geboren wird in dieser Wandlungsphase, das ist die ganze Frau, die Alte, die Weise. Mich erschrecken solche Begriffe nicht, denn ich setze alt nicht gleich mit krank und hässlich. Das geschieht tatsächlich noch oft, allerdings meist von Menschen, die nur Vorstellungen vom Alter haben, die selbst noch nicht dort sind.

Es vorher zu wissen, wie schön das Alter sein kann, das erlebt man, wenn man älteren Menschen zuhört, den Reichtum ihrer gelebten Jahre schätzen lernt.

Die Angst vorm Altwerden ist meist gepaart mit einer Angst vor Krankheit, Hinfälligkeit, nicht mehr klar denken zu können, und sie fängt an mit der Angst davor, nicht mehr gut auszusehen. Da hat sich zum Glück viel geändert, denn unsere Alten sehen richtig gut aus, sind sportlich und klug unterwegs. Das wird gerne thematisiert. Doch das ist nur die eine Seite.

Gerade in dieser Zeit, wo die 50 und 60jährigen oft sehr jugendlich wirken, werden die Weichen gestellt für die letzte große Lebensphase, das Alter. Man weiß, dass man die eine Lebenshälfte sicherlich hinter sich hat und wie lang die andere dauern wird, steht in den Sternen.

Sicher ist das Ende, der Tod - irgendwann. Und das macht diese zweite Hälfte so anders, im Grunde so viel wesentlicher. Unsere materiell orientierte Welt thematisiert das nicht gerne, dass das Leben, so wie wir es kennen, ein Ende hat.

Bei Lesungen aus meinem ersten Buch, in dem es auch viel um das Thema Tod geht, habe ich so oft erlebt, wie wohltuend es ist für Menschen, über dieses Thema zu sprechen. Wie viele von uns haben schon Menschen in den Tod begleitet und wie viele haben diese tiefe Erfahrung gemacht, dass da etwas geschieht, nicht nur mit dem Sterbenden, sondern auch mit denjenigen, die zurückbleiben.

Immer wieder erzählten mir Menschen, dass sie das kennen, was ich beschreibe, dass sie das erlebt haben, dieses ganz Besondere, was in den letzten Momenten eines menschlichen Lebens geschieht, dieses Mysterium, das der Tod ist.

Ich glaube, dass man den Tod im Leben lernt.

„Leben heißt Loslassen", sagte Herrman mal zu mir und wir haben es erlebt mit unserer Liebe, die aus Loslassen bestand, so wohltuend und frei. Das was nicht mehr zu mir gehört loszulassen, das bedeutet, auch Menschen gehen zu lassen.

„Reisende soll man nicht aufhalten", das war Ralfs Lieblingsspruch. Und er hat mich nicht aufgehalten, nachdem unsere dreijährige Liebesbeziehung zu Ende war.

Auch Dinge kann man loslassen und ich grüße mein Flohmarkt-Team, Lisa und Christa ganz herzlich. Sammelt wieder, wir sind bald wieder da, auf dem Frankfurter Flohmarkt.

Am Schwierigsten ist das Loslassen bei all den Sehnsüchten, unerfüllten Erwartungen, Ängsten auch. Die loszulassen, das ist meist harte Arbeit. Vor allem braucht es hier Ehrlichkeit und es braucht Menschen, die einem die Wahrheit sagen dürfen, den blinden Fleck sichtbar machen, denn den haben wir alle, wenn es um uns selbst geht: Den blinden Fleck über bestimmte Verhaltensweisen und dafür haben wir die Anderen, die uns das spiegeln.

Wenn es besonders tief sitzt, besonders massiv verborgen im Innern, dann tauchen heftigste Widersacher auf. Die gängigste Methode ist dann, sich mit anderen zu verbünden gegen die Bösen. Und wie oft geschieht das, dass in einer Runde über Menschen gesprochen wird, die die anderen vielleicht nicht mal kennen. Da wird zugestimmt, die Unmöglichkeit dieser unbekannten Person bestätigt und wieder ist ein Mensch um seinen Lernprozess gekommen.

Wir sollten uns trauen, ganz ehrlich miteinander zu sein, solche Gespräche nicht mehr zulassen, Tacheles reden eben. Das braucht Mut!

Mut beginnt, wo die Angst aufhört.

Wieder so ein schöner Satz, irgendwo aufgeschnappt.

Freitag, 3. März 2012, Vergelegen Medi Clinic, Somerset West

Ein Plätzchen für mich im Klinikgarten zum Weiterschreiben, immer noch handschriftlich. Es wird kein Abtippen mehr geben in diesem Urlaub. Der Laptop ist dennoch oft in Gebrauch, unser wichtiges Büro-Utensil zu Hause auf meinem Schreibtisch im Somerton Manor.

Morgens und abends schalte ich ihn an, schau ob es etwas Neues gibt, gebe selbst Neuigkeiten weiter.

Irgendwann auf dieser so anders verlaufenden Reise war die Idee in mir, dieses Buch ganz anders zu schreiben. All die Mails als roten Faden zu nehmen, natürlich nur meine persönlichen Mails. Einige habe ich ausgedruckt, als ich nach Hause kam, und ich merkte, dass das was ich dort erzähle, auch in meinen Buch-Aufzeichnungen enthalten ist. Den roten Faden würden also einfach meine Reisen bilden.

Merkwürdig ist, dass ich all diese Gedanken nun in einer südafrikanischen Klinik aufschreibe. Christa sagte mal vor Monaten zu mir: „Rede doch nicht ständig über das Thema Alter". Es war mir gar nicht so bewusst gewesen, aber natürlich war ich seit langer Zeit mit diesen Gedanken im Kopf unterwegs. Wann das angefangen hat, wann mir dieser Begriff mit der 'Freude am Älterwerden' erstmals in den Sinn kam, das weiß ich gar nicht mehr.

Ich wusste, dass ich in meinem Sabbatjahr mein zweites Buch schreiben würde. Ich wusste, dass es eine Fortsetzung des Ersten sein sollte. Das Thema, die Machart, der Aufbau, das würde sich zeigen, wenn es so weit war.

Und genau so geschieht es immer. Was wir brauchen bei neuen Unternehmungen ist eine Idee, ein Ziel, ein Gefühl dazu, eine Begeisterung für etwas vor allem. Die Umsetzung entwickelt sich so wie sich das Leben entfaltet. Könnten wir doch noch viel mehr darauf vertrauen, dass das, was zu uns gehört, auch zu uns kommt, zum rechten Zeitpunkt eben. Seien es Menschen, seien es Lebenspartner, sei es Reichtum oder eben ein Garten namens UrLi.

So hat mich eben auch mein Thema eingeholt. Das Alter. Ich wohne hier mit Margot. Jahrzehntelang kennen wir uns schon und ich bleibe für sie die junge Frau. Damals, als wir uns kennen lernten, war ich Anfang 20, sie hatte die 50 überschritten. Somit war ich die junge Frau und der Altersabstand bleibt ja bekanntlich immer gleich. Dann ist da Noel, bald 97, und die beiden sind wie jedes Jahr für drei Monate in Afrika unterwegs. So kam ich hierher und so sind wir nun außerplanmäßig hier in Somerset West gelandet.

Es war wohl vorgesehen für mich, dass ich nicht einsam am Suiderstrand sitzend meine Gedanken zum Thema Älterwerden aufschreibe, den blauen Toyota vor der Tür für kleine Ausflüge, frei verfügbare, selbstbestimmte Tage vor mir, ganz nach dem von mir abgewandelten Spruch „Ich lasse das Leben auf mich scheinen".

Das sollte so nicht sein. Ich denke nach übers Älterwerden, bin mit älteren Menschen unterwegs und das war auf allen Reisen in meinem Sabbatjahr bisher so: Wilfried in Venezuela, Bärbel auf Bali, gefühlt ist sie allerdings kaum älter als ich, nun hier in Südafrika mit Margot und Noel und, was ich damals noch nicht ahnte: Im Mai 2012 nochmal Bali mit Ursula Curtius, fast 82 Jahre alt.

Und was ist mein Erleben? Was ist wesentlich beim Älterwerden?

Ehrlichkeit mit mir und anderen, Offenheit und Klarheit. Ein gutes Gespür für meinen Körper, dass ICH darin zu Hause bin und nicht andere mir weismachen, was für mich gut ist. Ein wacher Geist ist wichtig, der bereit ist, Neues aufzunehmen, wobei es gar nicht so sehr um mehr Wissen geht, als vielmehr um *tieferes* Wissen, um das Begreifen der Zusammenhänge, besonders was das menschliche Miteinander betrifft.

Da haben wir wohl alle noch am meisten zu lernen, da gibt es die größten Defizite. Eben weil wir noch nicht gelernt haben, wie Erwachsene zu leben.

Am deutlichsten ausgedrückt fand ich das bisher bei Jeru Kabbal, dem Begründer des Quantum Light Breath (QLB). Wir sind emotional immer noch als Vierjährige unterwegs. Da sind wir stecken geblieben, meint er, und als ich mich näher mit seiner These beschäftigte, konnte ich das so gut nachvollziehen.

All dieses sich übersehen und ungeliebt fühlen, all die Verhaltensweisen des 'Schaut, was ich gemacht habe'. All dieses Besserwissen, das Be- und Verurteilen, das sind nicht die Verhaltensweisen eines erwachsenen Menschen.

Um das nicht zu fühlen, bietet unsere Gesellschaft all die Rollen, besonders im beruflichen Umfeld, all die Titel, all die Verkleidungen an, und oft lernt man den eigentlichen Menschen dahinter gar nicht kennen.

Und wie kann man das lernen, das erwachsen sein? Da ist es wieder: Durch Ehrlichkeit, Offenheit usw., vor allem auch untereinander. Wir können das nur gemeinsam schaffen, uns ehrlich unterstützen, uns wertschätzen und lieben.

Deshalb gefällt mir der Spruch von dem neuen Buddha so gut.

Es hätte sein können, dass ich allein mehr als drei Wochen am Kieselstrand bei Pebble Beach wohne. Es hätte sein können, dass ich ganz viel schreibe, meine handschriftlichen Aufzeichnungen in den Laptop tippe. Es hätte sein können!

Doch es kam ganz anders und ich werde irgendwann wissen - nicht *warum* das geschah. Das weiß ich: Weil Noel ins Krankenhaus musste - sondern *wozu* das passierte, was mein Lernprozess dabei ist.

Samstag, 4. März 2012, Somerton Manor in Somerset West

Einen Moment nur für mich, hier am Tisch auf der Terrasse unseres komfortablen Hotels. Ganz allein, nur hier sitzen, ein wenig schreiben, meine Gedanken frei fließen lassen, welch ein Geschenk. Vor mir eine wunderbare Pflanzenwelt, ein großer hölzerner Elefant an der Veranda-Ecke, üppiges Grün überall. Manche der Pflanzen sind mir auch in

Venezuela begegnet, andere auf Bali. Frangipani-Bäume zum Beispiel waren bei jedem Reiseziel vorhanden.

Die wunderschöne, langstielige Rose können wir fast beim Wachsen beobachten. Allmorgendlich wacht sie anmutig neben unserem Frühstückstisch. Jetzt schaut sie mir beim Schreiben zu.

Allmählich glaube ich, dass mir all diese Pracht und Schönheit der Natur, dieses wunderbare Erleben all des Neuen geschenkt wird, damit ich die Kraft habe, durch all die inneren Prozesse zu gehen. Selten bin ich noch einmal so tief eingetaucht in meine uralten Sehnsüchte wie gerade jetzt – hier im afrikanischen Sommer, während sich zu Hause der Winter allmählich verabschiedet.

Die Sehnsucht, mit mir und meinen Gedanken allein zu sein. Auf Bali konnte ich das ausleben und ich denke manchmal daran, dass eine zweite Balireise meinen Sabbatjahr-Reisezyklus abschließen sollte. Das wäre stimmig.

In Venezuela war einiges abzuschließen gewesen durch das Wiedersehen mit Wilfried. Der Kreis vom ersten Gedanken an ein Sabbatjahr bis zur neuerlichen wiederholten Realisierung dieses Gedankens wurde Mitte September in Venezuela geschlossen. Ich empfand das so. Und damit meine ich nicht, dass ich nie mehr nach Carupano, nach Maturincito, zu den Merles reisen werde. Das nicht.

Doch die Energie, die damals mit diesem Traum vom 'Zeit haben' ins Rollen gebracht wurde, die ist jetzt rund, komplettiert. Etwas Neues hat sich daraus entwickelt. Mein Schritt in eine neue Lebensphase ist so eindeutig vollzogen, das Älterwerden, der Übergang zum Alter, das genau jetzt vorbereitet wird. Selten fühlte ich mich mir selbst so nah, so präsent in meinem eigenen Leben.

Das war die richtige Energie, um erstmals nach Bali zu reisen, Gaia Oasis kennen zu lernen. Vier Wochen hatte ich Zeit für mich.

Dann Afrika. Es war noch recht ungewiss, was auf mich zukäme, denn hier hatte ich die Planung ganz in Margots Hände gegeben. Öfter mal war da eine Ahnung in mir, dass es vielleicht nicht so einfach sein könnte. Da war meine Sehnsucht nach mit-mir-allein-sein, mein Erleben einer ganz neuen Art von Selbstliebe und dann jemand, der ganz klare Vorstellungen vom Reisen und vom Leben hat, gerne das Ruder übernimmt. Viel hatte ich dadurch schon erlebt, viel gesehen von Afrika und somit würde es auch diesmal nicht langweilig werden.

Und das wurde es tatsächlich nicht, keinen Moment in all den Wochen.

Gaia Oasi, 30. Mai 2012

Wolkenverhangen heute. Kein Grund, schon früh meinen Sonnenaufgang-Beobachtungsposten einzunehmen. Doch auch hier ist es nicht so wie es scheint.

Da bricht die rot glühende Lava durch. Es sind immer wieder diese Momente, in denen ich so gut verstehen kann, wie Menschen dieses tägliche Wunder als göttliches Wesen verehrt haben. Auch wenn die naturwissenschaftlichen Erkenntnisse noch nicht so weit waren, so hat der Mensch immer tief aus seinem Inneren mehr gewusst. Dass wir ohne diesen Energiespender zum Beispiel nicht lebensfähig wären. Und schön ist er, dieser Sonnengruß an jedem Morgen, nicht nur schön, kraftvoll vor allem, weil man gerade morgens die geballte Ladung an Power spürt.

Noch andere Überraschungen hält der Tag bereit.

„Did you already go for a swim"? fragt Madé, die Zweitgeborene, als ich ins Restaurant komme, um mir einen Morgentee zu holen. Oft sieht sie mich morgens, wenn ich meine Bahnen ziehe, nicht allzu weit draußen, immer die Länge von Gaia Oasis, der Anlage abschwimmend. Als Zielpunkt der Baumtempel an einem und die große alte Stein-Tempelanlage auf der anderen Seite.

Nein, im Meer war ich heute noch nicht. Und ich schaue mit ihr raus auf diese sich kräuselnde Fläche und sie hat Recht: Das Meer ist heute so besonders, so ruhig, so klar.

Kurze Zeit später bin ich zu meiner ersten großen Meeresrunde draußen, herrlich! Und immer noch nicht habe ich nachgesehen, was sich so unter mir tummelt. Auch das ist vorgesehen heute, nicht von mir, aber vom Lauf der Ereignisse. Eines fügt sich ans andere und als Robyn und Eric, unsere Yogalehrerin und er, ihr Nachfolger für die täglich angebotenen Yogastunden, vom Schnorcheln zurückkehren und erfahren, dass ich mir dieses Erleben noch nicht gegönnt habe, es einfach nicht wirklich kenne, da gibt es kein Zögern mehr.

Und tatsächlich: Es soll der beste Schnorcheltag seit langem gewesen sein, sagen die Experten. Ich weiß es nicht, hab' keine Vergleiche.

Was ich habe, ist wiederum ein grandioses Erleben, hier ganz nah beim steinigen Strand. Eine bunte Welt tut sich da unten auf und wie zur Dekoration eingebracht, sitzen überall Seesterne in leuchtendem Blau. Eine Besonderheit hier, meint Eric, der taucherfahren ist, sich somit auskennt in diesen Welten unter dem Meer.

Die blauen Seesterne von Gaia Oasis, von Bali, der Balisee. Ich hatte sie damals bei unserem so erfolgreichen Delphinausflug bereits vom Boot aus gesehen, so klar war auch da das Meer gewesen und sie formten sich ein in diese 11.11. Symphonie als stille Beobachter.

Das Blau dieser Seesterne ist noch intensiver hier unten, nicht mehr gebrochen durch die Wasseroberfläche. Und dass Fische so schön sein können, so anmutig, das hatte ich bisher nur aus großen Aquarien gekannt, wenn man staunend vor der Glasscheibe steht. Hier bin ich nur durch Wasser getrennt von ihnen, ihrer Welt ein Stück näher.

Immer wieder geht es darum, etwas Neues zu erleben, und sei es nur, mit Schnorchelausrüstung ins Meer zu steigen, nahe der Küste entlang zu gleiten und zu staunen. Immer ist es das Neue, das noch-nicht-Erlebte, das so reich macht, neue Tore in einem selbst öffnet. Immer geht es um das 'es-selbst-erleben'.

Und dann noch eine Lesung am Abend. Wenige deutsch sprechende Gäste sind da. Ursula hat sie eingeladen, hält eine kurze Ansprache. Das kann sie wunderbar, anderen Menschen Wertschätzung entgegen bringen, so mir, der Autorin.

Ein intensiver Austausch schließt sich an, vor allem mit Eva und Michi, beide Mitte Dreißig und es freut mich, wie diese jungen Frauen mein Erleben mit eigenen Erfahrungen in Zusammenhang bringen.

Es geht vor allem um gesellschaftliche Themen, um die Gefahr, von Beruf, von den Anforderungen aufgefressen zu werden. Um die Achtsamkeit mit sich selbst geht es, und wir sind uns einig, dass wir Zeit brauchen, Zeit für uns, Zeit für Ruhe, Zeit für neues Erleben, wie hier auf solchen Reisen.

Morgen ist unser letzter Tag hier.

Am 1. Juni nachmittags geht unser Flug zurück. Was für eine Zeit, welche Intensität liegt auch diesmal in diesen vier Bali-Wochen.

Auch bei meiner Friseuse war ich nochmals, saß diesmal mittendrin in einer frohen Frauenrunde, die alle miteinander begutachteten, ob das Ergebnis mir auch gefällt. Ja, ich bin zufrieden.

Dann nochmal zum Copy-Shop. Ich möchte mein Geschriebenes auf dem Rückflug lesen. Auch einige Fotos lasse ich ausdrucken, zum Weitergeben hier.

Als ich meine Fotos vom November-Aufenthalt noch einmal angesehen hatte, fiel mir diese junge Frau mit Kind auf, die beim Tempelfest direkt neben mir gesessen hatte, mir die Rituale gezeigt hatte. An ihrem Strahlen habe ich sie wieder erkannt.

Es ist die junge Frau, die unsere Zimmer jeden Morgen so schon säubert, die Blüten in immer neuen Variationen dekorativ verteilt. Sie ist es mit ihrer Tochter und schon oft ging es mir so, dass ich die Einheimischen hier nicht gleich erkenne, wenn sie mir woanders, im Dorf oder eben beim Tempelfest begegnen. Ich kenne sie nur in ihrem Gaia-Oasis-Berufs-Outfit.

Heute, an ihrem freien Tag, ist sie auch dabei, als, wie jeden Tag, eines der Fischerboote ausgebracht wird. Sie lebt ganz in der Nähe, ihr Mann ist Fischer.

Auch das ist ein besonderes Erleben hier: Die Dorfbewohner leben **mit** *Gaia Oasis. Es gibt keine störenden Abgrenzungen. Die Fischerboote liegen hier hinten, wo wir jetzt wohnen, direkt am Ufer. Man kennt Gaia Oasis gut und häufig ist ein Familienmitglied hier beschäftigt. Ein wohltuendes Miteinander.*

Noch ein ganzer Tag bleibt uns und am nächsten Morgen wandere ich schon früh mit meinem kleinen Tischchen vor zur niedrigen Steinmauer, will beim Abtippen meiner letzten Aufzeichnungen aus Südafrika ganz nah am Meer sitzen.

Zwischen Somerset West und Kapstadt, 5. März 2012

Ein Tag für mich, frei bis zum Nachmittag. Der Tag, an dem sich so viel entschied, da weitere Untersuchungen für Noel anstanden, der Tag auch, als wir noch einmal dachten, eine baldige Heimreise sei wahrscheinlich.

Am Sonntag in der Clinic Vergelegen Besuch von Maren, einer guten Freundin der beiden. Noel ist wohlauf, Margot sehr zuversichtlich. Genug von Südafrika, genug von Klinik hier im fremden Land. Sie würden fliegen sobald es ginge, wenn nötig mit Krankentransport.

Ich würde die weiteren Pläne erfahren, wenn ich zurück käme von meinem ganz speziellen Ausflug. Nun war ich erst mal mit mir selbst und dem blauen Toyota unterwegs in Richtung Kapstadt, auf der N2, schon so vertraut.

Vor einem Monat genau fuhren Urs und ich diese Strecke, nicht aus Somerset West kommend und schon etwas früher. Auf dem Weg zum Flughafen waren wir, morgens um sechs Uhr. Urs saß am Steuer, von Kapstadt aus auf der N2 in Richtung des mir damals noch ganz unbekannten Somerset West, Abfahrt von da zum Flughafen. Zurück fuhr ich, fand meinen Weg, wie überhaupt in den folgenden Wochen.

So viel ist geschehen in diesem einen Monat und wie vor fast vier Wochen, bin ich nochmal hier oben, bei der Talstation zum Tafelberg.

Mein Anreiseweg heute war um einiges länger und den morgendlichen Berufsverkehr auf der N2 in Richtung Kapstadt hatte ich unterschätzt. Dennoch war ich guter Dinge, fahre ich doch gerne mit unserem Lesotho-Toyota. Lesotho deshalb, weil Margot und Noel den Wagen dort erworben haben, er auch ein Lesotho-Kennzeichen hat.

Eine Tatsache, die schon so manch' schöne Kontakte für die beiden bescherte. So ein Wagen fällt auf, gehörte in Lesotho mal einem Minister, wie ich erfahre.

Zwei Tickets verlange ich am Schalter, zwei Tickets, um mit der Gondel hoch zum Tafelberg zu fahren. Ich bezahle die knapp 400 Rant, etwa 40 Euro und wundere mich dann. Wieso eigentlich zwei Tickets? Erst als ich bezahlt habe, fällt es mir auf. Wieso zwei? Ich bin doch allein unterwegs!

Zwar hatte ich mir bei meinem ersten Besuch gesagt, hier würde ich gerne nochmal herkommen, am liebsten mit einem mir ganz vertrauten lieben Menschen, damit wir das teilen können, dieses Erlebnis. Doch da ist noch niemand dabei heute.

Im Film würde dieser Zweite genau in dem Moment auftauchen.

Ich muss innerlich lächeln bei dem Gedanken. Und so merkwürdig ist das:

Ich hatte das Gefühl „zu zweit" zu sein. Dem ist nicht so!

Also eine Karte zurück, 195 Rant gegen Quittung ausbezahlt und schon bald geht's hoch, in wenigen Minuten, bis auf 1078m über dem Meeresspiegel.

Jetzt hat er ein Gesicht bekommen für mich, der Tafelberg. Zuvor war es ein Begriff, bekannt von Bildern. Nun sind wir uns ein wenig vertraut. Ich war oben, sogar zum zweiten Mal in kurzer Zeit.

Dieser überwältigende Blick, schon beim Hochfahren. Während bei meinem ersten Besuch noch diese Sehnsucht in mir war, all das mit jemandem zu teilen, so ist heute in mir nur diese tiefe Freude, ein paar Stunden ganz für mich, für ein so tolles Erlebnis zu haben.

Eine gefühlte Zweisamkeit, wie beim Ticketschalter. Ich fahre mit mir selbst hoch zum Tafelberg.

Eisig kalt ist es heute hier oben. Viele Menschen sind bereits da, jetzt gegen zehn Uhr.

Als ich zum ersten Mal hier oben ankam, damals am 8. Februar, unserem Abreisetag von Kapstadt, hatte ich den beginnenden Tag bei der Talstation erlebt, all die Vorbereitungen, die für den Touristenansturm getätigt werden müssen, täglich aufs Neue. Alltag für all die Angestellten, Parkwächter, Ticketverkäufer und etwas ganz außergewöhnliches für all die Besucher, für jeden einzelnen ein anderes Erleben.

Schon die Auffahrt ist ein Wunder, ein Wunderwerk der Technik auch. Wie man in wenigen Minuten einen Überblick bekommt über die ganze Umgebung, die Stadt, die Buchten, die Hügel. Ich kenne nun alles da unten schon so gut, bin durch all diese Straßen gefahren. Na ja, nicht durch alle. Aber ein Gefühl der Vertrautheit ist heute in mir. Obwohl ich seither nicht mehr in Kapstadt gewesen war. Wir waren ja damals am 8. Februar weitergefahren in Richtung Süden. Doch es ist ein Abstand zwischen meinem Erleben damals und heute, ein Abstand, gefüllt mit vielen neuen Erfahrungen, durch die überraschende Wende der Ereignisse auch eine Zeitspanne, in der viel mit mir selbst passiert ist.

So ist es wie das Zurückkehren an einen vertrauten Ort, und die Zeit vom ersten Tafelbergbesuch bis heute, dem 5. März, erscheint mir wesentlich länger als nur vier Wochen.

Wie oft habe ich das erlebt, dass Zeit ein ganz subjektives Empfinden ist. Dass Zeit zwar gemessen wird, wir mit dieser Maßeinheit eine Orientierung bekommen für unser Leben, doch Zeit wird gerafft und gedehnt im eigenen Erleben.

Auf Reisen dehnt sich die Zeit für mich immer unendlich weit. Immer habe ich schon nach kurzer Zeit, wenn ich an einem neuen Ort angekommen bin, das Gefühl, schon sehr lange hier gewesen zu sein. Das Neue, das nicht Vertraute, das Unbekannte, das füllt einen aus, weitet das Gefühl für Zeit.

Es ist als passe dann mehr in die Zeit.

Beim ersten Hochfahren damals war ich eine der ersten am Morgen gewesen. Keine Köpfe verdeckten die Aussicht auf Kapstadt, die Waterfront, das WM-Stadion, Signal Hill, Lion's Head, Robben Island. Doch auch in voller Gondel wie heute, gelingt der Ausblick beim Hochfahren. Nur mit Fotografieren ist es schwierig. Da haben einige Kenner Position bezogen, ganz vorne an der Scheibe.

Ich freue mich auf das Plateau, das Wandern dort oben, lasse die letzten Wochen im Geist an mir vorbeiziehen und, wie so oft in diesem meinem Urlaubsjahr, bin ich erstaunt, was das Leben so alles bereit hält, an Schönem, an Neuem, an Lernprozessen auch.

Auf der Rückfahrt von meinem Ausflug zum Tafelberg sah ich, dass es vom Flughafen aus nur noch 30 km bis Somerset West sind. Ich erzählte es Noel im Krankenhaus und er strahlte: Die Vorstellung, hier in Somerset West, wo wir ganz unfreiwillig gestrandet waren, schon so nah beim Flughafen zu sein, hatte ihn schon vom ersten Tag an beruhigt. Nun konnte ich die genaue Kilometerzahl dazu liefern. Und er wollte heim. Der Afrika-Urlaub war beendet für ihn und alles Weitere würde man dann zu hause erledigen.

Guten Mutes waren wir alle gewesen am 5. März und dann dauerte es mehr als einen Monat, bis die beiden wirklich zurückfliegen konnten.

Ohne Krankentransport, als ganz normale Passagiere, zwei unermüdliche Reisende, inzwischen 90 und 97 Jahre alt!

Und was bleibt am Ende übrig?

Ich dachte an diesem Tag, dem 5. März daran, dass am Ende doch noch ein paar Tage Pebble Beach für mich übrig bleiben könnten. Schon wieder diese Sehnsucht, doch nochmal ein paar Tage nur für mich zu haben, da unten, bei Peta und Chris, wo dann auch der Toyota bleiben sollte, bis Margot und Noel im nächsten Jahr wieder kämen.

Dann am Abend die zunächst niederschmetternde Diagnose für Noel:

Kein Rücktransport möglich! Dafür sofortige Operation. Es bleibt, wie wir es nun seit zwei Wochen erleben: Keine Pläne machen, immer nur den nächsten Schritt anschauen. Noels Genesungsprozess ist das Zentrum. Margot und ich versuchen, die Welt drumherum in Ordnung, bzw. auf dem Laufenden zu halten. Annegret und Michael unterstützen ihre neuen Freunde unermüdlich.

Deren Abreisetag allerdings rückt näher.

Auf dem Tafelberg, an diesem Montagmorgen, war es sehr kalt. Ein eisiger Wind wehte. Damit hatte ich nicht gerechnet und ich zog alles an, was ich dabei hatte, den Schal fest um den Hals gewickelt. Der Blick zum Signal Hill hatte es mir heute angetan. Ich schaute 'rüber, versuchte mich zu orientieren. Da das Stadion, dort die Waterfront, ungefähr dort drüben müssten unsere beiden B&Bs liegen. Am Fuße des Signal Hill.

Gleich am ersten Tag in Kapstadt hatte Urs, der immer der Sonne hinterher ist, die Idee, wir sollten den schönen Hügel hinter unserem Haus erklimmen, um unseren ersten Sonnenuntergang in Kapstadt zu genießen.

Das taten wir.

Zuerst die vielen Stufen hoch, die die einzelnen Querstraßen miteinander verbinden, dann den Fußweg durch das Naturschutzgebiet des Signal Hill. So kannten wir nun auch den Namen unseres Hausberges.

Recht anstrengend war der Anstieg, wunderschön auch, und irgendwann – in wenigen Minuten würde die Sonne untergehen – fanden wir genau den passenden Sitzstein für uns. Rechts vor uns, weit unten, das Meer mit der untergehenden Sonne, links Lion's Head, von dem ich damals noch nicht wusste, dass er das andere Ende des Gebirgszuges bildet: Hier Signal Hill, dort Lion's Head.

Nun schaute ich 'rüber vom Tafelbergplateau aus und entdeckte von hier oben, dass die Straße, die wieder Richtung Stadt führt, eine Abzweigung hoch zum Signal Hill hat. Die würde ich nachher hochfahren.

Signal Hill, nicht der Tafelberg war für mich das Highlight dieses Vormittags. Inzwischen hatten sich auch alle Wolken verzogen und ich parkte auf dem Parkplatz am Ende der Straße, auf dem höchsten Punkt von Signal Hill. Von dort aus wollte ich die Umgebung ein wenig erkunden.

Tief gerührt war ich, als ich feststellte, dass wir an jenem ersten Kapstadt-Abend fast schon oben angekommen waren, von der anderen Seite zu Fuß genau den passenden Sonnenuntergangs-Aussichtspunkt gefunden hatten. Tiefe Liebe war in mir, Liebe zu meinem Sohn, dem Sonnenanbeter.

Ich dachte an ihn, an sein junges Leben und als ich mich für eine Weile auf einem Stein niederließ und in die Ferne blinzelte, tanzten kleine Lichter vor mir auf.

Urs hatte das als Kind immer gemacht: Still blinzelnd konnte er verweilen und als ich mal fragte, was er da mache, sagte er: „Ich schaue Seelen".

Ja, das war's. Ich saß da, hoch oben auf dem Signal Hill, schaute über die Stadt, die Küste, das Meer und Seelen tanzten als kleine Lichter vor mir. Ich genoss einen Moment des tiefen Friedens mit mir, dem Leben, dem Universum, fühlte mich geborgen und so wohltuend all-ein.

Wir wissen nie, wann es in uns auftaucht, dieses Heimatgefühl, diese tiefe Ruhe, die Liebe, die doch immer da ist.

Es sind Gedanken, Erinnerungen, Gefühle, Orte, Landschaften, meist Momente des Alleinseins, die uns zu uns selbst bringen.

Wenn das mit einem Menschen zusammen erlebt werden kann, so ist das ein außerordentliches Geschenk.

Noch halten wir Menschen uns oft gegenseitig davon ab, in dieses Erleben einzutauchen. Ich denke, es wird mehr werden, das Bewusstsein dafür, was wir einander geben können und die Ruhe, auch gemeinsam solches Erleben geschenkt zu bekommen.

Noch vor kurzer Zeit, abends in Pebble Beach, bevor ich mein Häuschen, Granny's Flat betrat, hatte ich in diese wunderbare Sternenwelt geblickt. Selten habe ich solch einen Sternenhimmel gesehen, so überreich und endlos wirkte diese Pracht. Ich erkannte das Kreuz des Südens, die Milchstraße und – für mich immer am berührensten - Orion, mein Lieblings-Sternenbild.

Egal wo ich bin, wenn ich zum Himmel schaue und diese mir so wohltuende Sternenformation des Orion entdecke, fühle ich mich zu Hause - geborgen, beschützt. Orion ist immer wie ein Stück Heimat für mich. Und der Sternenhimmel am Suiderstrand ist so überreich, weil keine anderen Lichtquellen die Sicht behindern. Da ist nur Meer, tiefste Nacht, wenige Häuser.

In Somerset West, dieser südafrikanischen Großstadt, ist das anders.

Doch auch hier habe ich beim Blick aus dem Fenster Orion entdeckt mit dem Gefühl: Ich bin nicht allein. Die Orianer sind da, so wie zu Hause die UrLianerinnen. So tröstlich ist das und ich bin dankbar. Blicke ich auf der anderen Seite aus dem Fenster, ist auch das Kreuz des Südens zu sehen.

Somerton Manor, 8. März 2012

Den Widerstand aufgeben, darum geht es.

Bärbel hat mir diesen Satz geschrieben und er kam genau zum rechten Zeitpunkt. Das ist es. Widerstand gegen eine bestimmte Situation blockiert einen. Egal wie klar man rational neue Umstände akzeptiert, solange da noch ein innerer Widerstand besteht: Hätte ich doch, wäre ich doch ..., solange ein Teil von mir die neue Situation noch nicht angenommen hat, solange kann Energie nicht frei fließen.

Solange wir selbst die Verursacher für eine neue Situation sind, sobald wir selbst die Veränderung bewirkt, die Entscheidung getroffen haben, solange ist es einfach. Da gibt es das Thema nicht wirklich. Doch sobald Menschen oder einfach äußere Umstände uns in eine neue Lage zwingen, ist innerer Widerstand die bekannte Reaktion.

Ob bei Trennungen, die der andere herbeigeführt hat, bei Unfällen, Krankheiten, schlechten Ergebnissen irgendeiner Arbeit und vielem mehr, eben immer dann, wenn wir das doch **so** gar nicht wollten, dann rebelliert es in uns. Wenn der Kopf sagt, alles habe seine Richtigkeit, mag ein wenig helfen. Doch worum es geht, ist, eine Veränderung aus ganzem Herzen anzunehmen. Oder aber man nimmt sie nicht an und steht dazu. Mit mir nicht! Punkt!

Viel häufiger sind jedoch solche Situationen, in denen ich nicht ganz zu dem, was von mir erwartet wird, stehe, aber auch kein eindeutiges Nein sage. Das zu lernen, auch das ist ein ganz wesentliches Thema auf dem Weg zur Reife.

Trennung entsteht, wenn Energie durch solche unklaren Verhaltensweisen blockiert wird. Es ist die altbekannte Mauer, die uns Menschen oft an tiefer Zuneigung und Nähe hindert.

Das Ego glaubt, es brauche diesen Widerstand, um sich selbst zu schützen. Das ist das kindliche Verhalten: Ich muss aufpassen, dass ich nicht zu sehr vereinnahmt werde. Ich muss darauf achten, mein eigenes Leben zu leben, selbstbestimmt und nicht, wie wir es viel mehr gewohnt sind, ein fremdbestimmtes.

Den Widerstand aufgeben, das bedeutet nicht, sich anderen Menschen auszuliefern. Das ist wiederum das Kind, das so denkt. Das Kind, das viel zu oft die Übermacht der Erwachsenen gespürt hat, erlebt das als Bedrohung.

Jeder Erwachsene erlebt solche Momente wieder, in denen er glaubte, sich schützen zu müssen vor Übergriffen. Auch dominierendes Verhalten von Erwachsenen hat hier seinen Ursprung: Man kontrolliert alles und jeden, um nicht vereinnahmt zu werden. Auch das ist das Kind, das in Hab-acht-Stellung lebt.

Wir haben zu wenig gelernt, als Erwachsene miteinander umzugehen.

Auch unsere Eltern lebten noch aus ihren kindlichen Mustern. Es scheint heute eine andere Zeit zu sein, eine Zeit, in der die Menschheit insgesamt in die Phase des Erwachsenseins eintritt. Das ist die wahre Botschaft von 2012.

Stellvertretend für all die Menschen, die sich schon trauen, auf diesem Gebiet klare Worte zu sagen, möchte ich hier Johann Kössner, Experte auf dem Gebiet des Maya-Kalenders und den bereits erwähnten Robert Betz nennen.

Wenn wir uns dieser kindlichen Spiele von Dominanz, Rechthaberei, Besserwisserei, Manipulation vor allem bewusst werden und aus dem Teufelskreis austreten, dann gewinnen wir, in gleichem Maße wie unsere Umgebung.

Wir gewinnen an Ausstrahlung, Schönheit, Weisheit, Reife und Liebe.

Somerset West, 10. März 2012

Worum geht es tatsächlich bei all dem?

Für mich geht es um das Thema des Älterwerdens, jetzt tatsächlich das Thema des Altwerdens. Was zählt, wenn Energien nicht mehr frei fließen und der ältere Mensch nicht genug Reserven hat, um mit solchen Blockaden umzugehen?

Er braucht viel Unterstützung von außen.

Da ist die hochentwickelte moderne Medizin mit all ihren Möglichkeiten, die dennoch oft zu einseitig Teile zu reparieren versucht anstatt den ganzen Menschen zu sehen. Die entscheidende Energie, die benötigt wird, kommt vom Menschen selbst, von der Konstitution, dem Willen, dem Bewusstsein und ganz besonders auch von dem, was eben ansteht für diesen Menschen, was sein Lernprozess, seine Aufgaben sind, solange seine Seele in einem Körper inkarniert ist.

Für Noel stehen weitere Lebensjahre an, so sieht es aus. Ein Geschenk zum 97sten Geburtstag - und ich darf daran teilhaben. 'Danki', wie es in Afrikaans heißt.

Heute kam eine lange Mail von Sonja. Hab' mich riesig gefreut und merke, wie wichtig das im Moment für mich ist, dieses eigene Leben zu haben, meine Welt, meine

Menschen, meine Familie. Das stärkt, es sind die Wurzeln, aus denen man so viel Kraft schöpfen kann, gerade in Zeiten, wo man an eigene Grenzen kommt.

Somerton Manor, 11. März, 20 Uhr

Ich sitze am Pool, Orion über mir.

„Das ist der Kapitän", sagte Noel heute, auf die Schwester deutend.

„Ja, sie hat eine recht forsche Art", erwiderte ich, „eine etwas laute Stimme auch."

„Das stimmt. Sie ist aber auch der Kapitän, weil ihre Schulterklappen so aussehen. Die anderen kommen in Hemd und Hose, die haben keine Schulterklappen. Aber wenn sie dem Kapitän etwas sagen, gehorcht der sofort und saust los. Die mit Hemd und Hose, das sind die Ärzte. Die wissen, was Sache ist. Die brauchen keine Uniform."

Es ist unglaublich, wie lebendig, munter und humorvoll Noel heute ist, fünf Tage nach seiner schweren Operation, elf Tage vor seinem Geburtstag. Noch einiges erzählt er von seinen Beobachtungen hier auf der Intensivstation.

Er hat einen guten Platz. Sein Bett steht in der Ecke des Raumes. Wenn sein Kopfteil etwas hochgestellt ist, kann er fast den ganzen Raum und die „Theke" überblicken.

„Die Schwestern, das sind hauptsächlich Immigranten, Farbige, aber nicht afrikanischer, sondern indischer Herkunft. Die sind gut, auch freundlich, nicht so wie der Kapitän. Gut sieht sie aus, großgewachsen, kurzer Blondhaarschnitt. Ja, sie sieht nicht schlecht aus, aber sie ist zu herrisch, zu grob, zu laut – eben der Kapitän."

„Doch wenn ich mit euch spreche", so Noel weiter, „dann will ich respektiert werden und nicht von ihr angeschnauzt, weil sie gerade etwas anderes im Sinn hat."

Noel ist recht empört. Was er einfordert, ist Achtung, Respekt.

Er selbst bringt sie den Menschen entgegen, diese Achtung. Bedankt sich für all die Handreichungen, begegnet dem Menschen im Anderen, nicht seiner Funktion. Das kommt an bei den vielen Betreuerinnen.

Sicher haben die meisten, die mit ihm zu tun haben, niemanden in ihrem Bekanntenkreis, der so viele Lebensjahre hinter sich hat und dann solche Torturen gut übersteht. Sie erleben, dass eine Zahl gar nichts bedeutet.

Was zählt, ist die innere Lebendigkeit, diese menschliche Präsenz.

Ich bestelle Noel Grüße von meiner Schwester, gute Genesungswünsche soll ich ausrichten und er freut sich, erzählt mir von der Begegnung mit ihr, als sie sich auf einem Fest bei mir so gut unterhalten haben.

„Leider hab' ich sie seither nicht mehr getroffen", meint er. „Aber den Wein von ihrem Weingut, den habe ich immer gerne getrunken, den Dornfelder vor allem."

Noel ist hellwach, präsent in unseren Unterhaltungen, gerührt auch manchmal, wenn er die Zuwendung spürt, die ihm entgegen gebracht wird. Was ihn all das überstehen lässt, ist neben dem gesunden Herzen, dem gut funktionierenden Kreislauf auch diese stabile Emotionalität, da bin ich mir sicher. Andere würden vielleicht den hervorragenden Arzt als wichtigsten Faktor nennen.

„Ich möchte so angenommen werden wie ich bin", sagt er. „Ich nehme andere doch auch einfach an, respektiere sie." So einfach bringt er es auf den Punkt.

Nicht rummanipulieren und verändern wollen, andere für eigene Ziele einspannen, sondern einfach jeden lassen, wie er ist. Nur so kann Energie frei fließen.

„You can't help anybody", sagte Eric vorhin zu mir. Eric ist der neu angekommene Yogalehrer hier auf Gaia Oasis und wir unterhielten uns über die immer wieder schwierigen Versuche von Eltern, ihren heranwachsenden Kindern

Richtlinien zu vermitteln, wie sie ihr Leben meistern können.

Eric war am Abend davor nicht bei meiner Lesung, weil er kein Deutsch spricht. Nun setzen wir in anderer Zusammensetzung das Gespräch vom Vorabend fort. Das fällt mir gerade ein, während ich an unserem letzten Abend auf Bali noch einige Seiten in den Laptop tippe.

You can't help anybody. Sicher nachdenkenswert.

Von Kapstadt nach Clanwilliam, 13. und 14. März 2012

Bald wird es dunkel. Ich sitze am Pool unseres schönen Manor House, ein milder afrikanischer Abend. Zwei Tage bin ich über Land gefahren, zuerst nach Kapstadt, um das Auto mit vielen Dingen zu beladen: Bücher, Zeitschriften, Kleider, Teppiche, Pflanzen. Das alles soll von der Wohnung der Tochter zur Farm der Mutter, Stefanie, nach Clanwilliam transportiert werden.

Stefanie kommt nicht mit wie ursprünglich geplant. Es ist in Ordnung für mich. Gerne fahre ich allein, muss zuerst den Weg aus Kapstadt finden, 'meinen' Tafelberg zeitweise ganz nah vor mir, dann neben mir und bald im Rückspiegel. Kurz auf die N1, dann die N7 gen Norden.

Auf der Kap Namibia Route befinde ich mich, werde genau bis zu dem Punkt fahren, an dem sie sich teilt in Kap Namibia North und Kap Namibia South Route.

An dem Schnittpunkt befindet sich Clanwilliam.

Ich erinnere mich an den ersten Teil meiner Südafrika-Reise, damals noch *unsere* Reise, denn ich war unterwegs mit Urs. Am 25. Januar war es und wir fuhren mit dem blauen Elwierda-Bus Richtung Norden. Saldhana war unser Ziel, Paternoster dann unser Standort, der weiße Bungalow direkt bei den Meeresklippen.

Unendlich lange scheint das her zu sein, so viel geschah seitdem.

Heute fahre ich etwas weiter ostwärts Richtung Norden, mehr im Landesinnern und erkenne so manche Ortsnamen. In Malmesbury gibt es die Abfahrt nach Darling, bei Mooresburg dann geht's ab nach Hopefield und Vredenburg, bei Picketburg schließlich liegt westwärts Helena Bay, wo wir das Vasco de Gama Denkmal besucht hatten.

Darling, Hopefield, die schönen Namen waren mir damals aufgefallen, als wir oben im Oberdeck des Busses ganz vorne saßen, einen guten Überblick über die Landschaft hatten. Vredenburg, das war unsere Einkaufsstadt gewesen. Pick'n Pay, eine überall hier in Südafrika vertretene Supermarktkette, hatte ich dort zum ersten Mal kennen gelernt. Bei Helena Bay war das Erlebnis, als Urs seinen kurzen Alleingang machte, in Richtung Meer verschwand, wir eine kurze Zeit auf ihn warten mussten und ich nochmal in die Rolle der Mutter rutschte, die die Verantwortung für das ungezogene Kind hat. Im Nachhinein lächerlich, in dem Moment schwierig zu lösen für mich.

An all das denke ich, während ich allein hier gen Norden fahre, das Auto voller Gepäck, als würde ich wieder mal von einem Ort zum anderen umziehen. Malmesbury, Mooresburg, Picketberg. Ich schaue auf die kleine Zeichnung, die Stefanie für mich angefertigt hat. Hier ist noch kein Verirren möglich. Eine klare Route gen Norden und immer mal wieder taucht er auf, der Hinweis, dass ich mich auf der Cape Namibia Route befinde. Weiter so.

In Picketburg, nach etwa zwei Stunden Fahrt, lege ich eine kurze Pause ein, fahre in den Ort und entdecke ein Trading Post Coffee Shop. Inzwischen weiß ich, dass *Trading Post* die Bezeichnung ist für diese kleinen ländlichen Handelsplätze, an denen allerhand ge- und verkauft wird. Für 380 Rant kann ich zum Beispiel den Stuhl, auf dem ich sitze, zusammen mit fünf anderen erwerben.

Das erfahre ich durch das Schildchen an der Rückenlehne. Etwa 38 Euro für sechs Stühle. Ich habe genug Kram im Auto und alles, was ich hier brauche, ist eine kleine Pause. Auch dafür sind die Trading Posts da: Kleine Coffeeshops, Post und Bank meist in der Nähe, früher sicher Treffpunkt für Durchreisende.

Das bin ich nun auch, eine Durchreisende und als ich so nachsinne über die Zeit, als sich erste Siedler an so einem Ort niederließen, werden meine Träume unterbrochen.

„Is that blue Toyota your car?" fragt mich die Ladeninhaberin. Ich versteh' sie erst gar nicht so recht. Es sei angerufen worden. Der Wagen sei in der falschen Richtung geparkt. Um ein T*icket* zu vermeiden, solle ich ihn besser um parken. Doch ich bin abfahrbereit. Der Cappuccino ist ausgetrunken und das große Stück Karottenkuchen, übrigens der beste Karottenkuchen, den ich jemals gegessen habe, ist aufgegessen. Also bezahle ich, wundere mich, und die Frau erzählt sehr freundlich, dass das nicht ungewöhnlich sei, der Anruf. Hier werde sehr genau auf die Regeln geachtet.

Als ich auf die Straße trete, bin ich noch mehr erstaunt. Es ist genau so, wie ich es in Erinnerung hatte. Ich habe mich nicht getäuscht: Eine große breite Straße. Weit und breit nur wenige Menschen und noch weniger Autos zu sehen. Aber eben der auffallende Toyota, geparkt auf der falschen Straßenseite.

Auf welcher Seite ich weiterfahren muss, das weiß ich, habe mich so gewöhnt an den Linksverkehr und frage mich manchmal, ob die Gehirnhälften anders aktiviert werden durch diese für uns ungewohnte Fahrweise. Jedenfalls fahre ich stets sehr konzentriert. Am Anfang meiner südafrikanischen Fahrpraxis war ich an Kreuzungen oft froh, wenn andere Autos vor mir in die gleiche Richtung abbogen und mir die richtige Spur zeigten. Das hat sich geändert. Jetzt finde ich meinen Weg allein.

Inzwischen befinde ich mich auf der Höhe von Paternoster, das etwa 80 km westlich von mir liegt. Paternoster, wo wir Urs' 30sten Geburtstag gefeiert hatten, wo dieses schöne Foto entstand: Urs in der Mitte, eingerahmt von Margot und Noel, alle drei strahlend und zusammen mehr als 200 Jahre alt. La Baleine, unser schönes Urlaubsdomizil, wo Urs konzentriert viele Stunden am Schreibtisch saß, mit Blick auf Felsen, Sand und Meer, um seine Uni-Hausarbeit fertig zu stellen.

Genau passend war mein Pausenstopp.

Gedanken sortiert, süße Stärkung, und nun beginnt eine sich über viele Kilometer erstreckende Baustellenphase mit ständigen Stopps, weil jeweils nur eine Fahrbahn freigegeben wird. Stefanie hatte es vermerkt auf meinem kleinen Notizzettel. Geduld solle ich haben und mir Zeit lassen. Das fällt mir nicht schwer. Ich habe zwei Tage frei, keine Termine!

Unzählige Arbeiterinnen und Arbeiter sind an diesen Baustellen zugange. Die mit den Flaggen gefallen mir am besten, vor allem wenn sie orange sind und die Flagge heftig auf und ab geschwenkt wird. Ich freue mich nicht nur, weil das signalisiert: Freie Fahrt auf dieser Spur, sondern weil die Winkenden nie den Gruß vergessen.

Man kommuniziert miteinander, die Menschen in den Autoschlangen und die in der Hitze mit ihren Fahnen winkenden Arbeiterinnen. Hier wird dieser Job vorwiegend von Frauen erledigt. Rot heißt erst mal Stopp und es kann schon mal eine Viertelstunde dauern, bevor es weitergeht, besonders auf der kurvenreichen Passstraße, runter nach Citrusdal, weiterer Ort auf meinem Zettelchen.

Ein kurzer Gruß an die Straßenarbeiterinnen und Arbeiter ist selbstverständlich. Man bedankt sich fürs Weiterfahren dürfen und sie grüßen freundlich zurück. Wenn sie die rote Flagge hochhalten, scheinen sie das für die Autofahrer mit zu bedauern.

Mir scheint, dass es mehr Rücksicht und Freundlichkeit im Straßenverkehr gibt als ich es von zu Hause kenne. Auch Autobahnen sind keine Rowdy-Strecken, schon deshalb, weil sie nicht so komfortabel mehrspurig ausgebaut sind wie bei uns.

Auf unserer rasanten Rückfahrt von Somerset West nach Agulhas hatte ich das beobachtet. Chris saß am Steuer, ich war Beifahrerin. Es war der 23. Februar, bereits später Abend. Wir hatten Noel ins Krankenhaus gebracht, zur Notaufnahme, von wo aus alles zügig und schnell abgewickelt worden war. Schon bald hatte Noel sein Zimmer, sein Bett und wir machten uns auf den langen Heimweg. Margot saß hinten im Auto.

Chris kennt die Strecke, jede Kurve, jede Steigung und Abfahrt, ist sehr flott und sicher unterwegs. Ich beobachtete, wie er nach jedem Überholvorgang kurz die Warnblinkanlage betätigte. Da auch die Nationalstraßen oft nur zweispurig sind, wird der Randstreifen zum Ausweichen benutzt, wenn ein anderer überholen möchte.

Mir war dieses kurze Aufleuchten der Warnblinker schon öfter aufgefallen, doch erst jetzt verstand ich die Bedeutung: *Danki* blinken die roten Augenlichter. Danke, dass du mir den Weg frei gemacht hast.

Da unser Toyota auch oft flott unterwegs ist, betätige auch ich nun öfter dieses *Danke* oder in Afrikaans *Danki*-Signal.

Auch nach Citrusdal ist noch kein Ende der Baustellen in Sicht, doch die Landschaft hat sich verändert. Der urige Gebirgszug der Zedernberge türmt sich rechter Hand auf. Sicher auch ein lohnenswertes Ziel, mal durch diese Felslandschaften zu streifen. Ein andermal.

Wie so oft auf dieser Reise, an so vielen Orten denke ich: Ich komme wieder!

Einsam wirkt die Landschaft.

Das Gefühl, dass Afrika ein uralter Kontinent ist, dass dieser Kontinent die Wiege der Menschheit sein könnte, dass vor Urzeiten hier alles begonnen hatte, all das scheint hier möglich. Ein eigenartiges Gefühl. Ich bin allein, fühle mich wohltuend allein auf der Welt und sehe doch all die Autos, die LKWs, die Arbeiter, die in der Hitze schuften, die Arbeiterinnen, die die *Stop and Go* Fahnen schwenken. Ich sehe all das und dennoch.

Noch öfter an diesen beiden Tagen werde ich das empfinden, dieses merkwürdige Alleinseins-Gefühl, inmitten von Leben und Treiben. Als würde meine Identität aufgenommen von den weiten Ebenen, den Gebirgszügen, den schroffen Felsen, der so urigen Landschaft.

Sicher ist es die unglaubliche Energie, die in dieser Landschaft steckt: Steine, Felsen, auch weite karge Flächen. Insgesamt eine harte Landschaft, keine liebliche

Gebirgswelt. Es ist völlig anders als das Erlebnis des Meeres. Dieses Land, diese Steine, diese erdigen Farben, das ist verdichtete Materie und da klingen tiefste Schichten in uns an, gehen in Resonanz.

Ich bin gespannt auf die Menschen, die hier leben, hab' keine Ahnung was mich erwartet.

Der erste Mensch, mit dem ich dann spreche, ist ein junger Mann an einer einsamen Tankstelle.

„Wenn du links eine Total-Tankstelle siehst, dann hast du die Einfahrt zu meiner Farm verpasst. Doch das macht nichts. Du kannst dann auch die Hintereinfahrt nehmen". So einfach ist Stefanies Wegbeschreibung.

Das vordere Tor habe ich also übersehen und von dem hinteren Eingang finde ich keine Spur. Ich sehe auch noch nichts, als der junge Mann mir sagt: „Bokswater, yes, that's here". Und mit *here* meint er genau hier, wo ich stehe. Dies soll die Farm sein? Ich schaue mich um, sehe kein Farmhaus.

„Sie wollen sicher zu Stefanie", sagt der junge Mann. „Ich weiß nicht, ob sie zu Hause ist".

Das weiß ich nun wieder, sage ihm, dass sie noch in Kapstadt bei ihrer Tochter sei und ich Sachen von ihr mitbringe. Die wolle ich abliefern, eben auf der Farm.

Er kann das wohl nicht begreifen, warum ich so begriffsstutzig bin und erklärt mir, dass ich nur die Straße überqueren müsse. Dort sei der Eingang zur Farm, das zweite Haus sei es.

Es scheint also nicht nur **ein** Farmhaus zu geben hier, nicht nur eine Farm.

Woher wusste er dann, dass ich zu Stefanie will? Aha, der blaue Toyota. Er kennt ihn und er kennt auch die beiden älteren Herrschaften, die sonst mit diesem Auto hier vorfahren. Alles klar.

Doch immer noch bin ich unschlüssig, denn direkt gegenüber der Straße, wohin er beharrlich zeigt, sehe ich nichts als den Stausee. Den Clanwilliam Stausee, der großräumig erweitert werden soll und dem auch Stefanies Farm zum Opfer fallen würde. Das hatte ich schon von Margot gehört.

Die erste Lektion habe ich gelernt und das hätte ich ja auch wissen müssen: Eine Farm in Südafrika und nicht nur hier, das bedeutet nicht ein Bauernhaus mit etwas Land drumherum. Eine Farm, das sind viele Hektar Land und Bokswater erstreckt sich genau hier, schließt eben auch die Tankstelle mit ein. Die gehört zur Farm und der Besitzer ist Stefanies Sohn. Ach so!

Also fahre ich, wie mir scheint wider besseren Wissens, direkt über die Straße und bin überrascht, vor mir ein Tor zu sehen, allerdings verschlossen. Rechts davon geht ein Schotterweg ab. Der muss es sein. Von der Straße aus ist dieser Weg nicht einsehbar.

Ich fahre an Riesen-Orange-Plantagen vorbei, Wege zweigen ab und ich verlasse mich auf meine Intuition, fahre einfach immer den breitesten Weg weiter und irgendwann stehen da, wie aus dem Nichts, mehrere Gebäude. Welches ist es nun?

Sie stehen nicht geordnet hintereinander und man kann aus verschiedenen Richtungen hier ankommen. Die Information, es sei das zweite Haus, hilft mir nicht weiter. Erwartet mich überhaupt jemand? Die Häuser wirken so verlassen. Irgendwie fühle ich mich ein wenig wie in eine andere Zeit, eine andere Welt versetzt.

Ich halte an. Da sehe ich im Rückspiegel eine junge Frau heftig winken. Lachend läuft sie mir entgegen und zeigt mir, wo mein Ziel ist.

Zum ersten Mal stehe ich vor einem Farmhaus in Afrika. Ein großer niedriger Flachbau, eine weitflächige Veranda. Verschiedene Eingänge scheint es zu geben. Die Frau lacht, redet auf mich ein. Ich lache auch, versteh' aber nichts. Sie spricht weiter, findet es lustig, dass ich nichts verstehe und allmählich radebrechen wir in Afrikaans, Englisch und Deutsch. Wobei sie nur Afrikaans spricht, ich aber Worte aufgreife, die ich zu verstehen glaube und sie auf Englisch oder Deutsch wiederhole.

Es klappt. Sie weiß genau, was zu tun ist. Erst wird *mi fru* angerufen: der Gast ist da!

Gemeinsam laden wir das Auto aus. Scheinbar sind da Sachen für sie und ihre Familie dabei, denn bei den Kleidern strahlen ihre Augen. Dann werde ich in die Küche gebeten. Kaffee ist gekocht. Wir unterhalten uns weiter mit viel Lachen, Kopfschütteln, Wiederholen. Zwischendurch benutzen wir nochmal Stefanie, zugeschaltet per Telefon als meine Vermittlerin.

Ich habe die Wahl: Ich kann hier übernachten, habe das ganze Farmhaus zur Verfügung mit vorbereitetem Abendessen. Das würde aber auch andere Abnehmer finden. Da bin ich mir sicher, denn Chrissie – inzwischen nennen wir uns bei unseren Namen - erzählt, sie müsse erst mal heim zu ihrer großen Familie. Jedenfalls verstehe ich das so. Drei Hunde hätte ich als Wächter.

Die andere Möglichkeit wäre eine Übernachtung bei Ilse in Clanwilliam. Ilse, von der mir Margot schon so viel erzählt hatte, eine Nachfahrin von dem bekannten südafrikanischen Politiker Ohm (Paul) Krüger. Ilse Saaiman, die gerade ein Crafts-Projekt mit einheimischen Frauen aufbaut, und die ein schönes Bed and Breakfast führt. Sicher würden wir beide uns gut verstehen, meinte Margot und Recht hatte sie.

Ich habe zwar morgen einen von Stefanie vereinbarten Termin hier auf der Farm. Jemand holt mich um halb neun ab, um mir die Felsbilder hier zu zeigen. Ich freue mich darauf, aber allein hier übernachten möchte ich trotzdem nicht.

Zu verloren fühle ich mich nach der langen Fahrt durch unbekannte Landschaften, mit Blick auf die so urzeitlich anmutenden Felsformationen. Dann die Ankunft hier auf einer recht abgelegenen einsamen Farm. Mir ist nach Menschen, nach Gespräch, nach Austausch und gerne nehme ich das Angebot an, in Ilses B&B ein Zimmer zu beziehen.

„Und wie wär's mit einem gemeinsamen Abendessen im Olifants?" fragt Ilse am Telefon. Sehr sympathisch, diese Stimme und gleich folgt eine genaue Wegbeschreibung. Chrissie fährt mit bis zu ihrem Zuhause, weil sie ja Brot backen muss und lachend verabschieden wir uns irgendwo auf dem Schotterweg.

Wo denn ihr Haus sei, frage ich. Gleich dort, sagt sie lachend, zeigt irgendwo Richtung Gestrüpp und humpelt davon. Erst jetzt sehe ich, dass sie nur einen Schuh trägt. Der andere Fuß ist bandagiert.

Ich weiß nicht, ob sie jung oder schon älter ist, wie groß ihre Familie ist, wie weit sie noch laufen muss. Sie tut was *mi fru* ihr sagt und da *mi fru* mich geschickt hat, ist auch das was ich tue in Ordnung für sie.

Ich bin überrascht, als ich nach Überquerung der Staudammbrücke in eine kleine Stadt komme, die voller Leben ist. Woher kommen all diese Menschen hier?

Eine *Main Street* wie in jeder Kleinstadt. Sie teilt sich am interessanten Bau des *Old Jail,* früher Gefängnis, heute Museum. Linker Hand soll ich mich halten. Und schon bin ich angekommen beim *Long House,* wirklich ein auffallend langes Haus, ein schöner alter Flachbau mit überreichen Bepflanzungen. Hunde und Katzen haben hier auch ein geordnetes Zuhause, wie man an den verschiedenartigen Futternäpfen sehen kann.

Eine attraktive Frau, sicherlich um einiges jünger als ich, kommt mir entgegen, begrüßt mich herzlich. Es ist Ilse, die Besitzerin, die direkt von der Sonderausstellung im 'Kunsthuis' kommt, wo den ganzen Tag an einer Preisverleihung gearbeitet wurde.

Es wird ein schöner Abend später im Restaurant Olifants, benannt nach dem gleichnamigen Fluss.

Louis aus Paarl ist dabei, Leiter der regionalen Schulverwaltung und ich erfahre einiges über das Schulwesen hier, diesmal eher negatives. Man beklagt, dass der Fortschritt, der in Südafrika im wirtschaftlichen Bereich so auffallend ist, im Schulwesen weit hinterherhinkt. Louis' Frau sei als Lehrerin wie die meisten engagierten Kolleginnen und Kollegen restlos überfordert. An gemeinsame Unternehmungen an Wochenenden sei jetzt, da die

Kinder aus dem Haus sind und man das doch könnte, kaum zu denken.

Das kommt mir so bekannt vor und hier, Tausende von Kilometern von zu Hause und durch mein Sabbatjahr Lichtjahre von meinem schulischen Alltag entfernt, muss ich feststellen, dass sich die Situationen nicht allzu sehr voneinander unterscheiden: Zu viel Arbeit, zu wenig Freizeit, zu viel Außensteuerung, zu wenig selbstbestimmtes Leben.

Auch ich erlebe gerade eine Zeit, in der mein Leben, von äußeren Umständen verursacht, in eine ganz andere Richtung gelenkt wurde als ursprünglich von mir geplant. Und doch: Das Abenteuer bleibt. Ich habe mich eingelassen auf dieses Unternehmen, will ein Buch schreiben über die Freude am Älterwerden und bin mittendrin gelandet in meinem selbst kreierten Film. Die Realität hat mich eingeholt und es ist gut so.

Dann ist da Louis Nummer 2, der jetzt Leiter des 'Kunsthuis' ist. Viele berufliche und private Brüche haben ihn hierher geführt und mit seinen 70 Jahren strahlt er eine Jugendlichkeit aus, die nur von einer tiefen Anbindung an seine innere Lebensquelle, sein Selbst herrühren kann.

Vier Menschen zwischen 48 und 70 Jahren, in unterschiedlichsten Leben zu Hause, verbringen einen Abend, der so lebendig und von tiefem menschlichen Verständnis geprägt ist. Von gesellschaftlichen bis hin zu spirituellen Themen geht unser Austausch. Es tut gut zu spüren, dass die

Verbindung zwischen Menschen immer möglich ist, wenn Offenheit und Lebensweisheit zusammen kommen.

Überall sind es die erlebten Tiefen, die die Menschen reifen lassen. Man hat erfahren, dass kein Leben nur glücklich verläuft und man ist dennoch bereit, dem Thema des Glücklichseins oberste Priorität zu geben.

„Ich möchte, dass meine Kinder glücklich sind", sagt Louis 1. Seine Kinder sind erwachsen, der Sohn nach gescheiterter erster Ehe wieder verheiratet. Glück ist nicht mit „immer gut leben" gleichzusetzen.

Was mir erst später auffällt ist, dass nirgendwo die Rede war von Status, von Besitz, von beruflichem Erfolg. Sicher sind diese Themen auch wichtig, doch worum es ging an diesem Abend im *Olifants,* das waren Themen eines guten und wertvollen Lebens.

Manchmal sprechen die drei aus Versehen Afrikaans, ihre eigentliche Muttersprache. Ich verstehe ein wenig, werde zur konzentrierten Zuhörerin. Bis sich jemand in der Runde erinnert und wir kehren zurück zum Englischen, unserer Kommunikationsbasis.

Das Ergebnis dieses Abends ist, dass am folgenden Morgen nicht nur ich zum Treffpunkt bei Stefanies Farm fahre, sondern dass wir zu dritt ankommen, Ilse, Louis 1 und ich. Das ideale Übungsfeld für Anneliese, die heute erstmals eine kleine Gruppe zu dem großen Felsüberhang mit den Felszeichnungen auf Stefanies Farm führt und auf unsere Rückmeldungen gespannt ist.

Toll macht sie das, ist begeistert dabei, als sie uns von den ursprünglichen Künstlern erzählt, den San, dann die später dazu gekommenen Überzeichnungen durch die KhoiKhoi. Ilse und Louis sind ebenfalls zum ersten Mal hier. Das erfahre ich erst vor Ort.

Die Felsbilder Afrikas hatten in meinem Leben schon einmal eine ganz wichtige Rolle gespielt. Das war damals gewesen, als Margot mich fragte, ob ich sie unterstützen könnte bei der Übersetzung von Noels erstem Buch, geschrieben in seiner Muttersprache Englisch „San Visions and Values". Viele viele Kilometer hatte ich damals an manchen Tagen zurück gelegt, denn oft fuhr ich vormittags, wenn Urs und sein Bruder Nello in der Schule waren, die Strecke von Oberwiddersheim nach Königstein. Wir arbeiteten zwei oder drei Stunden an der Übersetzung und ich fuhr zurück, um rechtzeitig das Mittagessen für die Kinder bereit zu haben.

Eine extreme Zeit war das, denn nachmittags brach ich dann erneut auf, diesmal zur Arbeit nach Frankfurt ans Abendgymnasium. Es war die Zeit, in der sich viel veränderte in unserer Gemeinschaft, eine Zeit der Wandlung.

Meine Arbeitsausflüge nach Königstein sehe ich heute als ganz wichtigen Schritt in einen neuen Lebensabschnitt.

Zwar befolgte ich noch mein altes Programm des viel-zu-viel-Tuns, ging weit über die Grenzen meiner eigenen Belastbarkeit, hatte das Nein-sagen noch nicht gelernt, war die Brave und Gute, die die Erwartungen anderer erfüllt und diese anderen nicht enttäuschen möchte. Und ich war mir nicht wirklich treu, überforderte mich in extremer Weise.

Und doch: In der Zeit lernte ich meine neue Heimat durchfahrend kennen: Oberursel. Noch ahnte ich nicht, dass ich schon bald hier ein neues Zuhause finden würde. Es war auch die Zeit, in der durch den näheren Kontakt zu Margot und Noel der Wunsch, diesen Kontinent Afrika kennen zu lernen, in mir erwacht war. Die Simbabwe-Reise war dann auch bald der erste Schritt in diese Richtung. Und dann lernte ich etwas kennen, was mich ganz tief innen so berührte und interessierte: Die Felsbilder Afrikas.

Heute, da ich hier unter diesen Felsüberhängen stehe, diese uralten Zeichnungen betrachte, da durchströmt mich dieses wohlige Gefühl, dass all das etwas mit mir zu tun hat. Ich erinnere mich genau an Passagen, die wir damals zusammen übersetzt und besprochen hatten. Ich weiß von den Trance-Zuständen, die in den Zeichnungen thematisiert werden. Ich fühle, wie auch Noel es in seinen Büchern immer wieder erwähnt, dass der Ursprung der Menschheit in Afrika liegt.

Als ich abends Noel an seinem Krankenbett von meinem Ausflug erzähle und bei den Felsbildern ankomme, leuchten seine Augen. Ja, die Felsbilder Afrikas, die kennt er bestens.

Und die Felsbilder auf Stefanies Farm, die sind erwähnt in seinem ersten Buch. Damals hatten er und Margot Stefanie Stone kennen gelernt. Dass ich jetzt hier unter dem Felsüberhang stehe und in die Weite dieser beeindruckenden Landschaft blicke, das hat seinen Anfang schon vor vielen Jahren genommen.

Die anderen sind ein wenig aus dem höhlenartigen Unterschlupf getreten, unterhalten sich. Ich verweile noch etwas und spüre, dass die Zusammenhänge, die in unserem Leben so sichtbar werden, nur einen kleinen Ausschnitt betreffen, eben dieses jetzige Leben.

Im Älterwerden erkennen wir die 'roten Fäden', sehen, warum wir manchmal solche Umwege machen müssen, scheinbare Umwege, und wir ahnen, dass die großen Zusammenhänge unendlich weit hinausreichen über dieses eine Leben, das wir gerade überblicken und mehr und mehr verstehen.

Die wahren Zusammenhänge, die erahnen wir nur, zum Beispiel in solchen Momenten wie jetzt, bei meiner ersten Begegnung mit den Felsbildern Südafrikas. So könnte meine Beziehung zu diesen Zeichnungen genauso wie meine Beziehung zu all den Menschen, denen ich hier begegne, weit hinausreichen über dieses jetzige Leben.

Ilse sagte das so schön an dem Tag: Sie habe das Gefühl, ich habe schon viele solcher Orte besucht, während sie, die mittendrin lebt, erstmals einen Einblick in diese Welt der frühen Bewohner Afrikas erhält. Oh ja, ich habe heute auch das Gefühl, solche Orte zu kennen.

Dennoch stehe auch ich erstmals vor diesen bewegenden Zeichnungen. Und wieder ist da diese Sehnsucht in mir, die ich nun schon so gut kenne, gerade auf meinen vielen Reisen immer wieder erlebe. Dieses tiefe innere Wissen, dass ich verbunden bin mit einem Ort, einer Landschaft, einer Atmosphäre, einer Stimmung. Da ist es wieder, das Gefühl des in-mir-zu-Hause-Seins. Und Menschen, die in solch einem Moment bei mir sind, werden zu Vertrauten vom ersten Moment an.

Voller Enthusiasmus erzählt Anneliese, unsere Fremdenführerin, von den Ideen die sie hat, um vor allem auch Kindern diese Welt ihrer Vorfahren näher zu bringen. Mit ihrem Mann hat sie vor wenigen Jahren ihre Heimat Kapstadt verlassen, weil sie die Natur, die Zurückgezogenheit, die Berge und die Weite dieser Landschaft liebt.

Ilse lebt schon lange hier und ihr großes Anliegen ist es, die heimischen Handwerkskünste wieder zum Leben zu erwecken, bzw. bei der Vermarktung mit zu helfen. So ist ihr Crafts-Projekt entstanden und mit Begeisterung kommen Mädchen und Frauen zusammen, um all die schönen Dinge aus Stoff, Bast, Gras zu erstellen, die ein Zuhause verschönern.

Unser Gespräch auf Ilses Terrasse wird im Kunsthuis fortgeführt. Louis 1 muss sich verabschieden. Die örtliche

Schulbehörde in Paarl kann ihren Vorgesetzten nicht allzu lange entbehren. Der morgendliche Ausflug zur *Rockart* Südafrikas hat auch ihn inspiriert, eines seiner wichtigen Anliegen weiter zu verfolgen: Den Kindern und Jugendlichen das Kulturgut des Landes näher zu bringen.

Nun, im Kunsthuis ist Louis 2 der Experte, zeigt mir, welche Werke gestern die ersten Preise erzielt haben. Werke von jungen Künstlern, von Kindern, die ihr Lebensumfeld durch die Augen ihrer künstlerischen Seele her betrachten, die in ihren Bildern ganze Geschichten erzählen.

Das Projekte-Schmieden geht auch hier weiter und da unsere Welt immer mehr vernetzt ist, könnte ich mir eine Zusammenarbeit, ein Austausch zwischen unseren Kindern und den hier lebenden jungen Menschen gut vorstellen. Wer weiß, welche Samen gesät wurden, auf meinem Zwei-Tage-Ausflug nach Clanwilliam, bei meiner ersten Begegnung mit Ilse Saaiman (zu deutsch 'Sämann').

Noch ein kurzer Besuch in der *Rooibos*-Fabrik. Es ist die Gegend des Roibusch-Tees, in der ich gelandet bin und Roibusch, zu Deutsch Rotbusch, wird hier bereits für vieles andere, besonders in der Kosmetikindustrie, verwendet.

Ilse findet ein kleines Geburtstagsgeschenk für Margot, ich erstehe diverse Mitbringsel. Ein letzter Gang durch dieses schöne Städtchen. Herzlicher Abschied und in mir ist, wie meist in solchen Momenten, der Gedanke: Ich komme wieder!

Ich begebe mich auf die lange Rückfahrt. Noch eine kurze Rast, als ich den Olifants-Zufluss zum Stausee per Brücke überquert habe. Hier beginnt die Nordroute der Kap Namibia Route. Ich halte mich südwärts. Ein Blick noch über den Stausee, der erweitert werden soll. Die Landschaft wird sich verändert haben, wenn ich wiederkomme. Schon jetzt erscheint mir alles verändert. Die Gegend hat für mich ein anderes Gesicht bekommen durch die Begegnung mit den Menschen, die hier leben.

Erfüllt von all dem Neuen, bereichert durch all die Gespräche, genieße ich die Rückfahrt, bedanke mich bei den Arbeiterinnen, die wieder mit winkenden Fahnen am Straßenrand stehen, schaue in die Weite, wenn ein Stopp länger dauert.

Wie weit mag es noch sein? Da entdecke ich den Tafelberg in weiter Ferne. Noch 60 km bis Kapstadt sagt kurz darauf ein Hinweisschild. Ich bin so gut wie 'zu Hause', fahre beschwingt und konzentriert, den Tafelberg fest im Blick.

Somerset West, 16. März 2012

Margot wird heute 90 Jahre alt. Das Geburtstagsfest beginnt zu Hause, im Somerton Manor Guesthouse, mit Geburtstagstisch, geht weiter im Krankenhaus, an Noels Bett. Am Nachmittag sind Peta und Chris vom Pebble Beach dabei, aus dem Süden angereist, dazu Stefanie, deren Farm ich nun kennen gelernt habe.

Bei Regen, Sekt und Leckereien sitzen wir im überdachten Teil der Anlage, direkt beim Pool. Abends dann großes Geburtstagsessen im Weingut Vergelegen. Eine Flasche Sekt als Geschenk des Hauses! Der wird aufgehoben für den nächsten Geburtstag: In sechs Tagen wird Noel 97 und wir alle bedauern, dass er heute nicht dabei sein kann. Bleibt zu hoffen, dass er seinen eigenen Geburtstag dann nicht im Krankenhaus feiern muss.

Ausklang des Tages wieder beim Pool. Kaffee wird frisch gebrüht und eine Schokoladentorte vom Haus kann jetzt auch noch versucht werden, als Dessert zum späten Abend.

Mehr als 30 Jahre liegen zwischen uns, Margot und mir, 30 Jahre gelebtes Leben, ein reiches, langes Leben mit immer wieder neuen Herausforderungen auch, so wie in diesen letzten Wochen. Noch vier Tage bleiben mir hier in Südafrika. Wie ich erfahre, ist zu Hause der Frühling ausgebrochen. Unvorstellbar für mich, weil ich den dafür notwendigen Winter gar nicht erlebt habe.

Noch vier Tage Afrika liegen vor mir und auch jetzt weiß ich nicht, was diese Tage bringen werden. Noels Befinden ist weiterhin der Pegel, an dem alles gemessen werden muss. Seine mögliche Bleibe nach dem Krankenhaus ist organisiert, doch wann er die Medi Clinic verlassen darf, ist noch ungewiss.

Vergelegen Medi Clinic, 17. März 2012

Noel sitzt auf der Bettkante, als wir morgens ins Krankenhaus kommen. Zart und schmal sieht er aus, doch er strahlt uns entgegen. Erstmals habe der Arzt von Entlassung gesprochen, erzählt er. Etwa eine Woche noch, dann könnte es so weit sein.

„Wunderbar" sagt Noel in seinem so ganz speziell englisch eingefärbten Tonfall. Wunderbar ist das, und wir, die wir diese Wochen so hautnah miterlebt haben, wissen auch, dass es ein Wunder ist. Operationen, Narkosen, Klinikkost - und hier sitzt der Patient, wohlauf, ein Patient, der durch alle Stadien der Hilflosigkeit seine Würde bewahrt hat, seinen Lebenswillen auch und die Freude auf das, was das Leben noch für ihn bereithält. Nie hat er das angezweifelt, dass er zurückkehren wird in sein Leben, an seinen Schreibtisch, in seine schöne Umgebung – wo dann wieder Pläne geschmiedet werden können für weitere Reisen.

Daran denkt er wohl im Augenblick nicht. Wichtig ist, dass das Krankenhaus-Dasein ein Ende hat. Da der Patient wohlauf ist, steht unserem geplanten Ausflug nichts mehr im Wege.

Zum Kap der Guten Hoffnung wollen Margot und ich heute aufbrechen. Seit Wochen wohnen wir hier in Somerset West, ganz in der Nähe des Kaps und nun endlich werde ich diesen Ort kennen lernen.

Immer beinhalten solche wohl bekannten Begriffe eine gewisse Faszination, eine Faszination jedoch, die noch nicht mit Leben gefüllt ist, solange man nicht selbst **da** war, den Ort nicht kennen gelernt und erlebt hat. Es ist wie ein Bilderrahmen, in dem das Bild noch nicht sichtbar ist. Ich kenne das Kap noch nicht, habe meinen Fuß noch nicht auf die Kap Halbinsel gesetzt, habe aber schon oft hinüber geschaut und mich vertraut gemacht mit der Umgebung.

Zum Beispiel wenn ich am Vormittag manchmal bei *Strand* am Strand saß, diesem weiten Sandstrand, der sich bei Ebbe über viele Kilometer direkt bei der gleichnamigen Stadt erstreckt. Als ich diesen schönen Platz dann Margot zeigen wollte, gab es ihn nicht mehr. Es war später Nachmittag und die Flut hatte ihren höchsten Stand erreicht. Das Meer reichte direkt an die kleine Steinmauer, die die Straße vom Wasser trennt. Kein Strand in Sicht bei *Strand.*

Wenige Male nur war ich da gewesen, nachdem ich Margot zur Klinik gebracht hatte. Ich liebte den Ort, weil man von hier einen wunderschönen Überblick hat über die große Bucht, die Kap Halbinsel, die südlichste Spitze, das Kap, von dem viele meinen, es sei der südlichste Punkt Afrikas.

Dem ist nicht so. Ich weiß es auch erst, seit ich DA gewesen bin. Den Überblick von oben, den hatte ich erlebt, zweimal schon, beim Rundblick vom Plateau des Tafelberges aus. Doch von hier aus, auf gleicher Höhe schauend, ist es ein anderes Erleben. Tief hatte ich das Bild dieser Kulisse in mich aufgenommen. Ich ahnte nicht, dass ich auch das noch erleben würde, ein Besuch der Kap Halbinsel.

So viele Orte, so viele Menschen haben auf dieser Reise ein Gesicht bekommen für mich. Das Bild im Rahmen wurde sichtbar. Durch Margots Erzählungen kannte ich schon einige Orte, die Namen von Menschen, die da leben. Doch jetzt erst weiß ich, wie Clanwilliam aussieht, ich kenne Ilse und ihr Longhouse, ich weiß, warum Stefanie das von ihr gegründete Kunsthuis so sehr liebt, ich kenne den Weg zu ihrer Farm.

Ich weiß auch, welch' quirlige und beeindruckende Stadt Kapstadt ist. Der Tafelberg hat ein Gesicht bekommen. Wir kennen uns nun etwas näher. Ich weiß, was sich hinter dem Namen Waterfront verbirgt und ich habe gesehen, wie friedlich die ehemalige Gefängnisinsel Robben Island im Meer liegt, wenn man von weit oben 'rüber schaut.

Von Signal Hill, Lion's Head, Devil's Peak und den zwölf Aposteln hatte ich erstmals auf unserer Fahrt vom Flughafen gehört. Zwei Monate ist das her und nun sind mir die Orte vertraut. Ich spüre, wie all das lebt, das Meer, die Berge, die Felsen, die Pflanzen. Sogar die unterschiedlichste Witterung ist so lebendig.

Gestern beim Frühstück im Manor House meinte Margot, sie empfinde es immer wie ein Gespräch der Blätter und Blumen miteinander, wenn der Wind sie sanft bewegt. Ein schönes Bild. Manchmal wird geflüstert, bei leichter Brise. Dann angeregt geplaudert bei mehr Wind und auch mal heftigst geschimpft, wenn ein Sturm tost.

Zum Kap der Guten Hoffnung, 17. März 2012

The Cape of Good Hope. Heute lernen wir uns kennen.

Ich laufe den Weg hoch zum Leuchtturm, später den kleinen Pfad nach vorne zum *Cape Point.* Ich fotografiere eifrig, will diese Faszination einfangen, diesen Rundumblick über die Ozeane, der sich so tief in die Seele eingräbt.

Ein Erlebnis, das ich nie mehr vergessen werde.

Ich halte kurz inne. Heiß ist es, anstrengend auch, das Auf und Ab auf dem kleinen Pfad. Die Weite scheint auch das

Innere zu weiten. Tief atme ich ein und aus, langsam. Ganz bewusst gehe ich den Weg entlang, andächtig fast, hin zur Spitze dieser wunderschönen Kap Halbinsel. Danke, *Danki*!

So viele Menschen sind hier unterwegs und doch fühle ich mich wohltuend allein. So kraftvoll ist die Natur, dass ich mich eher mit den Felsen, dem Meer, dem Weg verbunden fühle als mit den Menschen, die unterschiedlichste Sprachen sprechen.

Ich bin so dankbar, dass auch dieses Erleben noch möglich war auf unserer Reise voller unvorhergesehener Ereignisse.

Einen Tag später, auf unserer Fahrt zurück von einem kleinen Ausflug nach Stellenbosch, der alten Universitäts- und Kolonialstadt, blicke ich 'rüber auf diese lang gestreckte Halbinsel, die blaugrau wie ein mächtiges Tier ins Meer ragt. Anders sieht dieser Rücken heute aus, lebendiger, denn ich war **da**, habe meinen Fuß auf dieses Land gesetzt.

Was ich empfinde ist Achtung, Respekt, Dankbarkeit, dass ich das erleben darf, dass Mutter Erde ihre Schönheit so großzügig verschenkt.

Gordon's Bay, abends am 18. März 2012

Ich schaue 'rüber übers Meer, über die *False Bay,* die Bucht, die sich südlich von Kapstadt auftut, umrahmt vom südlichsten Festland und der Kap Halbinsel.

Ich schaue hinüber und kann es kaum glauben, dass ich dort überall schon gegangen bin. Tags zuvor waren wir da gewesen. Über den Ort Muizenberg, der den Eingang bildet zu der sich weit gen Süden erstreckenden Landspitze. Immer wieder bin ich verwundert, welch' ungeheure Weiten sich hinter den auf der Weltkarte so winzig aussehenden Landesteilen auftun.

Eine grandiose Naturlandschaft ist diese Landspitze, und wenn man diese viele Kilometer lange Strecke entlang fährt, kann man sich ausmalen, wie es Menschen ergangen ist, die hier nach stürmischem Seegang an Land gingen. Wenn sie nicht wie so viele gestrandet und umgekommen waren – ich erinnere mich an die zahlreichen Zeugnisse davon im Shipwreckmuseum in Bredasdorp – wenn sie diese felsige Landzunge erreicht hatten, so war das ein Hoffnungsschimmer für sie, eben das Kap der Guten Hoffnung.

Zum ersten Mal begreife ich, was hinter diesem Namen steht.

Wie mag es diesen Menschen ergangen sein, wenn sie dann landeinwärts zogen, über viele Tage nichts als den sich ausbreitenden Ozean um sich herum, den stürmischen

Atlantik, der auch hier schon gespeist wird vom ruhigeren Indischen Ozean.

Ausgiebig hatte ich das studiert auf dem großen Hinweisschild beim Kap Agulhas, wie die Ozeanströme sich verbinden und zusammen kommen. Gesehen habe ich das erstmals, als ich oben stand auf der Plattform des Leuchtturms, damals, am 29sten Februar, als wir Abschied nahmen von Pebble Beach, vom *Southermost Tip of Africa.* Damals konnte ich das zuerst gar nicht so recht einordnen.

Tatsächlich ist es, als ob zwei Riesenströmungen aufeinander treffen, nicht an einem Punkt. Deshalb hatte ich das nicht bemerkt, als ich direkt unten an der südlichsten Spitze stand. Aber in der großen Weite, da erkennt man die Strömungen, diese Naturgewalt, die besonders in der Vergangenheit unzählige Menschenleben forderte.

Daran erinnere ich mich heute, als ich hier sitze und über die weite Bucht schaue, hin zum Cape Point blicke, das noch nicht die Südspitze des Kontinents darstellt. Auch das konnte von Seefahrern, die das Land noch nicht kannten, nicht eingeordnet werden, dass noch viele Kilometer zu umschiffen waren, wenn man weiter wollte auf der Ostroute.

Alles sieht anders aus heute, weil ich gestern DA war: Die weitgestreckte Landzunge der Kap Halbinsel als Silhouette am Horizont. Dahinter erhebt sich der Tafelberg, was ich perspektivisch zuerst gar nicht einordnen kann. Er ist es, unverkennbar! Welch' ein Panorama, welche Lichtspiele, jetzt an diesem wundervollen wolkenlosen Spätsommerabend.

Zu Hause ist der Frühling mächtig ausgebrochen und zum kalendarischen Beginn, am 21sten März, werde ich wieder da sein. Auch hier in Südafrika ist Jahreszeitenwechsel: Der Herbst beginnt. Insgesamt ist es bereits etwas kühler, besonders gegen Abend. Am Tag brennt die Sonne immer noch wunderbar heiß vom Himmel.

Wir sind eingeladen bei Stefanie, hier in ihrem Haus in *Gordon's Bay*. Sie hat mehrere Bleiben hier unten im südlichsten Afrika, zwar bereits verteilt an Söhne und Töchter, aber immer noch mit Wohn- und Aufenthaltsrecht, in denen auch Besucher herzlich willkommen sind.

Das Zuhause im Küstenort und Fischereihafen Gordon's Bay liegt etwas erhöht mit Blick über die Bucht und die Gebirgszüge dahinter. Ein grandioses Farbenspiel jetzt am frühen Abend, ein herrlicher afrikanischer Sonnenuntergang als Geschenk vor meiner Abreise in zwei Tagen.

Unkompliziert verläuft der Abend. Man sitzt im Wohnzimmer, das sich zum großen Balkon hin öffnet. Alle Sitzgelegenheiten sind in Richtung Meer gerichtet. Unterschiedliches wird serviert, angefangen bei verschiedenen Käsesorten mit Knäcke. Trauben kommen dazu, so süß, wie sie nur im Paradies wachsen können.

Ich erinnere mich an meinen Indien-Abend Anfang Oktober 2009, als ich von meiner Indienreise erzählte und Bilder zeigte. Die Riesentrauben aus meiner Südpfälzer Heimat wurden über unsere Köpfe gereicht, jeder nahm sich mit Lust davon. Auch das waren solche wohlschmeckenden Paradies-Trauben.

Die Hobby-Fotografen verschwinden irgendwann Richtung Hafen, wollen das Farbenspiel dort erleben. Später werkelt immer mal wieder jemand in der Küche. Das Abendessen scheint weiter zu gehen. Und obwohl Margot und ich vor der Dunkelheit zurück sein wollten, bleiben wir. Interessante Gespräche entwickeln sich und sogar mögliche Adressen für Margots und Noels nächste Afrika-Tour werden ausgetauscht.

Ich trete hinaus auf die Terrasse und schau' in den klaren Sternenhimmel. Alles ist gut. Orion wacht hoch oben über mir.

Sicher finden wir unseren Weg nach Hause. Noch bis spät in die Nacht bin ich mit Sortieren und Packen beschäftigt. Nur noch zwei Nächte und obwohl ich mich riesig freue auf meine Lieben zu Hause, obwohl die Zeit hier manchmal extrem angespannt für mich war, ich meine Freiheit, mein selbstbestimmtes Leben oft schmerzhaft vermisste, ist da dennoch dieses wohlbekannte Gefühl der Wehmut in mir:

Die Wehmut, etwas hinter mir zu lassen, der Schmerz des Abschieds und gleichzeitig die Freude auf das was kommt.

Immer mal wieder hatte ich Teile zitiert. Hier nun ist der Moment, wo ich Herrmann Hesses *Stufen* als Ganzes einfügen möchte:

Wie jede Blüte welkt und jede Jugend
dem Alter weicht, blüht jede Lebensstufe,
blüht jede Weisheit auch und jede Tugend
zu ihrer Zeit und darf nicht ewig dauern.
Es muss das Herz bei jedem Lebensrufe
bereit zum Abschied sein und Neubeginne,
um sich in Tapferkeit und ohne Trauern
in andre, neue Bindungen zu geben.
Und jedem Anfang wohnt ein Zauber inne,
der uns beschützt und der uns hilft, zu leben.

Wir sollen heiter Raum um Raum durchschreiten,
an keinem wie an einer Heimat hängen,
der Weltgeist will nicht fesseln uns und engen,
er will uns Stuf' um Stufe heben, weiten.
Kaum sind wir heimisch einem Lebenskreise
und traulich eingewohnt, so droht Erschlaffen:
Nur wer bereit zu Aufbruch ist und Reise,
Mag lähmender Gewöhnung sich entraffen.

Es wird vielleicht auch noch die Todesstunde

Uns neuen Räumen jung entgegensenden,

des Lebens Ruf an uns wird niemals enden...

Wohlan denn Herz, nimm Abschied und gesunde!

Um Mitternacht gehe ich noch einmal runter, nach draußen, will in den afrikanischen Sternenhimmel schauen, mich vom Kreuz des Südens verabschieden und mich der Präsenz von Orion versichern.

Kapstadt, Flughafen, 20. März 2012

You don't need a holiday, you need Cape Town.

Einer der vielen Werbesprüchen am Flughafen. Beschwingt gehe ich die langen Wege entlang.

I came to change Cape Town. Cape Town changed me.

Ich hatte zwar nicht vor, etwas hier zu verändern, doch verändert hat mich die Reise.

Doch wieso schleppe ich so viele Taschen? Da Urs am Anfang der Reise dabei war, hatte ich meine Kapazitäten wohl falsch eingeschätzt. Der Riesenkoffer ist eigentlich zu schwer. 24,5 kg zeigt die Waage beim Einchecken. Alles okay und ich bin den großen Koffer erst mal los. Dann endlose Warteschlangen beim Handgepäck und bei der Passkontrolle. Das ist zu viel: Vier kleine Gepäckteile und kaum Möglichkeiten, etwas umzupacken, denn alles ist randvoll.

Dabei hatte ich die Flasche Boland-Wein bei der Handgepäck-Kontrolle lassen müssen. Wie unbedacht von mir. So gerne hätte ich den Boland-Wein nach Hause bringen wollen, hatte völlig übersehen, dass die Flasche nur im großen Koffer hätte mitreisen dürfen. Und das passiert *mir*, nachdem ich ständig unterwegs bin, die Regeln kenne ... peinlich!

Wir hatten schon einige Herbergen in Somerset West kennen gelernt, bis ich eines Tages erfuhr, dass die Gegend, in der wir gelandet waren, *Boland* hieß, es eine Boland-Weinfarm dort gibt. Also hatte ich diese Flasche Rotwein erstanden, ein Hauswein sozusagen, passend zu meinem Familiennamen.

Doch auch ohne diese Flasche ist mein Gepäck zu unhandlich. Es gibt nur eine Lösung. Statt wie geplant, die letzten Rant bei schönen Souvenirs auszugeben, steuere ich einen Taschen-und Koffershop an. So erwerbe ich am Kapstädter Flughafen einen schönen geräumigen fahrbaren Handkoffer, setze mich auf eine Bank und beginne umzupacken. Eines ist sicher: der neue Koffer wird mich begleiten auf meiner nächsten Reise.

Und immer mal wieder denke ich an Bali, an die große Zeitspanne, die mir noch bleibt in meinem Sabbatjahr, an die vollgeschriebenen Schreibblöcke, die nun aufs Abtippen warten.

Bali im Mai, eine verlockende Perspektive!

Am Morgen noch waren wir ein letztes Mal umgezogen. *King's Highway* wird die Bleibe sein für Margot und Noel. Mein Gepäck stand bereit.

Abschiedslunch mit Margot im Restaurant „Stefanie", hoch oben mit weitem Blick über Somerset West, Strand, die weite Bucht, in der Ferne der Tafelberg.

Abschied von Noel, der morgen, einen Tag vor seinem 97sten Geburtstag aus der Vergelegen Medi Clinic entlassen wird.

Ein guter Ausgang. Ein herzliches „Auf Wiedersehen in Deutschland".

Spätabends am 20. März, irgendwo über dem Kontinent

Hoch oben über Afrika fliegen wir, ostwärts die Wüste Kalahari, bald sind wir in Höhe von Windhok. Längst haben wir die Ecke verlassen, in der ich in den letzten Wochen so viel Neues kennen gelernt habe. Bis nach Clanwilliam war ich gekommen, hatte die Grenze erreicht zwischen der Kap Namibia Nord- und der Südroute. Längst haben wir all diese Orte hinter uns gelassen.

In solcher Höhe reist es sich flott. Ich schlafe kaum, träume, döse, denke, bin dann doch eine Weile eingeschlafen, werde von der ersten Morgenröte geweckt.

Ich sitze auf der richtigen Seite. Wir fliegen mit dem Sonnenaufgang. Schon lange kann ich den rotglühenden Streifen, der die Sonne ankündigt, sehen. Nicht über dem Meer geht die Sonne hier auf, sondern über den Wolken. Wie eine feurige Ufo-Scheibe schwebt sie eine ganze Weile auf der Linie zwischen Wolken und Himmel.

Da ich mit British Airways fliege, nehmen wir nun eine Nord-West-Richtung ein. Wann geht eigentlich zurzeit die Sonne in Oberursel auf? Hier ist es kurz vor sechs Uhr, und über den Wolken ist der rote Feuerball nun komplett sichtbar. Weich und flauschig ist das Wolkenfeld, wie eine zarte Schneelandschaft und bald überstrahlt die Sonne alles. Pünktlich landen wir am Heathrow Airport.

Den rot-orange-leuchtenden Sonnenball haben wir über den Wolken zurück gelassen. Hier ist alles grau und neblig.

Den Unterschied zwischen *fog* und *mist* hatte Noel uns noch erklärt bei unserem schönen Ausflug zum Chapman's Peak Drive, über Simon's Town, zusammen mit Annegret und Michael. Das war vor all den sich überschlagenden Ereignissen gewesen. Ich weiß also, dass das hier eher *mist* ist.

Wie ein Paradiesvogel komme ich mir vor, auf der Strecke von London nach Frankfurt, zwischen zwei Bankern in seriösem Anzug sitzend. Da wird gearbeitet am Laptop, in der Zeitung gelesen und ich freue mich, schon bald bei meinen Lieben zu sein.

Wieder eine Ankunft. Zu früh sind wir, doch Lisa und Bärbel sind pünktlich, haben meinen schnellen Anflug per Internet verfolgt.

Wie schön ... Ich bin wieder da!

Zu Hause in Oberursel, 25. März 2012

Mein Zuhause ist angefüllt mit Köstlichkeiten aus all den schönen Orten, an denen ich in den vergangenen Monaten war, und ich merke, wie wichtig mir das ist: Etwas mitzubringen von fernen Orten, ein wenig Duft und Geschmack aus dem Teil der Erde, an dem ich mich eine Weile zu Hause gefühlt habe.

Aus Venezuela gibt es noch den großen Zuckerrohrblock, dann die Schokoladenkugeln, die mich an die so pittoresk ausgelegten Kakaobohnen erinnern, direkt vor den Häusern auf dem heißen Asphalt. Da trocknen die Bohnen schnell und bei plötzlich einsetzendem Tropenregen sind sie auch flink eingesammelt. Wie schön diese kleinen Teppiche aus Kakaobohnen aussahen.

Auch die handgeflochtenen Bastkörbe vom Playa Medina warten noch auf Verwendung. Sogar einen Bambushut gibt es nun bei uns. Zumindest für die Rückreise war er in Gebrauch, auf Urs Kopf!

Von unserer kurzen Zwischenreise nach Berlin zum Jahreswechsel bleibt mir die Handtasche aus dem sympathischen Schneiderladen in den Hackeschen Höfen. *Bis es mir vom Leibe fällt* heißt der kreative Ort, wo Altes, Unbrauchbares zu Neuem verarbeitet wird.

Von Bali sehe ich vor allem diese farbenfrohen Stoffe, meine Sarongs, von denen der eine oder andere zur Weiterverarbeitung ansteht. Verschiedene Gewürze und etwas Bali-Kaffee sind auch noch vorhanden.

Und dann die neusten Mitbringsel:

All die schönen Muscheln vom Kap Agulhas. Zwei Presidental-Shirts, diesmal als Strandkleid für Damen gefertigt, erinnern an die Waterfront. Nüsse, Trockenfrüchte runden das Sortiment ab und bei der Tagesschau am Abend schaue ich ganz anders auf die Weltkarte. Erstmals sehe ich die enormen Ausmaße dieses Kontinents Afrika im Vergleich zu all den kleinen Tierformen, die die europäischen Länder ausmachen. Als hätte ich das so noch nie gesehen.

Was für Veränderungen geschehen, wenn man etwas näher kennen lernt. Das ist bei Orten nicht anders als bei Menschen. Ein Land, eine Sache, ein Mensch bekommt ein Gesicht, wenn ich ihm meine Aufmerksamkeit schenke, mich auf die Begegnung, auf das Neue einlasse.

Zu Hause, 29. März 2012

Maurice hat seinen Platz beim Globus verlassen. Seit zwei Tagen hat er sich nicht mehr dort zur Ruhe gelegt. Seit zwei Tagen habe ich das Gefühl, wieder hier angekommen zu sein. Eine Woche hat es gedauert, eine Woche voller Begegnungen, voller Begrüßungen, voll des wohltuenden

Gefühls, ein Zuhause zu haben, einen Sohn, der kurz und flott auf seinem Rennrad vorbei kommt, der am Telefon mit mir intensive Gespräche über die augenblickliche Situation in Politik und Finanzwesen führt. Mein Sohn, der mit seinen 30 Jahren einen so unabhängigen Geist entwickelt hat. Eine Woche auch, in der ich innerlich noch einmal durch diese intensive Zeit wanderte, zwei Monate Südafrika. Eine Woche auch, in der ich versuchte, mein Handgeschriebenes ins Reine zu tippen.

Anderes hatte Vorrang und der Gedanke, nochmal nach Bali zu reisen, hatte konkrete Formen angenommen.

Teil 4: BALI zum Zweiten

Gaia Oasis, 8. Mai 2012

Ich bin wieder da, kann es kaum glauben, bin wieder hier, im Paradies, in Gaia Oasis.

Anders ist es diesmal, ganz anders, weil ich den Ort schon kenne, die Menschen wie alte Freunde begrüße. Ich bin wieder da, seit gestern Abend und ich habe meinen Arbeitsplatz schon gerichtet: Laptop, daneben fünf vollbeschriebene Schreibblöcke und ein paar Blätter für neue Notizen. Ich bin wieder da und denke an diese schönen T-Shirts, wo drei Frauen lachend an ihrem Verkaufsstand stehen.

„Wir sind wieder da!" so lautete das Motto, das ich aufdrucken ließ auf unsere T-Shirts, damals im Frühjahr 2011, zum Auftakt unserer neuen Flohmarkt-Saison.

Christa, Lisa und ich strahlen auf dem Foto, aufgenommen direkt bei unserem Stand. 2010 hatten wir damit angefangen, nutzen seither in unregelmäßigen Abständen den Frankfurter Flohmarkt am Mainufer, um nicht-mehr-für-uns-Brauchbares an Menschen zu verkaufen, die es wieder verwenden, oft zu ganz anderen Zwecken.

Das liebten wir von Anfang an: Diese Geschichten rund um Dinge, die oft überraschend andere Funktionen bekommen, diese Begegnungen auch mit interessanten, meist freundlichen, offenen Menschen.

So wird Mutters alter Nähkasten inzwischen an der Wand der Werkstatt eines Hobby-Bastlers befestigt sein, gefüllt mit Nägeln und Schrauben neben anderen Nähkästen ähnlicher Art.

Margots altes Zahnarztbesteck dient nun einem Steinmetz als Hilfe bei Kleinstarbeiten am Stein.

Lisas Hase ohne Ohr heißt inzwischen Leonardo da Vinci und kam in die Hände der beiden liebenswerten Frauen, Mutter und Tochter, die den Flohmarkt durchstreifen auf der Suche nach zu reparierenden Gegenständen.

Mutters Holzskulptur Maria mit dem Jesuskind war vom Tisch gefallen und zwischen den Flohmarkt-Aufbauarbeiten war am frühen Morgen das Köpfchen des Jesuskindes abhanden gekommen. Macht nichts. Ich wartete auf meine beiden Herzdamen, die sicher eine Idee hätten.

Inzwischen sind Maria und ihr Kind bei ihnen gut aufgehoben. Zuerst ein Heilmützchen als vorübergehende Lösung und dann die rettende Idee: Maria hält nun einen kleinen Horus auf dem Arm, das Kind mit Vogelkopf, passend zu unserer Zeit, wo Kulturen und Religionen sich einfach verbinden **müssen.**

Das Verbindende siegt gegenüber dem Trennenden.

Natürlich gibt es auch Dinge, die genauso verwendet werden wie sie gedacht waren. Meine Sockenhalter zum Beispiel, über die Christa jedes Mal von Neuem herzhaft lachte, kamen an eine Frau, die genau solche brauchte oder zu brauchen glaubte.

Oder die Geschichte von dem Goldknopf. Zwischen all den unüberschaubaren Dingen, die auf dem ganzen Flohmarktgelände angeboten werden, findet eine sympathische junge Frau mitten in meinem Sammelsurium an kleinen Dingen genau den Knopf, den sie gar nicht wirklich suchte. Ihr Blick fiel darauf, als wir uns unterhielten. Zwei Wochen später ist sie wieder da und an ihrem schicken Outfit ist nun auch die Anzahl der Goldknöpfe wieder perfekt.

'Wir sind wieder da!' Froh strahlen wir drei auf unseren T-Shirts und die Geschichten reißen nicht ab, auch in 2012 nicht, wo wir die Saison bereits eröffnet haben und wieder viel erleben werden.

Ich bin wieder da!

Diesmal, Anfang Mai, zum zweiten Mal auf Bali.

Nach einem halben Jahr bin ich wieder hier...

Dazwischen lagen zwei Monate Südafrika, die sich so anders entwickelt hatten als vorgesehen. Dazwischen lagen die Wochen zu Hause, in denen ich bei zufälligen Begegnungen in Oberursel begrüßt wurde mit den Worten „Du bist ja im Lande?!"

Ja, ich bin auch ab und zu im heimatlichen Land, zwischen den großen Reisen immer etwa sieben Wochen. Sieben Wochen, um anzukommen und mich wieder auf das Neue einzustellen, sieben Wochen auch, um zu Hause wieder DA zu sein.

Mein Thema im Sabbatjahr: DA zu sein, präsent, angekommen im Sein.

Gaia Oasis im Norden Balis scheint hierfür am besten von all meinen Reisezielen geeignet zu sein. Diesmal, beim zweiten Besuch, kann ich vom ersten Moment an DA sein, kenne mich aus, bin früh unterwegs, noch nicht ganz im neuen Rhythmus der sechsstündigen Zeitverschiebung, aber wohltuend wach und klar.

Mittwoch, 9. Mai 201

Ging die Sonne beim letzten Mal nicht über Lombok auf?

Gestern beobachtete ich dieses Glühen, diese unendliche Landschaft, die sich am Himmel entfaltet. Wie glühende Lava machte sich die Sonne hinter den grauen Wolken bemerkbar.

Heute ist der ganze Himmel in ein schönes, leuchtendes Rot getaucht. Kurz ist so ein Augenblick, nicht fest zu halten. Wacht man etwas später auf, ist der Zauber vorbei, bzw. die Himmelslandschaft ist eine andere.

Heute habe ich mein Lager draußen bezogen, auf dem Riesen-Daybed, das ein Drittel unserer Veranda ausmacht. Die Nacht, die Zeit vor dem Anbruch des Tages, diese wundervolle Spannung vor Sonnenaufgang – all das erlebe ich ganz nah, fühle mich verbunden, eins mit diesem Draußen.

Und Ursula, meine Reisegfährtin, erklärt mir auch das mit der Sonne. Das ist bei uns auch nicht anders, dass der Ort des Aufgehens variiert. Zu Hause bin ich morgens in der Regel nicht dabei ... Hier schon!

Donnerstag, 10. Mai 2012

Den Anfang habe ich heute verpasst. Wieder habe ich mein Quartier draußen bezogen. Oft war ich wach in der Nacht, ein wohltuendes nächtliches Wachsein, mit Blick durch die sich wiegenden Palmen auf die weite dunkle Fläche der Balisee.

Die Bewegung des Meeres ist nicht zu sehen, jetzt in der Nacht, wohl aber zu hören, wenn in regelmäßigen Abständen die Wellen über die Steine rollen. Wieder ein Pebble Beach, doch schwarz ist der Strand hier, nicht strahlend hell wie in Agulhas.

Von hier, von meinem Daybed aus, sehe ich nicht den schmalen Strandstreifen, sondern direkt das Meer. Uns trennt nur die schöne grüne Anlage, die jetzt aber ganz ins Dunkel getaucht ist.

Den Tagesanbruch, den schönsten Moment, habe ich heute verschlafen, wache erst auf, als die Sonne schon scheint. Nach dem Frühstück, beim Zurückgehen zu unserem Heim, weiß ich es plötzlich: Ich weiß, woher ich mein neues Zuhause kenne.

Wie schön! Es ist das Haus, in dem Hannelore wohnte. Hannelore, Patin hier, die ich im November bei meinem ersten Bali-Besuch kennen gelernt hatte. Am vorletzten Tag hatte sie uns eingeladen zu einer morgendlichen Meditation auf ihrer Terrasse.

Schon zwei Nächte verbringe ich hier draußen und erst jetzt wird mir das klar. Hannelore hatte uns ihr Haus gezeigt und dann saßen Bärbel, Shanti, Hannelore und ich zu einer gemeinsamen Meditation genau hier auf diesem Daybed.

Wie schön, dass ich diesmal hier wohne. Damals hatte ich den Ort eher von außen betrachtet, war zu Besuch. Nun wohne ich hier und der Ort verändert sich, hat ein neues Gesicht bekommen.

Ich bin auch nicht allein hier gekommen. Ursula, die sich immer am Telefon meldet mit „Hier ist Ursula, deine Namensvetterin", war so begeistert von meiner Gaia Oasis Karte gewesen, die ich ihr letzten November geschickt hatte. Der Wunsch, das einmal kennen zu lernen, ließ sie nicht mehr los. Dass das so bald Realität würde, ahnten wir beide nicht, ich als ich die Karte schrieb und sie, als sie sie in Händen hielt.

Im Flugzeug, zwischen Bangkok und Denpasar hatte ich einen Artikel über den besten Platz im Flugzeug gelesen. Solche Studien interessieren mich sonst nicht, und doch las ich weiter. Der beste Platz überhaupt sei 6A. Wenn man zu zweit reist, seien 6A und B ideal. Ich erzählte es Ursula, die neben mir im Flugzeug saß und sie meinte: „Die nehmen wir dann auf unserem Rückflug."

Es war schon dunkel, als unser Abholtaxi uns bei Gaia Oasis ablieferte. Wir wanderten den schönen Fußweg entlang

Richtung Paradies, ohne Gepäck. Das wird jeweils auf kleinen Mopeds befördert. Als Begrüßungstrunk ein Glas Kombucha und ich war gespannt, wo wir wohnen würden.

Krishna, der mich auch im November begrüßt hatte, führte uns zu unserem Haus: 6A für mich und 6B für die andere Ursula.

So schnell bekamen wir unsere besten Plätze.

Freitag, 11. Mai 2012

Ein Boot wird gesegnet.

Es sieht nicht mehr ganz neu aus, doch frisch gestrichen und der Außenbordmotor ist nochmal speziell mit Blumen geschmückt. Ein Priester, ein Mann, eine Frau, ein Kind. Ich sehe die Zeremonie vom Meer aus, mache gerade meine morgendliche Schwimmtour: Von der alten Tempelanlage, wo große Steine vom Strand zu gleichmäßigen Türmen aufeinander geschichtet und mit Hüfttuch versehen sind, an der Gaia Oasis-Anlage entlang bis hin zum schönen Baumtempel, den ich am anderen Ende der Anlage sehe. Etwa 40 Minuten bin ich unterwegs auf dieser Route.

Die kleine Familie, der Priester und das Boot bilden eine andächtige Einheit hier am Ufer, wo all die bunten, schön anzusehenden Auslegerboote liegen. Wie so oft hier auf Bali erlebe ich, wie Alltag und Religion eine Einheit bilden.

Während ein anderer Fischer sein Boot zum Ausfahren bereit macht, ist die kleine Gruppe ganz konzentriert bei ihrem Ritual des Segnens. Später erfahre ich, dass das Boot einen neuen Motor bekommen hat. Das war der Anlass für die Zeremonie, die ich in Ruhe, schwimmend vom Meer aus beobachten durfte.

Diesmal wusste ich vom ersten Aufwachen an, wo ich mich befinde: Wieder auf Bali, wieder in Gaia Oasis. Ich bin ganz bei mir, einfach DA. Das ist das Happy End, das in Märchen oft nicht verstanden wird. Immer geht es um Selbstfindung. Auch wenn der Begriff manchmal ironisierend gebraucht wird, ist das genau die passende Bezeichnung: Es geht darum, das eigene Selbst zu finden.

Das ist gemeint, wenn im Märchen Prinz und Prinzessin zueinander finden, dass der weibliche und der männliche Teil in einem Menschen sich vereinen, der Mensch GANZ wird.

Das ist das Happy End, dass ich angekommen bin bei mir selbst. Es gibt noch keine Lobby für diesen Prozess. Auch Elizabeth Gilberts Buch *Eat Pray Love*, bei dem es um so viel mehr geht, wird durch das Ende, an dem die Autorin dem passenden Partner begegnet, eher verfälscht und bietet sich dann auch an für einen typischen Hollywoodfilm.

Dass ich diesmal mit Ursula, der Märchenerzählerin aus Fleckl bei Bayreuth, auf Bali bin, finde ich schön.

Märchen als ein Quell tiefer Weisheiten. Im Märchen geht es immer genau darum: Sich selbst zu finden. Meines Erachtens hat das niemand klarer beschrieben als Clarissa Pinkola Estés in *Die Wolfsfrau,* Untertitel: 'Die Kraft der weiblichen Urinstinkte'. Eines meiner ganz großen Lieblingsbücher!

Das Fazit meines Sabbatjahres:

Ich habe viel erlebt und ich bin mir wieder ein beträchtliches Stück näher gekommen. Mich selbst gefunden habe ich auf all diesen Reisen, nicht weil das nicht auch zu Hause möglich wäre. Aber bei mir gehört das so andere Leben, außerhalb des Gewohnten als wichtige Erfahrung dazu.

Das ist für mich die Freude am Älterwerden, dass wir immer wieder bewusster leben, besser, verbundener, wenn wir neue Erfahrungen zulassen, nicht nur unseren Geist und unsere Sinne, sondern vor allem unser Herz öffnen ...

Dass ich mein Laptop-Kabel in Gaia Oasis gelassen habe, bedeutet nicht, dass ich bald wieder dort sein werde.

Auch da ist der Kreis geschlossen. Ich kehre zurück in mein Leben, meine großen Reisen haben vorerst ein Ende und ich brauche eine ganze Weile, bis ich mich daran gewöhne, dass ich diesmal nicht von Maurice erwartet werde, nicht geweckt am Morgen, kein Tapsen übers Parkett, wenn er nachts unterwegs war. Auch das: ein ganz neuer Lebensabschnitt.

Oberursel, 9. Juni 2012

Vierzig Jahre Abi! Heute ist unser Klassentreffen. Zwischen den Reisen hatte ich versucht, meine ehemaligen Mitschülerinnen und Mitschüler zu erreichen.

Erste Anfragen vor Venezuela.

Termin- und Ortsvorschläge zwischen Venezuela und Bali.

Genauere Daten zwischen Bali und Südafrika.

Immer mal wieder Rückmeldungen zwischen Südafrika und Bali.

Endgültige Telefonate/e-Mails kurz vor der zweiten Bali-Reise.

Ergebnis nach Bali, der zweiten:

Viele werden da sein, manche schon am Nachmittag zum Spaziergang über die deutsch-französische Grenze nach Wissembourg. Am Abend dann gemeinsames Essen im Alten Zollberg in Schweigen. Auch einige ehemalige Lehrer werden dabei sein.

Eine Woche bin ich wieder zu Hause, noch sehr beschäftigt mit meinem fast fertigen Manuskript. Bärbel liest drei

Stockwerke höher meine Ausdrucke, überraschend habe ich eine Privatlektorin! Soooo schön!

Ich fahre los in Richtung Südpfalz zum Klassentreffen.

Ich freu' mich drauf!

Ausklang

Und zu allerletzt möchte ich einen Text anfügen, den mir Bettina im November auf Bali zum Abschied gab, die „Zwölf Freiheiten, überliefert von den roten Menschen".

Danke Bettina!

Die zwölf Imaginationen der weisen Großmütter

1. Stell dir vor, dass Frauen und Männer gleichwertig sind!

2. Stell dir vor, dass das Leben eine Herausforderung ist!
Uns gegeben, damit wir das Leben tief erfahren
und den Einklang mit allem suchen!

3. Stell dir vor, dass Sexualität natürlich, lustvoll und heilig ist!

4. Stell dir vor, dass alle Menschen dazu geboren sind,
gern zu lernen und gern zu wachsen!
Leben heißt unterwegs sein!

5. Stell dir vor,
dass du dein einzigartiges Leben wählen kannst!
Dass du deine Erfahrungen hinterfragen
und den Traum deines Lebens verändern kannst!

6. Stell dir vor, dass du dazu beitragen kannst,
die „Sachzwänge" deines Lebens
und die „Bedingungen" deiner persönlichen Umstände
zu verändern!

7. Stell dir vor,
dass du unmittelbar auf die Schöpfung hören kannst
und keine Übersetzer brauchst.
Dass du drei leise Stimmen vernimmst:
die des Körpers, des Herzens und der Seele!

8. Stell dir vor, dass du dir selber treu sein kannst,
sogar in Zeiten, wo andere dir Schmerzen bereiten!

9. Stell dir vor,
dass du in den Fragen deines Lebens selbst wissend bist
und dein eigener Choreograph sein kannst!

10. Stell dir vor,
dass alles Wissen der Welt von dir geprüft werden will,

damit du auf deine eigene Weise lernen
und unterwegs sein kannst!

11. Stell dir vor, dass du dir selbst
der freundliche und wohlwollende Lehrer sein kannst!
Wozu? Um ein Schönheitsbringer zu sein!

12. Stell dir vor, dass du deine Freiheit benutzen sollst,
um deine Natürlichkeit zu finden!
Und dass deine Natürlichkeit darin besteht,
für die Göttlichkeit des Lebens offen zu sein!

Vor einem Jahr, am Freitag, 5. August 2011, 10 Uhr

Mein Handy klingelt.

„Hab' ich verschlafen?" ...

... „Bist du schon wach?"

Jetzt ja! Hellwach sogar!

Es ist Freitag, die Konferenz beginnt.

Auftakt zum neuen Schuljahr! 10 Uhr genau.

„Danke Urs, dass Du mich wach geklingelt hast!"

So kann ich das noch mehr genießen, mich hier im UrLi, in meinem neuen Holzbett nochmal umdrehen. So oft war ich wach in dieser Nacht und dann am Morgen kam der Tiefschlaf – so wohltuend, so erfrischend – besonders an diesem Tag, denn heute, genau JETZT beginnt mein Sabbatjahr !

Es ist meine zweite Nacht in unserem wilden Garten UrLi, doch zum ersten Mal schlafe ich ganz komfortabel auf einem Holzbett. Gestern erst hatten wir es bei Roswitha abgeholt, Urs und ich. In der Hütte die Frage: Wie stellen wir das Bett?

Urs hat getan, worum ich ihn gebeten hatte: Das Bett ist in der Hütte und er will zurück radeln nach Frankfurt.

„Da kommt die Lösung", sagt er und des Wegs kommt Barbara, die auch gleich praktische Ratschläge zur Hand hat: Das große Geschirrregal links kann bleiben, die Venezuela-Hängematte als Abschluss ist ideal. Dort wird das Kopfende des neuen Bettes sein. Das Schubladen-Regal ans Fußende und um 16 Uhr hat sie Zeit. Dann setzen wir all die Überlegungen in die Tat um.

Es wird ein schöner Nachmittag.

Als die Arbeit getan ist, sitzen wir im Garten, erzählen uns Geschichten aus unseren Leben. Heute lerne ich Barbara näher kennen, schön ist das und so vertraut ist sie mir.

Genau das ist UrLi:

Ein Geschenk des Himmels, wo Menschen sich treffen, miteinander reden, feiern und tanzen, wo wir uns begegnen in dem, was uns als Menschen ausmacht.

Und es ist der Ort, wo ich den Beginn meines Sabbatjahres mit mir selbst feiere, heute morgen um 10 Uhr, am Tag der ersten Konferenz des neuen Schuljahres.

Zum ersten Fest im UrLi, im Frühling 2010 brachte Christa ein schönes Gästebuch mit. Hier die Worte, die sie selbst auf die erste Seite geschrieben hatte:

Willst Du reden, geh ins UrLi.

Willst Du ausruh'n, geh' ins UrLi.

Willst Du feiern, geh' ins UrLi.

Willst Du Sonne tanken, geh' ins UrLi.

Willst Du vespern, geh' ins UrLi.

Willst Du SEIN, geh' ins UrLi.

Lieber Gast, ein paar nette Worte hier erfreuen UrLi's Herz

Ein Garten mit Herz, das hatte Christa von Anfang an erkannt!!!

Vorschau: Freitag, 10. August 2012

Ich werde nicht im UrLi übernachten, am 9. August 2012.

Es könnte sonst etwas knapp werden mit der ersten Konferenz im neuen Schuljahr.

Immerhin hatte ich ein Jahr lang Urlaub.

Da gilt es, sich etwas umzustellen auf den neuen, so altbekannten Rhythmus.

Ein neues Schuljahr wird beginnen.

Ich freu' mich drauf!

Eine neue Lebensphase hat bereits begonnen.

Bin gespannt, was sie für mich bereithält!
